健康的で清潔で、道徳的な秩序ある社会の不自由さについて

熊代 亨
Kumashiro Toru

イースト・プレス

健康的で清潔で、道徳的な秩序ある社会の不自由さについて

はじめに

年配の人々の思い出話によれば、一九六〇〜七〇年代は希望に彩られた一時代だったという。

東海道新幹線が開通し、東京オリンピックが開催され、大阪万博へと続いたこの時代は、高度経済成長期と呼ばれている。当時の人々が希望を抱き、懸命に働き、先進国としての日本の基盤をつくりあげたのは事実だろう。

とはいえ、この頃の日本が理想郷だったわけではない。現代の基準で見れば街は汚く、騒々しく、カジュアルな暴力や法からの逸脱がありふれていた。喧嘩、体罰、ハラスメント、ジェンダーによる差別、横柄な態度。そういった行動や振る舞いが当たり前としてまかり通っていた時代でもある。

令和時代の、清潔で健康で道徳的な秩序にすっかり慣れた私たちから見て、高度経済成長期の日本社会はおよそ我慢できるものではなかったはずである。

一方、二〇二〇年の日本社会は当時よりもずっと進歩している。

ときの首相は日本を「美しい国」と呼ぶ。あながち間違いとも言えない。というのも、昭和時代よりもずっと街は美しくなり、汚いもの・臭うもの・不健康なものに出くわさなくなり、行儀の悪い人や法を破る人も少なくなったからだ。

首相のもうひとつのスローガン、「一億総活躍社会」にも目を向けてみよう。医療や福祉のサポートが行き届くようになり、障害を持つ人々も自立した個人として活躍できる社会。高齢者も健康に長く働ける社会。これらの点でも前世紀に比べて大きな進歩があった。

では、それだけ進歩した私たちは、昭和時代の人々よりも幸福になれたのだろうか。あるいは東京オリンピックの開催やリニア新幹線の開通に、希望を、ひいては未来を見出せているのだろうか。

健康長寿は実現した。そのかわり国の社会保障費は膨らみ続け、私たちは老後の資産を心配するようになり、高齢になっても仕事をリタイアできなくなった。赤ちゃんは減り続け、子どもの遊び場は狭くなり、公園でのボール遊びは禁じられ、はしゃぎ声は嫌われるようになった。親の責任や負担は昭和時代よりもずっと重く、「親はなくとも子は育つ」という諺は死語になって久しい。

かつてないほど清潔で、健康で、不道徳の少ない秩序が実現したなかで、その清潔や健康や道徳に私たちは囚われるようにもなった。昭和時代の人々が気にも留めなかったことにまで私たちは神経をつかうようになり、羞恥心や罪悪感、劣等感を覚えるようにもなっている。

そうした結果、私たちはより敏感に、より不安に、より不寛容になってしまったのでははないだろうか？　清潔で、健康で、安心できる街並みを実現させると同時に、そうした秩序にふさわしくない振る舞いや人物に眉をひそめ、厳しい視線を向けるようになったのが私たちのもうひとつの側面ではなかったか？

本書は、昭和時代の片田舎で生まれ育った一人の精神科医が、過去の片田舎と現代の東京を行き来しながらこれらの変化を振り返り、これからの社会の自由や不自由について論じたものだ。

と同時に、社会の進歩によって解消されていった生きづらさと、新たに浮かび上がってきた生きづらさを点検し、そうした点検をとおして令和時代ならではの社会病理をラフスケッチし、物語っていくものでもある。

昭和時代に当たり前だったことと令和時代に当たり前になっていることは、大きく異なっている。二一世紀と一九世紀、十七世紀ではそうした違いはなお著しい。本書のなかで私は、現代を理解するための参照項として過去の「当たり前」を何度も紹介するが、過去の「当たり前」は現代人には馴染みの薄いものだから、読者の方は当惑するかもしれない。だが、当惑していただくことによって過去と現代の違いが鮮明になり、現代ならではの自由と不自由について考えやすくなるのではないかと、私は期待している。

第一章では現代社会に対する私の問題意識を、ダイジェスト的に紹介する。第二章からは、メンタルヘルス・健康・子育て・清潔・コミュニケーションと空間設計について、それぞれの章で踏み込んだディスカッションを試みていく。第二章から第六章は、それぞれひとまとまりの問いになっているので、関心のある章を先に読んでいただいても構わない。ただし、結びの第七章はどうか最後にお読みいただきたい。

一人の精神科医が描ける社会のラフスケッチには限界があり、本書もまさにラフと言うほかない。だが令和時代の日本には、社会全体の変化を素描し物語ろうとする専門家はほとんどいない。今日の専門家はみずからの専攻領域で業績をあげなければならず、間違いのないステートメントを心がけなければならないから、それは仕方のないことだろう。ならば、昭和時代の片田舎で生まれ育った精神科医であると同時に、ブロガー・著述家として人間と社会について書き続けてきた私が、間違いを恐れず、社会の全体像をラフスケッチするしかあるまい。

社会全体の変化と、新旧の生きづらさの全体像を物語ろうとする人が今の日本には乏しいから、これから私は、この社会について物語ってみる。

健康的で清潔で、道徳的な秩序ある社会の不自由さについて

目次

第二章　精神医療とマネジメントを望む社会

第三章　健康という〝普遍的価値〟

第四章 リスクとしての子育て、少子化という帰結

第一章

快適な社会の新たな不自由

美しい国と美しい都市

ときの首相は、日本のことを「美しい国」と呼んでいる。

実際、日本は美しい国である。というより美しいまでに街に秩序が行き届いている。ゴミのポイ捨て、歩きタバコ、物乞いといった、美観や道徳のさわりになるものを目にすることが本当に少ない。

なかでも東京は、巨大な、にもかかわらず美しい街である。とてつもない数の人々が猛烈に活動している街だというのに、現在の東京は美しい街並みを保っている。数十年前の東京は、光化学スモッグが垂れ込め、水道からはドブのような臭いがする街だったが、現在の東京は緑にあふれ、ゴミや吐しゃ物やネズミが目につくことも少なくなった。不快なものが絶無になったわけではないにせよ、ほとんどのエリアで奇跡のような清潔さが保たれている。

先進国の諸都市と比較しても、東京の秩序は抜きんでている。二〇一九年に英雑誌『Economist』で発表された世界の安全な都市ランキングでは、東京が一位、シンガポールが二位、大阪が三位にランクインしていて、欧米の大都市を圧倒している。*1

だが、本当の驚きは、東京の人口スケールや人口密度を考えに入れたうえでランキングを見直した時に現れる。

近郊地域も含めた、いわゆる東京都市圏の人口は世界一を誇っている。人口密度も先進国としてはトップクラスだ。東京と同じぐらい安全な街は、欧米にもあるだろう。だが、これほどの人口を抱え、それでいて同じぐらい安全で、同じぐらい秩序だった街は世界のどこにも存在しない。

街を歩き比べてもそれが実感できる。パリやローマの住民に比べると、東京の人々、とりわけ住宅街の人々は赤信号を律儀に守る。電車は時刻表どおりに、停車位置をぴったりと守ってやって来るし、乱暴な自動車運転も滅多に見かけない。渋谷駅前のスクランブル交差点の風景は、都民には当たり前のものかもしれないが、三〇〇〇人近い人々が整然とすれ違うさまは外国人には驚くに値するもので、ちょっとした観光スポットとなっている。[*2]

暴走族や盗みに遭遇することも少なくなった。[*3] 平成一一年には五七九八人を数えたホームレスの数も、平成二九年には六九五人まで減少している。[*4] 酔っ払いの喧嘩や行列への割り込みも、今では滅多に見かけない。

人口規模や人口密度まで考慮するなら、現在の東京がこれほど快適で安全、清潔、道徳的であること、つまり秩序が行きわたっていることに、私たちはもっと驚いて良いはずである。

こうした驚きは、日本という国全体についても当てはまる。というのも、こうした安全、清潔、道徳的な秩序は、そのほかの大都市圏と地方都市、ほとんどの郊外にも当てはまることだからだ。

だが、こうした美しさや秩序をさかさまに考えるなら、東京という街では守らなければならない道徳上の決まりごと、秩序を守るための約束事が多い、とも言えるのではないだろうか。

歩行者通路に右側通行と標識されていたら、右側通行をきちんと守り、赤信号も横断歩道も標識どおりに遵守する東京の人々。朝夕のラッシュの時間、騒然とした満員電車に揉まれてはいても、「次の電車をお待ちください」というアナウンスには忠実な東京の人々。

東京は巨大な人口を擁しているだけでなく、世界的な乗降客数を誇るターミナル駅をいくつも抱え、朝夕のラッシュアワーは猛烈に混雑する。それでも人の流れが混乱せず、交通秩序が保たれているのは、人の流れをさばきやすい動線が街にデザインされているだけでなく、東京に住む人々の行儀の良さ、標識や信号をきちんと守る割合の高さのおかげでもある。

裏を返せば、その東京の交通秩序からはみ出して生きるのは簡単ではない、とも言える。ラッシュアワーの人の流れに逆らって動くのが難しい、という物理的な困難さはもちろん、社会的・心理的な困難さもある。

つまり、誰もが行儀良く移動し、秩序に従う人が圧倒的多数を占め、そうしたことが当たり前になっている東京という空間のなかでは、その当たり前からはみ出して生きるのは目立つことで、気持ちのうえでも簡単ではなく、そもそも、当たり前の外側を意識することすら難しいのではないだろうか。

清潔さや美しさについても同じことが言える。東京に住む人々は皆、清潔な格好をしているし、行儀の良い、道徳的な振る舞いを身に付けている。閑静な住宅地やタワーマンションにおいては、とりわけそうだと言える。

閑静な住宅地やタワーマンションに住むなら清潔な格好をしていなければならないし、行儀の良い、道徳的な振る舞いを身に付けていなければならない、ということでもある。ゴミひとつない美しい街は、美しくない者を浮かび上がらせる。臭いの少ない街・騒音の少ない街は、臭いのする者・騒がしい者を目立たせる。のみならず、そうしたはみ出し者にばつの悪い気持ちを抱かせもする。

こうした東京の秩序や美しさは、そこに適応しきっている人には何のデメリットもないどころか、住み心地の快適さを提供するだけのものだ。東京の秩序や美しさによく適応している人には、こうした秩序や美しさが人を不自由にしたり窮屈にしたりするなど、思いもよらぬことであろう。

だが世の中には、なかば無理をして、背伸びをするように行儀良くしている人もいるのではないだろうか。清潔でさっぱりとした身なりを整え、静かに振る舞うこと、行儀良く振る舞うことが苦手であるのを、不承不承、一生懸命にカバーしている人もいるのではないだろうか。

あるいは普段は東京の秩序や美しさに溶け込んではいるけれども、経済的余裕や心理的余裕がなくなったとたん、清潔な格好や道徳的な振る舞いができなくなってしまい、街の景色にそぐわなくなってしまう人もいるかもしれない。

東京ほど顕著ではないが、日本社会の大半もそのような秩序や美しさから成り立っていて、それぞれの街、それぞれの郊外にふさわしい行儀良さや道徳的な振る舞いをほとんどの人が身に付けている。

なるほど、まさに美しい国。この美しさが景観と秩序を守っているのだろう。だがこの美しさは社会的圧力を帯びていて、そこに住まう私たちを美しさの鋳型へ、行儀良さの鋳型へと押し込んでいるのではないだろうか。そこからはみ出せばはみ出すほど街の景観から浮かび上がり、罪悪感や劣等感を抱かずにいられなくなるのではないだろうか。

どこまでも行儀の良い子どもたちと少子化

そんな東京の街中で出会ういまどきの子どもたちは、やはりというか、皆とても行儀が良い。いや、地方郊外のショッピングモールで出会う子どもたちも、私自身の子どもにしても、昭和時代の子どもに比べれば驚くほど行儀が良く、聞き分けも良い。

いまどきの子どもは交通規則を守り、バスや電車では高齢者に席を譲る。小学校低学年のうちから、まるで模範児童のように「ありがとうございます」とも口にする。子ども同士で取っ組み合いの喧嘩をすることも減ったし、立ち入り禁止の場所で危険な遊びをする子どもも少なくなった。昭和時代の道徳番組『みんななかよし』の登場人物たちと同じかそれ以上に、いまどきの子どもは行儀良く振る舞っているように見える。

そういえば、昭和時代の百貨店では迷子の子どものアナウンスがよく流れていたが、いまどきのショッピングモールではあまり耳にしなくなった。週末のスーパーマーケットでお菓子をねだって泣く子どもも、なかなか目にしなくなった。子どもならではの無秩序さ、無軌道さを見かけなくなったことも、この美しい国を成立させる無視できない要素と言えるだろう。

こうした私の肌感覚を裏付けるように、統計上、未成年者の逮捕・補導数[*5]や犯罪被害に遭った子どもの数[*6]は大幅に減少している。少子化によって件数が減っているだけではなく、子ども一〇〇〇人あたりの検挙数や少年被害数も減少しているのだ。マスメディアが未成年の犯罪と犯罪被害をセンセーショナルに報じるのとは裏腹に、令和時代の子どもは、かつてないほど秩序からはみ出さずに暮らしている。

平成時代の後半につくられた真新しいニュータウンと、その周辺の公園で見かけるのは、身なりの良い格好をした子どもが行儀良く遊ぶ姿である。昭和時代に私たちがやっていたような、あるいは『あばれはっちゃく』などの昭和のテレビドラマで描かれていたような、危険な場所で危険な遊びにふける子どもは見かけない。

子どもの犯罪と犯罪被害が減り、行儀が良くなったことは、少なくとも表向き、喜ばしいことのように見える。

少年による刑法犯等検挙人員・人口比の推移

警視庁の統計、警察庁交通局の資料及び総務省統計局の人口資料より。
少年人口比は10歳以上の少年10万人あたりの検挙人員。

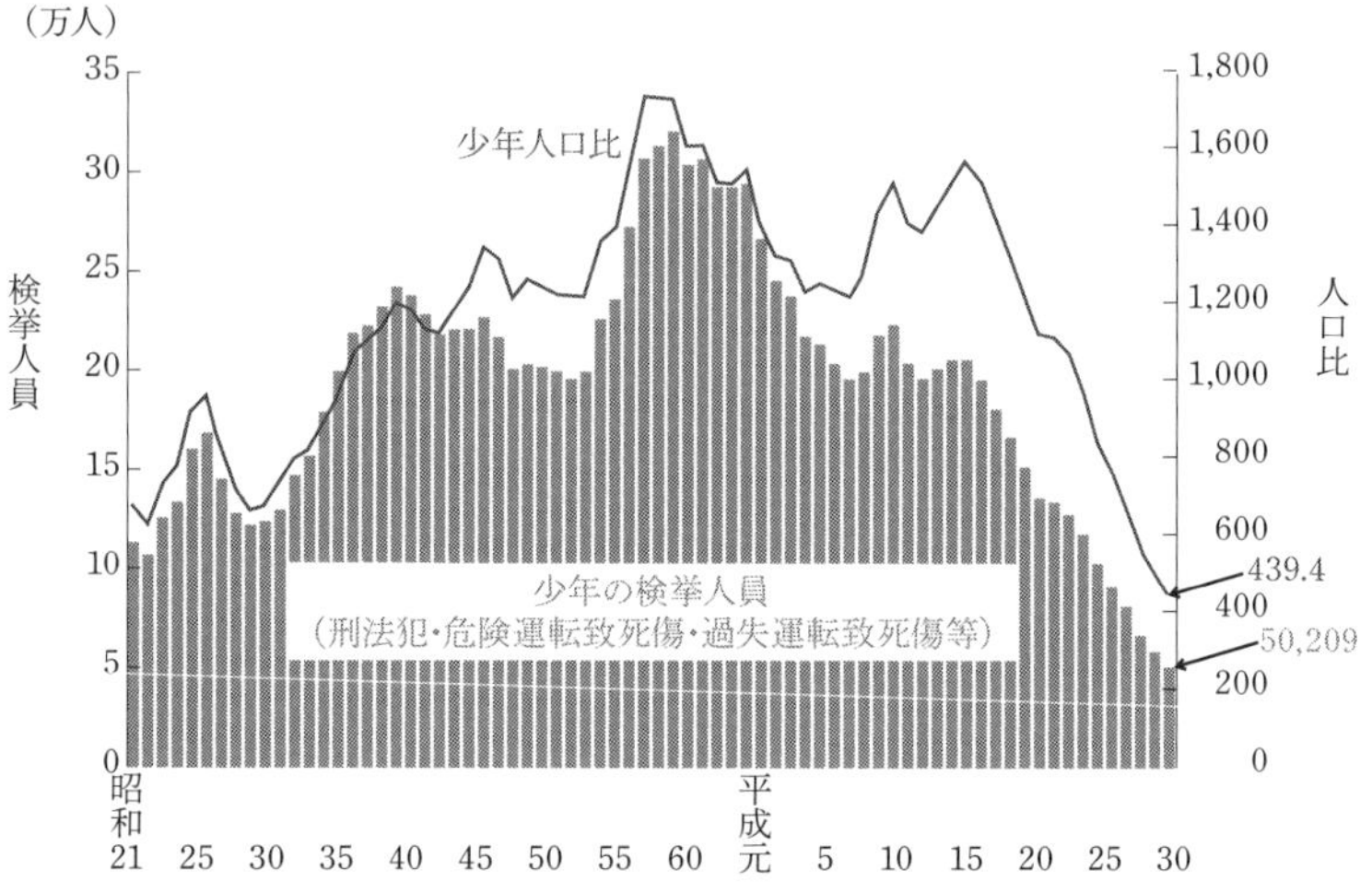

少年が主たる被害者となる刑法犯の認知件数の推移

警察庁生活安全局少年課『平成29年中における少年の補導及び保護の概況』より。

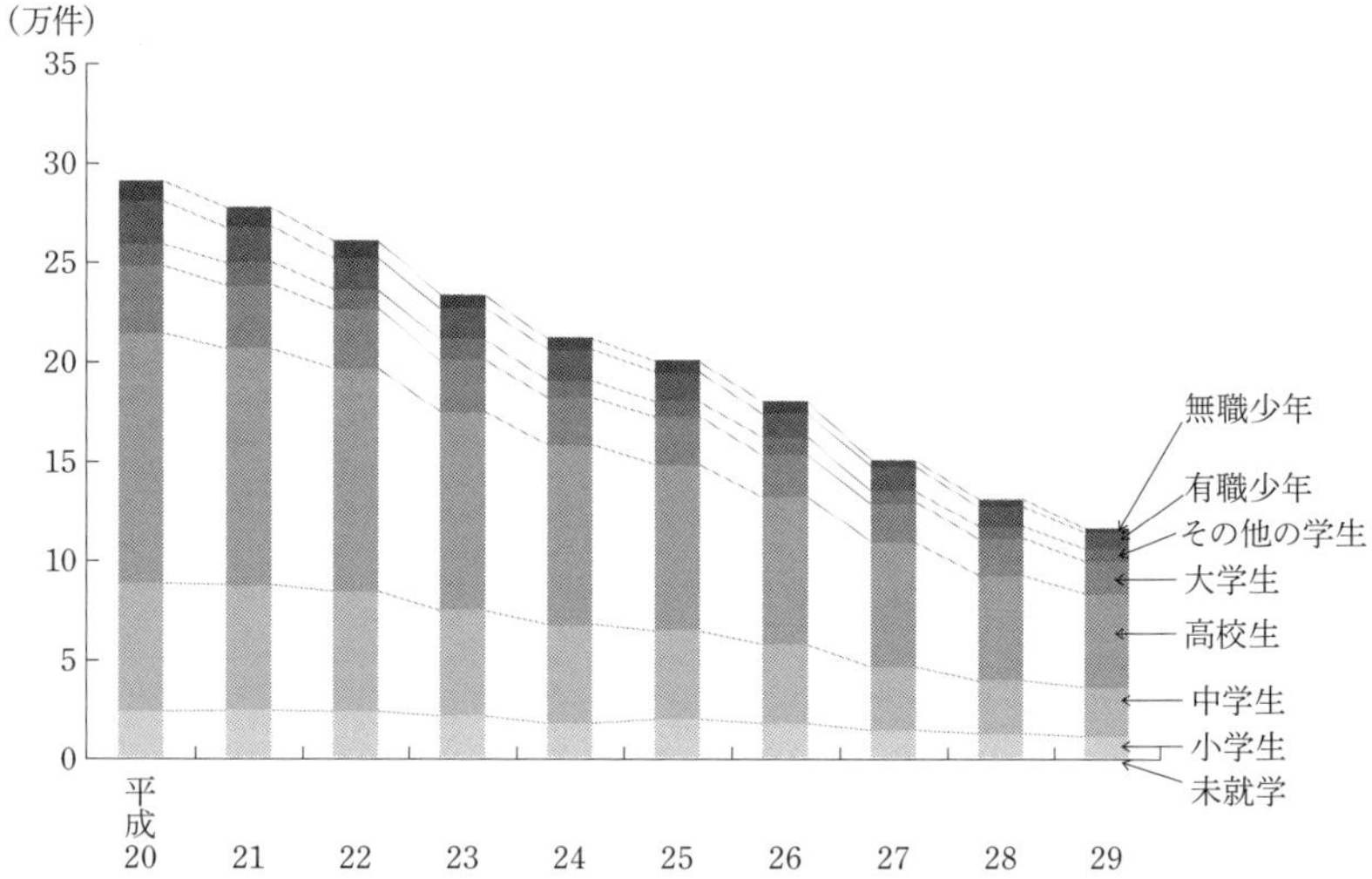

だが、昭和時代に「やんちゃに」「わんぱくに」育った私の目には、子どもたちが大人の取り決めた秩序からはみ出さずに行動しているさまが異様なことのように見える。そして子どものはみ出しに対する現代の大人たちの視線が厳しすぎるようにも思える。

子どもとは、もっと大人の思いどおりにならない存在で、大人の通念や習慣からはみ出して動きまわる存在で、時にはあっさり死んでしまうこともある存在ではなかったか。また、思春期を迎えれば、もっと大人や秩序に反抗し、もっと寄り道をしながら成長していくものではなかったか。

今、子どもの世界でクローズアップされているのは子どものはみ出しや反抗ではない。親からの虐待の問題であったり、子ども同士のいじめの問題であったり、子ども自身の心理発達に関する問題（発達障害など）であったりする。これらは昭和時代には社会の側からなかなか観測できない問題だったが、今日の秩序のなかでは浮き彫りになりやすく、医療や福祉のメスが入ることで明るみに出たものだ。

現代の基準で考えるなら、昭和時代の人々は虐待やいじめを十分に認識していなかったし、発達障害についてはほとんど何も知らなかった。教育や福祉や医療の専門家がそれらを認識している場合でさえ、今日ほど敏感ではなかったはずである——具体的には、虐待はワイドショーのトピックスになるぐらい過激なものが虐待とみなされ、いじめは金銭を巻き上げられたり傷害事件に発展したりした事例がいじめとみなされ、発達障害は重症度の高い自閉症や知的障害だけがサポートの対象とみなされていた。いじめの定義の変遷[*7]や児童虐待防止法の法改正[*8]などを見るにつけても、過去と現在で、それらの定義に変化があることが見て取れる。

では、定義が変わった二〇二〇年の日本ではどうなったのか。

虐待の通知件数は空恐ろしい勢いで増大している。いじめにしても同様だ。子どもの心理発達についても、自閉スペクトラム症（Autism Spectrum Disorder：ＡＳＤ）、注意欠如多動症（Attention Deficit Hyperactivity Disorder：ＡＤＨＤ）、限局性学習症（Specific Learning Disorder：ＳＬＤ）などがスペクトラムという新しい装いとともに知られるようになり、医療の専門家はもちろん、教師や親にも知られるようになった。精神科で発達障害と診断される患者は大幅に増え、発達障害を背景として通級指導を受けている子どもも大幅に増えた。[*9]

街が安全で清潔で快適になっていくのと並行して、また、街で見かける子どもが秩序に適合していくにつれて、そのような子どもを育てるプロセスに医療や福祉のメスが入れられるようになり、と同時に、子どもの心理発達にまつわる諸問題が多くピックアップされるようになり、医療や福祉によるサポートの対象とみなされるようになったのである。

この、秩序の行きわたった街で暮らす子どもは、そのような街にふさわしい、秩序からはみ出さない子どもでなければならない。もちろん、秩序からはみ出さない子どもとは、秩序からはみ出さない大人の原材料でもある。ところがすべての子どもが二〇二〇年の日本の秩序に無条件でついていけるわけではなく、たとえば発達障害と診断されるような子どもは医療・福祉によるサポートを受けなければ、学校への適応、ひいては職場への適応が危ぶまれることになる。

そして虐待の通知件数が物語っているように、美しい街にふさわしい子育てを親は実践しなければならない。虐待やネグレクトが昭和時代よりも敏感に察知されるようになり、それらが良くないと誰もが認識するようになり、福祉によるサポートがなされるようになったのは進歩に違いなかった。そのぶん、親の資質が厳しく問われるようになった、とも言える。二〇二〇年の親たちは、昭和時代の親よりも厳しい世間からの検閲を受け、と同時に、自分自身に内面化された良心や道徳心による検閲をも受けなければならない。

教育費が高騰し、東京を中心として待機児童問題が起こっているのを見るにつけても、令和時代の子育ては大変そうに見える。そうしたわかりやすい大変さに加えて、実は、美しい街とそこに住まう私たちは、ほとんど無意識のうちに親子に高いハードルを課していて、そのハードルの高さが公共の道徳に適っていると考えている。公共交通機関のなかで泣く子をあやす母親の申し訳なさそうな素振りや、保育園や児童保護施設の建設に反対する住民の声[*11]のうちに、安全で快適な街と、そこで常識や通念になっている私たちの道徳のありかたを考えるヒントがないものだろうか。

子どもも親も、この秩序にふさわしい振る舞いを期待され、そこからはみ出すような子どもや親は、医療や福祉、時には司法をとおして軌道修正されなければならなくなっている。

コミュニケーション能力の低い人は求められない国

子どもですらこうなのだから、社会人は推して知るべしである。

海外渡航するたびに実感させられるが、日本のサービス業のクオリティは他の先進国よりもずっと高い。もちろん海外でも、高級レストランや高級ホテルに行けば、高度に訓練された従業員のサービスを受けることはできる。だが、コンビニやスーパーのレジ打ち、居酒屋や安ホテルの従業員が提供するサービスを比較すると、日本の水準は際立っている。特別に高い給料をもらっているわけでもないにもかかわらず、日本の庶民向けサービスの従業員はテキパキと効率的に働き、笑顔を絶やさずサービスしている。

製造業、運輸業、建設業の従業員にしてもそうだ。きちんと働き、礼儀正しく、盗みや怠慢とも無縁な人々。公務員や銀行員も、権威や立場をかさに威張り散らすようなことはない。医療の世界も例外ではなく、昔は型破りなドクターや威張り散らすドクターがいたものだが、最近の若いドクターは粒ぞろいで、コミュニケーション能力が軒並み高い。

日本は、OECDに加盟している先進国のなかでは生産性に劣る国なのだという。[*12] 実際、一人あたりGDPが日本より高い国はいくらでもある。しかし、これほど粒ぞろいで、これほど愛想良く、これほどコミュニケーション能力のある人々を揃え、ハイクオリティな庶民向けサービスが当たり前になっている国が、他にどれぐらいあるだろうか。

匿名掲示板やツイッターにふきだまる恨み節や、精神科で耳にする悩みを聞くにつけても、本当は、テキパキとは働けない人や不愛想な人、コミュニケーション能力が足りない人がいなくなったわけではない。少なくとも私は、そういった不揃いな人々が実在していることを知っている。

にもかかわらず、そのような人たちが気持ち良く働けるポジションは社会のなかにそれほど多く見当たらない。テキパキしていないほど、不愛想であるほど、コミュニケーション能力が足りないほど、不揃いなほど、活躍の場は制限され、私たちの日常から目につきにくい場所へと追いやられていく。

粒ぞろいでコミュニケーション能力が高く、テキパキと働く人々からなる職場——おそらくそのような職場はいわゆるホワイトな職場で、ストレスにも気を遣っている職場でもあろう——に勤めている人々は、このような社会のありかたにあまり疑問を感じないだろうし、自分たちにとって働きやすく、ハイクオリティなサービスを享受しやすい現状をともあれ肯定するだろう。

だが、不揃いでコミュニケーション能力が高いとは言えない人々にとって、この社会は働きやすいとは言いがたい。そのような人々でも、そこそこの金銭を支払えばハイクオリティなサービスは受けられるから、社会の恩恵を受けていないとは言えない。しかし、まさにその金銭を手に入れるために気持ち良く働けるポジションを社会のなかに見つけようとした時、彼らはどこにどれだけ見つけられるだろうか。

昭和時代の日本では、今日ではテキパキと働く人によって占められている仕事の少なくない割合が、もっと不揃いで、もっとコミュニケーション能力の低い人に占められていたと私は記憶している。レストランの従業員、駅員、公務員、そういった職業の人々と彼らが提供するサービスのクオリティには、他の国と同じようなむらがあり、もっと非効率に職場が回っていた。

「テキパキとしていない、コミュニケーション能力の低い人でも働けるポジションの広さ」という視点で考えるなら、昭和時代の日本や他の国のほうが、まだしも優しい社会だったと言えるのではないだろうか。

大学生の就職活動という、まさに学生が社会人の仲間入りをしていく場面でも、粒ぞろいなクオリティが問われている。というのも、就職活動では誰もが同じリクルートスーツに身を包み、誰もが同じようなエントリーシートを書き、テンプレートどおりの振る舞いを期待されているからだ。実際、経団連による新卒採用のアンケートを確かめてもそれが窺える[*13]――働く大人たちから期待され、選考の対象となっているのは、第一に「コミュニケーション能力」であり、「主体性があって」「チャレンジ精神に富み」「協調性があって」「誠実な」新卒者であることを、いまどきの大学生たちは前もって知らされるし、ＡＯ入試組は大学入試の段階からそれらを試されている。

就職活動やＡＯ入試といった選抜プロセスは、コミュニケーション能力があってハイクオリティで粒ぞろいな人間であることを事実上、これから社会人になる学生に対して強いている。口では多様性を褒め称えてやまないこの社会は、実利の絡む就職という場面では、一律な規格で若者を選別しているのである。

こうしたプロセスをとおした学生の選別、そして矯正のプレッシャーは、現代では当たり前のこととみなされているが、たとえば私が記憶している限り、一九八〇～九〇年代の就職活動の風景はここまで画一的ではなかったし、サービスを提供する側もサービスを享受する側も、これほどのクオリティを求めてはいなかったはずである。海外諸都市の風景と比較すると、日本の社会人の働きぶりはやけにハイクオリティで、粒が揃いすぎている。これもまた、この美しい国ならではの過剰さではないかと私には映る。

かつて、衆議院議員の山口壮氏が「美しい国」をさかさまに読めば「憎いし苦痛」だと皮肉ったことがあるが[*14]、実際問題、こうしたハイクオリティで粒ぞろいな要求をクリアできない人々にとって、この「美しい国」は「憎いし苦痛」と言わずにいられないものであろう。まさにそのような恨み節が匿名掲示板やツイッターの裏路地にはふきだまり、精神科というフィールドでも、そうした社会への適応に苦労している人々の声を聞くのである。

労働者に期待される能力のハイクオリティ化

社会の最前線で働く人々のクオリティが高まれば、高まったクオリティについていけなくなる者が出てくるのは必然である。

経団連のアンケートからは社会人に期待される高い要求水準が窺われるが、私にはそれが「美しい国にふさわしいのは優れた人間だけである」と言わんばかりの要求に見える。一方、ときの首相は「一億総活躍社会」を唱え、どんな人でも活躍できる、いや、活躍しなければならない社会をも提唱している。

では、社会から期待される要求に満たない人々は、どこでどうやって活躍すれば良いのか。

たとえば工場勤務なら、いわば裏方業務だから大丈夫と考える人がいるかもしれない。携帯ショップや市役所の窓口業務に比べれば、より少ないコミュニケーション能力で務まるのは事実だろう。

だが工場勤務ならコミュニケーション能力がまったく問われないわけでもない。同じ職場で勤め続けるために、上司や同僚や部下とのコミュニケーションに応じなければならない場面もある。いまどきは雇用の流動性が高まっているため、勤め先が変わる可能性も高い。勤め先を変えるにも、新しい勤め先に適応するにも、しばしばコミュニケーション能力が問われる。コミュニケーションを円滑に進められなければ、工場勤務者といえどもトラブルに見舞われたり不遇をかこつことになりかねない。

かりにコミュニケーション能力が問われないとしても、淀みなく働く能力、ひとつの部署で業務に集中し続ける能力、複雑な操作や精密な作業をやってのける能力などは多くの職種で求められるところだ。休み休みしか働けない、業務に集中できない、複雑な操作や精密な作業を遂行できないとなると、職域はますます狭くなり、ますます活躍できなくなってしまう。

実のところ、コミュニケーション能力や淀みなく働く能力といったものは、私生活でも問われるものではある。が、私生活については後に触れることにして、ここではサービス業以外の職域でも、働く者に期待される能力のハイクオリティ化が進んでいることを確認しておく。

本人の才能や適性によって選択の余地はあるにせよ、前世紀に比べて高いクオリティが就労者に求められているのはどこも同じだ。社員に生産性の高さを期待すると同時に、むやみに残業させるわけにもいかなくなった時流のなかでは、企業は一定時間内に一定のアウトプットを約束できる人間を、決まった人数だけ雇わなければならない。ホワイトな企業であろうとすればするほど、社員に対して安定したアウトプットを期待せざるを得ない。

ハイクオリティ化していく社会についていけない者は、たとえば職場でメンタルヘルスを損なうと、精神医療の場にたどり着いて治療を受ける。治療がうまくいって職場復帰する者、ハローワークを経由して別の職場にたどり着く者も多い。医療と福祉は、働く個人に健康問題が生じた時にその個人を回復させ、仕事への復帰を手助けする役割を担っている。

医療と福祉の役割はそれだけに留まらない。いくら復帰を試みても復帰がかなわない人もいれば、より重大な病気によって職域が大きく制限されてしまう人もいる。そのような人々を福祉的就労へと結びつけ、活躍できる余地のある場所へと再配置するのも医療や福祉の役割のひとつだ。

たとえば障害者雇用や福祉的就労といった制度は、ハイクオリティ化し続ける社会に素のままでは太刀打ちできない事情を持った個人でも活躍できるよう、取り計らってくれる。かつては比較的重い精神疾患の人がこれらの制度の対象となっていたが、最近は、発達障害と診断された人が従事しているケースを見かけるようにもなっている。

医療や福祉は、福祉的就労すら困難な人々にも手を差し伸べる。しかるべき疾患が診断され、たとえば就労不可能であると判断されるに至った場合には、障害年金制度の対象となる。

だから「美しい国」で働く人々をサポートし、「一億総活躍社会」を現実のものにするべく、医療や福祉は大きな貢献をしている。そのことに加えて、人々が障害者への理解を深め、差別や偏見が解消されていくことによって、ますますこの問題は解決に向かっていく。

こういった医療や福祉のソリューションが最も効果をあげているケースをひとつ挙げるとしたら、子ども時代のうちに発達障害と診断され、その診断に見あった手当てや教育を受け、その特性にフィットした仕事を見つけ、十分配慮された環境で働けるようなケースだろう。こうしたケースは間違いなく当事者の救済になっているし、そこまで満額回答な救済には至らないとしても、医療や福祉の救済は概ねそのような方向で為されている。

だが、このような救済には少なくともふたつの問題点がある。ひとつは、そこで為される救済の方向性は、この、就労者にハイクオリティを求めてやまない社会、誰もが活躍しなければならない社会の基調に回収されてしまうことだ。

それが精神障害のようなハンディであれ、あるいはホームレスのような状況であれ、救済は、この社会の基調路線に沿った方向へと為されずにはいられない。つまり、できるだけ経済的に自立した、現代の社会人として望ましい方向へとハンディや状況を変えていくことが、被―救済者には期待されている。実際、医療や福祉の制度にはしばしば「自立支援」という言葉がついてまわるが、裏を返せば、医療や福祉の制度が被―救済者に期待する方向性とは、経済的に自立した個人、それも現代の秩序に妥当するような個人なのであって、そうでない方向性ではない。

医療や福祉は確かに人を救う。診断・治療・サポートといった次元では、個人の多様性に寄り添うよう、最善が尽くされていると言って良いと思う。その一方で、被―救済者が向かうべき方向を、それこそ「自立支援」という言葉に暗に示されるような方向へと均一化し、正規雇用―障害者雇用―福祉的就労―障害年金からなる「一億総活躍社会」という社会のアドレスのどこかへと再配置する役割を（自覚的にか、それとも無自覚のうちにか）引き受けている。

「誰が救済されるべきマイノリティなのか」という問題

もうひとつは、こうした救済の対象は、医療や福祉が可視化したもの、あるいは世間の人々が可視化したものに限られる、という点である。

世の中には、障害者やマイノリティとすでに認定され、医療や福祉がサポートし、社会全体で配慮すべきとみなされている属性やカテゴリーがいくつもある。重度の精神障害や知的障害、身体障害は昭和時代からそのような対象だったし、大人の発達障害のように、最近になって対象に加わったものもある。マイノリティの側で言えば、たとえばＬＧＢＴのように、最近になって配慮すべき対象としてとみに知られるようになったものがある。

だが裏を返せば、弱者やマイノリティと認定されなければ、あるいは医療や福祉の対象と認定されなければ、医療や福祉は援助してくれないし、世間の人々も配慮すべきとみなしてくれない、ということでもある。

たとえば境界知能と呼ばれる一群が存在する。医療や福祉の現場で用いられる知能検査で、おおよそＩＱ七〇〜八四と算定されるものが境界知能にあたる。[*15] ＩＱ七〇未満の知的障害にしても、障害程度の比較的軽い人々（軽度知的障害）はしばしば社会のなかでは見過ごされ、援助の対象になっていないが、それよりＩＱが高い境界知能の人々は、それ以上に医療や福祉の援助の対象となっていない。

では、この境界知能の人々は、美しい国の清潔な秩序にうまく適応できるのか？　テキパキと働かなければならず、コミュニケーション能力を求めてやまない令和時代の正規雇用の座を、他の人々と同様に勝ち取っていけるものなのか？

かなり難しいのではないか、と私は考える。私が精神医療の現場で遭遇する境界知能の人々の場合は、なんらかの精神疾患にかかり、なんらかの不適応を呈している。そうした人々は、能力にそぐわないものを社会から求められた結果としてメンタルヘルスを損ねていたり、不適応を呈していたりする。先天的な素因に加えて、恵まれない環境に曝されてきたとおぼしき人々も多い。

子どもにも大人にもハイクオリティが求められがちな現代社会において、境界知能の人々の立場は脆弱だ。なぜなら彼らは、高学歴や高収入にアクセスすることが難しいだけでなく、消費という次元でも食い物にされやすく、搾取されやすい人々だからである。クレジットカードのリボ払いやオンラインゲームの高課金といった消費の罠を見抜けず、それを社会契約のもと、個人の自己責任とされてしまうのが彼らである。

ＩＱ七〇～八四の境界知能は、その統計的定義から言って全人口の一割以上が該当する。*16 実際問題として、これらの人々をまとめて医療や福祉が背負うのは、今日の制度下では非現実的だろう。とはいえ、社会がますます美しく、ますます便利で、親にも子にも就労者にも、サービスの提供者にも消費者にもハイクオリティが期待される風潮のなかで、最も割を食いやすく、最も搾取されやすく、にもかかわらずサポートの対象とされにくいのは彼らである。現代社会が期待するとおりの子育てをやってのけられないのも彼らかもしれないし、ヘイトスピーチやネット炎上といった、情報リテラシーからの逸脱に陥ってしまいやすいのも彼らかもしれない。

社会全体が雑然としていた昭和以前の社会には、そうした人々でも働ける仕事がまだあり、第四章で触れるとおり、子育ての際に親子に求められるクオリティの水準も今日とは違っていた。そうした人々を騙し、搾取する人はもちろん昭和以前にもいたが、消費者にお金を使わせるべく行動経済学を駆使し、動機づけをコントロールしようとする巨大情報企業を相手取らなければならない場面はなかったはずである。

境界知能の人々は、こんな具合に社会の矢面に立たされている。しかし、より重度の知的障害者や精神障害者、身体障害者に比べれば目立ちにくく、みずからの生きづらさや疎外を言語化することも組織化することもできないままでいる。美しい国の秩序からはみ出してしまいがちな彼らは、その生きづらさや疎外をディスカッションや運動をとおして自己主張できないし、従って、救済されるべき弱者としてクローズアップされることもない。

社会が進歩するにつれて、子どもや女性の権利が尊重されるようになり、障害者へのサポートも進んできた。身体障害者の国会議員が選出されれば、障害者として困っているさまが可視化され、真剣にディスカッションされることは、二〇一九年に参議院議員となった木村英子氏と舩後靖彦氏の例を見ればよくわかる。

しかし障害者と認定されにくい人々、マイノリティとみなされにくい人々はこの限りではない。障害者やマイノリティと誰にでもはっきりわかる人々や自分たちの生きづらさや疎外を自己主張できる人々はサポートの対象たりえるが、障害者やマイノリティとしてわかりにくい人々や自分たちの生きづらさや疎外を自己主張できない人々はサポートの対象たりえない。いや、それどころか「そこには生きづらさや疎外など存在しない」とみなされてしまう。

そういう意味では、身体障害者の国会議員は誰の目にもわかりやすく、生きづらさや疎外を認知されやすく、そのうえ生きづらさや疎外を自己主張できる人々であった。これと同じことを境界知能の人々、それこそ低賃金労働に甘んじ、消費の罠やネット言説の食い物にされがちで、知的なディスカッションの苦手な人々が為しえるだろうか。また世間の人々は、そのような人々が国会議員として選出されることを歓迎するだろうか。

際限のない健康志向

医療や福祉が救済をとりなし、「一億総活躍社会」に向かう美しい国というだけあって、もちろん健康には細心の注意が払われている。

六〇歳は還暦と呼ばれ、かつて、これが人生の一区切りとみなされていた。還暦を過ぎても生き続ける人がいないわけではなかったが、還暦の前に亡くなる人は大勢いたし、だいたいそれぐらいが人間の一生であるというのが人々の通念だった。

現在では、そのように考えている人はほとんどいない。還暦はキャリアの終わりや余生のはじまりですらなく、第二の人生の始まりとみなされるようになった。昭和時代に六〇代で死ぬことは、「老人の死」「年齢相応の死」とみなされていたが、令和時代に六〇代で死ねば「そんなに若いのに」と気の毒がられる。実際、平均寿命は平成の三〇年間も延び続け、二〇一八年の記録では日本人の平均寿命は女性が八七・三二歳、男性が八一・二五歳となっている。[*17]

なぜ、これほどの長寿が達成できたのか。それは、人々が健康リスクに注意を払うようになり、医師による指導や治療をきちんと受けるようになったからだ。昭和以前は健康リスクに注意を払っている人はそれほど多くなかったが、いまどきの高齢者はコレステロールや血圧に注意を払い、適度な運動やバランスのとれた食事を心がけている。喫煙者は、昭和以前は世の中の多数派だったが平成時代の終わりには少数派となり、手狭な喫煙エリアへと隔離された。

こんなに誰もが健康リスクに注意を払い、健康にお金を払う社会はいまだかつてなかった。この現代の様子を数十年前の人々に見せたとしたら、過剰な健康志向と、それによって実現した健康長寿ぶりに目を見張ることだろう。

第三章で詳しく触れるが、健康や長寿は多くの人が求めてきたものだから、基本的にこれは良い変化に違いないし、健康が脅かされれば個人の自由な生活が制限されるわけだから、個人の自由を成り立たせるうえでも重要な変化だったと言える。

だが、本当に良いことずくめだったのだろうか。私たちはかつてないほど健康で長寿になったと同時に、健康で長寿にならなければならなくなったのではないか。

メタボリックシンドロームやロコモティブシンドロームといった概念が行きわたっていなかった頃の日本人は、もっと健康に対していい加減な態度をとることができた。平均寿命が短かった頃の人々は、もっと自分の身体を自分の好きなように取り扱っていたし、好きなように取り扱うことがいけないことだとは思われていなかった。

だが、現代人は健康に対して注意深くなければならなくなっている。健康にまつわるあらゆるものに気を配るあまり、健康が人生の手段ではなく、人生の目的になってしまっている人々などはそのきわみである。彼らの人生は、健康に、乗っ取られている。

そこまで極端ではないとしても、健康を義務のようなものとして捉えている人は少なくあるまい。健診のたびに医師から指導を受け、メディアにも健康を勧めるメッセージがあふれる現代社会のなかで、健康に背を向けて生きることは簡単ではない。いつまでも健康でいることは現代人にとって望ましいだけでなく、期待されることでもあり、たとえば平均寿命あたりまで生きるのは当たり前だと、多くの人々は漫然と考えている。

元来人間は、もっと簡単に生まれて、案外簡単に死んでいくものだった。少子化の進む現代では、前者はそう簡単でもなくなったが、後者については今でもそうである。人目につきにくく、日常生活のなかで意識しにくいだけで、現代人も病気や事故であっさり死ぬことはある。

ところが、生死も病気も病院や施設に隔離され、健康が社会の隅々にまで浸透していくにつれて、私たちはあたかも健康でさえいれば死なないかのような思い込みのなかで生きられるように――そして生きなければならなくなった。

有史以来、最も健康長寿となった現代社会の通念には、死生観というものが見当たらない。どうしても生きて何かを成し遂げなければならないことがあり、その目的のために健康に気を配っている人は現代社会では少数派だ。大多数は、とにかく健康でいなければならないという強迫観念に基づいて、あるいは健康が当たり前だからという漫然とした思い込みのうちに、健康に時間とお金を費やし続けている。

このような通念が社会に浸透しているものだから、たとえば選挙の街頭演説において、候補者は必ずと言っていいほど健康に言及し、自らの考えを有権者に訴える。自民党であれ共産党であれ、健康は守って当然、誰もが気にかけて当然、というわけである。

だが健康は太古の昔からの通念ではなかったはずである。昭和時代から令和時代にかけて少しずつ浸透し、いつの間にか常識と言って良い水準にまで肥大化し、権利というより義務に近い色彩を帯びるようになった通念なのだが、あまりにも当たり前になっているものだから、誰もこれに反対することはできないし、そもそも、過去の健康観や死生観を思い出すことも難しくなっている。

そうした通念のもと、私たちはますます健康長寿になり、ますます多くの医療費を必要とし、ますます多くの老後資金を貯えなければならなくなっている。どうしても生きなければならない目的があって健康長寿を目指すのでなく、健康長寿を当然とみなし老後資金を貯えるために身を粉にして働く現代人の生きざまは、過去の人々には不可解なものと映るだろう。あるいは後世の人々から見ても、この目的と手段のひっくり返ったような二〇二〇年の健康をめぐる風景は、健康のためのテクノロジーや知識に通念が引っ張られた、アンバランスな一時代として顧みられるのではないだろうか。

個人の自由を追いかけて孤独になった私たち

それでも社会は進歩し続け、街は清潔になり、暮らしも快適になり、私たちは長生きするようになり、より多くの自由を享受しているはずである。

自由について考えるこの本では、そうした自由の享受をさしあたって賛美しておきたい。ただし、ここで言う自由の享受とは、「過去にあったさまざまな不自由からの自由」を受け取っているという意味だ。たとえば前世紀から批判されてきた家父長的制度は、イエ制度や地域共同体の衰退も相まって、国内ではごく限られた領域で、ごく少数を抑圧しているに過ぎなくなった。だが家父長的制度を解体したからといって、現代人が何者からも自由になったわけではない。

昭和以前の社会、典型的には農村社会では、生まれたイエや身分や地域によって仕事も人間関係もほとんど決まっていた。そのような制度や通念にそぐわない人、たとえば、個人として自由に仕事や人間関係を選びたいと願っている人は、そのような願いを徹底的に抑圧され、葛藤を抱えずにはいられなかった。

令和時代はどうだろう。生まれたイエや身分や地域によって仕事や人間関係を強制されることは少なくなった。農家や床屋の子どもが、親と異なる職業に就くことは珍しくもない。交通機関の発達とインターネットのおかげで、距離による制約も大幅に解消した。

だが、過去の不自由から自由になったのと引き換えに、私たちはイエや身分、あるいは地域共同体をつてとして仕事や人間関係を獲得できなくなった。人的流動性の高い社会のなかで、みずから仕事や人間関係を勝ち取らなければならなくなった。

仕事に関しては、先に述べたとおりである――いまどきは、コミュニケーション能力や淀みなく働く能力などが自由な仕事選びの大前提になる。流動性の極度に高まった社会のどこででも働いていくためには、実際そのような能力が必要にもなろう。

と同時に、社会人にハイクオリティが期待されるようになり、リストラや派遣労働が一般化したことによって、昭和時代には正規雇用になれたかもしれない人が非正規雇用に甘んじる事態が日常茶飯事となってしまった。

能力に恵まれていれば仕事を選べる社会が、能力に恵まれていても仕事が選べない社会に比べて自由なのは間違いない。だがこの自由は、社会人に期待される要求水準が高まり、職業選択の自由の前提条件が厳しくなっていった進歩の歩みについていけることを大前提としたものではなかったか。

令和時代の社会人に期待されるクオリティに達しない人は、この職業選択の自由の恩恵をほとんど受けられない。

友人や恋人や知人といった、私生活の領域でも似たような問題が起こる。現代社会では、友人や恋人や知人を自由に選ぶことができる。とりわけ首都圏には人材が集まり、網の目のように交通機関が整備されているため、人間関係の選択肢はほとんど無限に近い。インターネットの普及によって出会いの選択肢はますます増え、男女関係も含め、インターネットを経由して誰かと知り合うことは今では珍しいことではない。

しかしこのようなハイレベルな自由が行きわたったことで、私たちは、自己選択に基づいて友人や恋人や知人を選ばなければならなくなった。

人間関係が自由選択になったということは、人間関係が自己責任になったということでもある。人間関係の不首尾を「他人のせいにできなくなった」と言い換えてもいいだろう。人間関係がイエや身分や共同体に束縛されていた昭和以前の社会であれば、人間関係の不首尾を宿命や生まれのせいにできた。自分を呪うのでなく、宿命や生まれを呪っていれば良かった。

対照的に、現代社会には人間関係を宿命のように束縛するしがらみが乏しい。唯一、親子関係がそれに相当するとは言えるものの、NHK「中学生・高校生の生活と意識調査」を見ても、いまどきの親の大半は、子どもの自由選択を尊重しようとしている。[*18] このような意識の親元で育てられた子どもが、成人後の人間関係を親のせいにするのは難しい。たとえ人間関係に用いることのできるリソースが遺伝的負因や家庭環境によって左右されているとしても、である。

と同時に、私たちは友人や恋人や知人として選ばれなければならなくなった。付き合う相手を自由に選べる以上、他人もまた付き合う相手を自由に選ぶ。たとえ自分が付き合いたいと思っていても、相手も同じ気持ちかどうかはわからない。人間関係の自由とは、付き合いたくない相手とは付き合わない自由でもあるからだ。

たとえば大多数の東京の市民のような、人間関係が自由選択であるという通念を共有している者同士は、無理矢理に相手を付き合わせるのは良くないと自覚しているし、自分が誰とどれぐらい付き合えるか、おおよその〝市場価値〟を自覚してもいる。すっかり内面化されたこの通念は、たとえばストーカーに関する法整備が示しているように、ある程度は法制度によって支持されている。そしてインターネット上では、SNSにおけるフォロー数／フォロワー数といったかたちで人間関係の〝市場価値〟が数値化されるようになった。

人間関係が自由選択になり、市場的側面を深めている以上、そこからあぶれ、疎外される人々が現れるのは必然的なことだった。人間市場のなかでたくさんの人間関係を獲得する人がいる一方で、まったく人間関係を持てずに孤立を余儀なくされる人もいる。孤立していなくても、自分の望む人間関係と現実とのギャップを感じる人は少なくない。

「人間関係の自由のもと、自由に人間関係をつくる」という通念は、子ども時代から親に教え込まれるだけでなく、テレビでもインターネットでも良いこととみなされ、喧伝されているから、これを通念として内面化しないで済ませられる人はきわめて少ない。だからこの通念は、現代人の権利であると同時に義務であり、道徳でさえある。

このような通念に基づいて行動し、人間関係にも恵まれれば、さしあたり幸せには違いあるまい。だがもし人間関係に恵まれず、孤立に至ってしまったなら、社会関係資本*19を欠いてしまうだけでは済まず、義務や道徳の不履行にも心を蝕まれ、劣等感や罪悪感を抱え込む羽目になるだろう。

確かに私たちは旧来の不自由から自由にはなった。しかし現代社会の通念と、その通念にそむいた時の劣等感や罪悪感からは自由とは言えない。そうした義務や道徳の不履行に不安を覚える人々は、人間市場で勝ち上がるべく、フェイスブックやインスタグラムに好もしい投稿を心がけてやまない。そうした取り繕った投稿から、不安が透けて見えることがあるとしても、である。

街の構造が私たちの認識や行動を管理している

私たちに不自由を与えているのは、もちろん通念やそれに由来した劣等感や罪悪感だけではない。

私たちの快適な暮らしの土台となり、人と人とを結びつけているインフラ全般は、私たちに通念を押し付けたりはしない。けれどもいつの間にか、私たちの認識や行動に影響を与えている。

たとえば東京の電車や地下鉄はとても複雑で、短い運転間隔で運行されているが、それでも電車は時間どおりにやって来るし、定められたホームにきちんと停まる。東京に住む人々にとって、これは当たり前のことではあるけれども、当たり前であるがゆえに、「電車は時刻どおりに、定められたホームにきちんと停まるもの」という認識が気づかぬうちにできあがっていく。

その電車や地下鉄に向かうまでの道のりも、数多くの標識と決まりごとによってガイダンスされている。通勤通学でよく馴染んだ路線でも、普段は利用しない路線でも、頭上の標識を確かめれば目的地にたどり着ける。地下道で右側を歩くべきか左側を歩くべきかも、すべて記されているから、初めての地下道でも道を間違えにくいし、ラッシュの時間帯でもちゃんと移動できる。

電車や地下鉄に限らず、東京では万事がこうだ。約束事どおりに交通機関が運行され、標識やガイダンスのとおりに移動し、実際そのとおりに目的地にたどり着ける。街は、人の住む場所、売買する場所、ここは公園、ここは図書館といった具合に、標識や看板で記されているとおりに区画が定められている。

もちろんこうした特徴は東京に限ったものではないし、昔から、都市というのは多かれ少なかれそういうものではある。だが現在の東京は、過去のどの街と比べてもそれが徹底されていて、間違いや隙間が少ない。

東京では、何も記されていない曖昧な場所がなかなか見つからない。たとえ空き地があったとしても、そこには「私有地　立ち入り禁止」といった看板が立っているし、東京の市民はそうしたことをよく弁えているので、立て看板がない空き地ですら、私有地や公有地に違いないと判断してむやみに立ち入らない。まして、そこで寝転がったり立小便をしたりすることなどない。

　東京での生活は、標識や看板やガイダンスで記されたものに完全包囲されていて、記されたとおりに生活しなければならない、とも言える。どんな場所にも、文章や記号でその場所の役割やその場所でとるべき行動指針が記されていて、東京の市民はそのとおりに行動しなければならないし、実際、やってのける。外国人が驚く、渋谷のスクランブル交差点の秩序だった人の動きも、大混雑しても機

JR新宿駅の乗り換え案内標示。2020年。

能する新宿駅や池袋駅にしても、それらは標識やガイダンスによって人の流れをさばいているると同時に、そうした標識やガイダンスに馴らされている人々が大多数を占めているから機能しているとも言える。

こうした暮らしは東京ではあまりにも当たり前になっているし、この当たり前に慣れてしまったほうが東京では生きやすくもある。だが、記された約束事に依存した認識と行動に慣れれば慣れるほど、私たちは標識や表記に頼らずに対象を見たり触ったりすることが難しくなるし、街のインフラのなすがまま、されるがままということになる。

認識や行動を制御するインターネットの構造

インターネット上ではこうしたことがもっと徹底していて、何も表記されていない曖昧な場所がどこにも存在しない。

私たちはインターネットを、そのページやアプリを、コードが記しているとおりに眺める。というよりコードに記されていないものは眺めようがないので、インターネットで目に映るものはすべて、誰かがプログラミングしたコードの結果として現れる。早くからインターネットを始めていた人々は、そうしたプログラムやコードを個人で書き、それぞれがウェブサイト（ホームページ）をつくっていたが、現在はSNSやアプリや検索エンジンのプラットフォーマーが、インターネットで私たちの目に映るものを、ひいてはネット上の私たちの認識や行動を実質的に形づくっている。

インターネットで私たちが目にするもののなかには、個人になんらかの行動をとるよう促すものも多い。たとえばネット通販でアウトドア用品を頻繁に買う人のスマホやPCには、アウトドア商品の広告が繰り返し表示され、ますます買いたくなるよう仕向けてくる。ネット検索にしても、ユーザー自身の履歴に基づいて検索結果が偏るよう、現在の検索エンジンはつくられている。たいていのネットユーザーはそんなことを気にもしないでインターネットを眺め、表示される検索結果をあてにしている。

SNSも同様だ。現在のSNSは、好みの思想信条のアカウントや情報を集めるには非常に適しているが、好みではない思想信条のアカウントや情報に目を配るにはまったく向いていない。たとえば自民党の政策に反対している人がツイッターを覗く時、タイムラインに並ぶのは同じく自民党の政策に反対している人々の文章や動画ばかりで、自民党の政策に賛成している人々の文章や動画はなかなかタイムラインには現れない。よしんば賛成者の文章や動画が目に留まるとしても、それは反対者が否定的な文脈でリツイート（シェア）したものとしてタイムラインに現れてくる。

SNSのインフラ、ひいてはインターネットのインフラは、自由に考え、ディスカッションするのに最適化されているとはまったく思えない。むしろ、インターネットのインフラは私たちが持っている特定の思想信条を強めたり、特定の行動を促すようつくられている。

そうしたインフラに依存したネットライフの果てに、極端な思想信条を常識や正義だと思い込んでしまう人々が現れ、マスメディアが「分断」と呼ぶような、政治的妥協やディスカッションのまったく困難な社会状況が生まれている。

他方、インターネットのインフラに依存し、流されてゆく人々をよそに、グーグルやフェイスブック、リクルートといった大企業は個人の売買情報や位置情報などをかき集め、これからのビジネスのために——つまり私たちの認識や行動をますます制御し、より効率的にマネジメントするために——努力を積み重ねている。

こうした状況のもと、いったい私たちはどこまで自分の自由意志によって認識・行動していると言えて、どこまでインフラに誘導されるままに認識・行動させられていると言わざるを得ないだろうか。

現代の自由、あるいは不自由とは?

本章で挙げてきたものはすべて、私たちの生活を快適かつ便利にし、高度に発展したメガロポリスを成り立たせ、昭和以前の不自由からの解放に貢献してきたものである。インターネットにしてもそうだ。これらの進歩によって私たちは自由になって、きっと、幸せにもなっているはずだった。

だが二〇二〇年の現実を振り返れば、過去の不自由や不便を克服してくれた進歩が私たちに新しい不自由をもたらし、簡単には逃れられなくなっているようにも見える。過去には進歩的とみなされ、現在では当たり前の通念となった諸々は、私たちの認識や行動を、通念のテンプレートへとはめ込んでいるのではないだろうか。そのことに新しい生きづらさを感じている人、通念どおりに社会適応するために背伸びを余儀なくされる人、なかには力尽きてしまう人もいるのではないだろうか。

インターネットにしてもそうだ。インターネットがまだ少数の研究者と先駆者だけのものので、皆が自分でプログラミングしていた頃、そこを自由な表現の場、自由な思想とディスカッションの場、日常生活から距離を置ける防空壕のような場とみなしていた人は多かったように思う。ところが誰もが当たり前のようにインターネットに接続するようになると、そこはビジネスと政治の草刈り場となった。巨大情報企業やプラットフォーマーによって個人の認識や行動が蒐集され、誘導《ナッジ》され[*20]、情報弱者がインフルエンサーによって簡単に食い物にされるのが、二〇二〇年のインターネットの現実だ。

これほど不自由な今日のインターネットのなかで、しっかりと自分の頭で考え、物事を認識し、自由に行動を選択できていると言える人がいったいどれぐらいいるだろうか？

東京のような、あらゆるものが標識や表記に覆われている街で暮らすのも、それとあまり違わない。標識や表記のなすがままに歩き、ショーウインドーのディスプレイや広告に気を惹かれ、インスタ映えする場所で立ち止まり、タピオカミルクティーが流行ればタピオカミルクティーに群がる私たちは、多忙で移り気な現代社会を案外楽しんでいる。だが、こうした日々のなかで、私たちの認識や行動は、どの程度まで自由だと言えて、どの程度まで不自由だと言わざるを得ないものなのか？

私たちはどこまでも清潔で健康で道徳的な社会に生きていて、昭和以前の人々よりもずっと自由でハイクオリティな暮らしを営んでいるはずである。

だが、そのハイクオリティな暮らしが進歩的なものから一般的なものになり、守って当然の道徳として私たちに内面化されていくなかで、まさにそうした進歩自身が私たちの認識や行動を束縛しはじめているとしたら。と同時に、ハイクオリティな暮らしを支えるための街やインターネットのインフラが、私たちの認識や行動を操作するようになり、気づかぬうちに管理しはじめているとしたら。

こうした、進歩のもうひとつの顔は二〇世紀以前からあったことではある。だが、従来と大きく違っているのは、通念や習慣がこれほど社会のなかに徹底していたことなどなかったし、法制度がこれほど守られるようになったこともなかったし、私たちの認識や行動に影響を与える街やインターネットのインフラがこれほど強力になったこともなかった点である。

どんな進歩も、どれほど良いことも、あまりにも当たり前のこととして徹底されれば、人々に葛藤をもたらし、ともすれば閉塞感を与えるものではないだろうか――この美しい国と一億総活躍社会をそのような目で振り返った時、私は、この秩序ならではの生きづらさや、私たち自身が気づかぬうちに背負わされている課題に思いを馳せずにいられない。

そしてこれらの新しい生きづらさや課題を作り出している現代社会のメカニズムがどのよ

うなものか、確かめておきたくなるのである。

第二章

精神医療とマネジメントを望む社会

「こころ」を診なくなった精神科医

社会全体の秩序意識の高まりや現代人のハイクオリティ化は、さまざまな領域で同時進行的に起こっているから、ひとつの分野に絞って紹介するより、複数の分野にまたがるかたちで紹介したほうが全体像が掴みやすくなる、と私は考えている。第二章ではその先駆けとして、私の本職である精神医療の世界について紹介する。

ここ数十年の間に精神医療は大きく変わり、社会が精神医療に期待する役割も変わった。そうした変化のある部分は、診断基準や治療の進歩に由来しているが、別のある部分は、秩序意識の高まりや現代人のハイクオリティ化といった、社会そのものの進歩に由来している。

はじめに前者について触れておこう。かつて、「こころ」が大いに語られる時代があった。二〇世紀は精神分析という「こころ」を取り扱う技法が注目された時期で、フロイトのアイデアが世界じゅうの弟子筋へ受け継がれ、日本でも人気を集めていた。重い精神病患者が精神科病院に長期入院を余儀なくされていたのを尻目に、精神分析はもっとカジュアルな「こころ」の悩みを扱う技法としてメディアでも盛んに紹介されていた。

そうした時流に乗って、精神科医が「こころ」のご意見番として情報発信していく時代でもあった。斎藤環によれば、精神科医がコメンテーターとして日本社会に受容されていったのは一九八〇年前後だという。[*1] 実際、私が学生だった一九九〇年代には「こころ」を物語る精神科医やカウンセラーがテレビに頻繁に登場していたし、書店には、精神分析の専門家たちの書籍が平積みにされていた。精神分析のボキャブラリーを利用した人物描写が流行し、アニメでは『新世紀エヴァンゲリオン』などが、小説では『永遠の仔』などがヒットした。

しかし今はそうではない。令和時代の書店のメンタルヘルスのコーナーは、認知行動療法やマインドフルネス瞑想についての書籍に取って代わられている。それらは「こころ」という曖昧なものを取り扱うものではなく、行動や振る舞いを分析したり認知や情緒を制御したりするための、エビデンスにも裏付けられた技法だ。

二一世紀にブームを迎えた発達障害にしてもそうだ。注意欠如多動症（ＡＤＨＤ）や自閉スペクトラム症（ＡＳＤ）は、目に見えない「こころ」の精神疾患ではない。第三者からも観察できる行動や振る舞い、認知の偏りなどに基づいて診断される精神疾患だ。「こころの風邪」というキャッチコピーを与えられていたうつ病にしても、現代の診断基準[*2]どおりに捉えるなら、それは行動や振る舞い、あるいは気分や認知の障害である。

現在うつ病と診断される患者のなかには、従来の診断基準では抑うつ神経症[*3]と診断され、「こころ」に関連づけて治療されたであろう患者が含まれており、また、特定の性格傾向とうつ病を関連づける学説もあった。

ところが現代の診断基準から抑うつ神経症という診断名はなくなり、うつ病が性格傾向と関連づけて論じられることも少なくなった。診断基準の症状リストに当てはまるかどうかを確認し、そのうえで重症度を判定するものだから、現代の精神科医は、患者の「こころ」についてあれこれ考えなくてもうつ病の診断と治療をやってのけられる。

診断だけでなく、治療も大きく変わった。二一世紀のカウンセリングは、「こころ」などという曖昧なものにアプローチする精神分析的な技法ではなく、認知行動療法をはじめ、統計的エビデンスに下支えされた治療技法のほうが優勢だ。薬物療法も、新薬の登場と統計的エビデンスの蓄積によって大きく変わった。ADHDに対する薬物療法などが最たるものだが、薬物を用いて行動や振る舞いをマネジメントするためのテクノロジーは日に日に発展している。

二〇世紀の終わりには、精神科医は「こころ」を司る者だったし、世間の人々も精神科医にそのような役割を期待していた。ところがこのように、現代の精神科医はもう「こころ」を診ていないし、司ってもいないのである。*4

治療を受ける患者の側も、そうした診断と治療に疑問を持つことは少なくなっているように私には感じられる。私が研修医だった頃によく耳にした精神科医に対する不満は、「こころ」に関するものだった。もっと「こころ」を知って欲しいとか、「こころ」をわかってくれないとか、そういったクレームを情報感度の高い患者が訴えていた。だが今日、情報感度の高い患者は認知行動療法のような、エビデンスの蓄積したアプローチを期待している。

マスメディアで「こころ」を物語る専門家も、いつの間にか精神科医ではなくなった。かわりに人々の「こころ」を物語ってみせるのは、バラエティ芸人や小説家といった、正真正銘のナラティブの専門家たちだ。世間はもう、精神科医やカウンセラーに「こころ」を語るよう、以前ほどには期待してはいない。

増える精神疾患患者、増える発達障害

では、「こころ」が顧みられなくなったことで、精神科医や精神医療の役割は小さくなったのか。まったくそうではない。「こころ」という曖昧なものに依拠しなくなり、統計的エビデンスに基づいて行動や振る舞いをマネジメントすることによって、精神医療はさらに強力なテクノロジーとなった。ますます快適で健康で道徳的になり、ますます社会人にハイクオリティが求められる社会から零れ落ちそうになっている人々を掬い上げ、手当てし、社会のしかるべき場所へと還していく重責を、精神医療は担っている。

精神医療を必要としている人々の数は、増え続けている。厚生労働省『患者調査』によれば、平成一一年に二〇四万人だった患者総数は平成二六年には三九二万人を超えるまでに増大した。*5

次ページのグラフからは、高齢化によって認知症が急増しただけでなく、気分障害（うつ病や躁うつ病など）やその他の行動の障害（発達障害など）が大きく伸びているさまが

見て取れる。ではなぜ、うつ病や発達障害と診断される人がこれほど増えたのか。

ひとつには精神疾患の早期発見・早期治療が実現したから、という側面もあるだろう。昭和時代の精神科病院には「一度入院したら社会に戻れない場所」というイメージがついてまわり、軽症のうちに受診する人は稀だった。だが今日ではメンタルクリニックがあちこちに開業し、副作用の少ない新薬が相次いで登場したこともあって、そうしたイメージは払拭された。

とはいえ、それだけでもあるまい。快適で健康で道徳的な社会が実現し、私たちに求められるクオリティが高まったがために患者が増えている、と想定せざるを得ない側面もある。発達障害は、この側面を考えるうえで格好のサンプルだ。

今日で言う発達障害のほとんどは昭和以前

精神疾患を有する総患者数の推移(疾病別内訳)

厚生労働省「患者調査」より厚生労働省障害保健福祉部作成。
2011年の調査では宮城県の一部と福島県を除く。

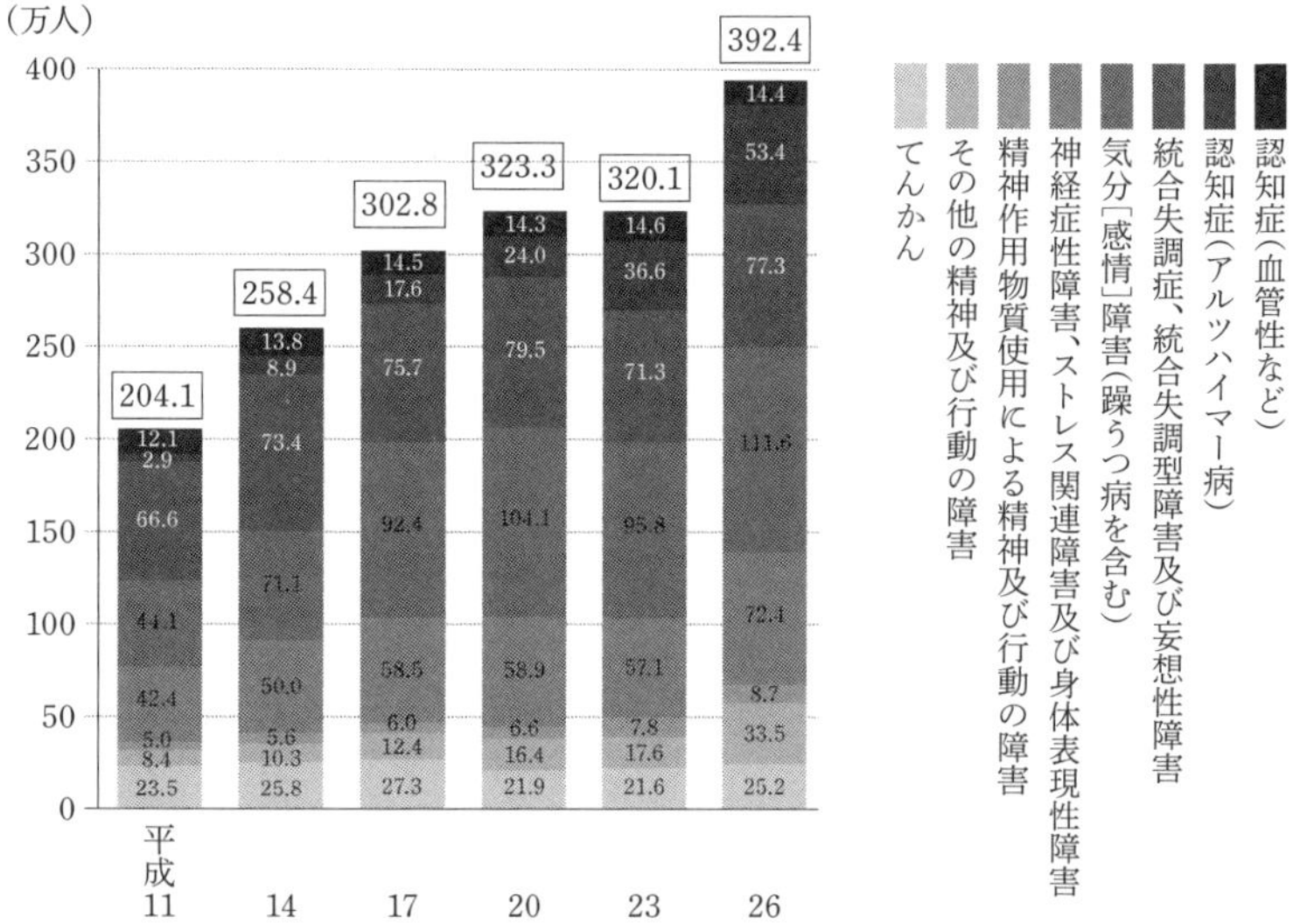

には医療や福祉の対象とはなっておらず、大半が医療機関を受診してもいなかった。例外的に、重症度の高い自閉症や知的障害の患者だけがそれらの対象となっていた。

ところが発達障害という概念のルーツは意外に古く、一九六〇～七〇年代にはその先駆けを見ることができる。[*6] この頃の発達障害概念は、現在のＡＤＨＤやＡＳＤがそのまま当てはまるものではなかったけれども、アメリカでは落ち着きのない子どもや素行の悪い子どもや学習が困難な子どもを児童精神科医が診はじめていて、日本の研究者もそうした動きに注目していた。

にもかかわらず、発達障害概念はすぐには日本に広がらなかった。たとえばアメリカでは一九七〇年代からＡＤＨＤの前身である多動症（Hyperkinesis）が診断されるようになり、その治療薬であるメチルフェニデートが処方されるようになっていったが、[*7] 日本でＡＤＨＤが本格的に診断・治療されるようになったのは一九九〇年代後半になってからのことである。[*8]

私が研修医だった二〇〇〇年頃を思い出すと、大学病院の児童精神科医でさえ、ＡＤＨＤをまだ頻繁には診断せず、慎重に議論しながら診断していた。ＡＤＨＤと診断された子どもの症例が入院してきた時には、皆で注目していたのを憶えている。なぜなら、それぐらい珍しい診断名だったからだ。今にして思えば、当時ＡＤＨＤと診断されていた子どもの症例は最も重症度の高い、最も典型的なＡＤＨＤだった。そのような症例だけが、ＡＤＨＤとして〝特別に〟診断されていた。

このように、ＡＤＨＤは大学病院の児童精神科医に診断されることはあっても、一般の精神科病院やメンタルクリニックでは稀にしか診断されないものだった。現在ならＡＤＨＤと診断されるであろう子どもや大人が、別の診断名、たとえば「こころ」の病気として治療を受けていることがよくあり、そのことに精神科医の大半と市井の人々は疑問を感じていなかった。発達障害を先進的に研究している児童精神科医と、一般的な精神科医や市井の人々との間に大きな認識の差があった、とも言える。

他方、現在ならＡＤＨＤと診断されてもおかしくない子どもが二〇世紀にはたくさん存在していた。授業に集中できない子ども、落ち着きのない子どもはいくらでもいたし、そのような子どもには体罰が下されることもあった。ＡＳＤにしても同様だ。〝天然〟と呼ばれる子や空気の読めない子（少し後のスラングで言うなら〝ＫＹ〟）が教室には存在し、時に揉め事が起こることがあったとしても、病気とみなしている人はまずいなかった。

大人の世界にしてもそれは変わらない。気の利かない店員、気難しい職人や工員、お小言を言われがちな家族や親族のうちに、発達障害はあまねく存在していた。そういった人々は時に文句を言われたり煙たがられることこそあれ、そういった人々が社会に存在するのは当たり前のことだったし、そういった人々に適した職域がかつての日本社会にはまだそれなりに残っていた。[*9]

発達障害的な特徴を持った人が社会にあまねく存在し、そういった人々に適した職域も広く存在する社会では、発達障害とわざわざ診断・治療しなければならない社会的ニーズは乏しいし、そのような社会では、発達障害を医療の問題とみなす通念や習慣は広まりにくかろう。一九六〇～七〇年代の日本の研究者たちが努力しても発達障害がブームにならなかったのは、まったく不思議なことではない。

ところが二〇世紀末から状況は急激に変わっていった。人的流動性の高まりに伴ってほとんどの職域でコミュニケーション能力が求められるようになり、第一次産業や第二次産業が第三次産業に圧倒され、IT化が進みゆく社会では、ADHDやASDの特徴が長所として活きる職域は狭くなっていく。むしろ、ADHDやASDであることがハンディとみなされやすくなる。

はじめに反応したのは精神科医たちだった。そうした新しい社会の新しい不適応に、発達障害という概念はぴたりと当てはまったから、精神科医たちは発達障害についての講演や専門書から一生懸命に学ぶようになった。「こころ」の病気としてうまく捉えきれない患者を、発達障害とその研究者たちはうまく説明してくれるように見え、また、その方面のエビデンスが蓄積されはじめていたからだ。

ほどなく学校関係者や福祉関係者もこれに続き、発達障害とおぼしき子どもを医療に委ねることが当たり前になっていった。日本じゅうの学校で校内暴力が吹き荒れていた一九七〇年代には発達障害がほとんど広まらなかったのとは対照的に、学級崩壊が取り沙汰された二〇〇〇年代には発達障害は速やかに受け入れられた。

スクリーニング検査や啓蒙活動の甲斐もあって、発達障害は家族にも少しずつ知られるようになっていった。それまでの精神分析に基づいた発達心理学では、病いの原因として幼少期の体験に注目しがち（＝子育てのせいと捉えられやすい）だったのに対し、先天的要素に目を向ける（＝子育てのせいと捉えられにくい）点も、発達障害が家族に支持されていったひとつのポイントだったかもしれない。

最後に、世間の人々が変わっていった。片付けられない人。落ち着きのない人。空気が読めない人。敏感と鈍感の混じりあった人。そういった、ちょっと変わってちょっと困った、ホワイトカラーの典型的な職域やコミュニケーションからはみ出しがちな人々、つまり、ハイクオリティ化していく社会から取り残されつつある人々を説明づける概念として、発達障害はパズルのピースのように社会に嵌まった。そうした結果、当事者みずからもADHDやASDを語るようになり、〝発達障害本〟が書店に平積みされるようになった。

かくして二〇一〇年代の後半には、発達障害という概念は多くの人の知るところとなった。落ち着きのない人、空気が読めない人、敏感と鈍感の混じりあった人、等々は、精神科病院やメンタルクリニックで発達障害の診断と治療を受けられるようになった。幼少期のスクリーニング検査のおかげで早い段階から診断と治療を受け、適切なサポートに助けられる子どもも増えた。

発達障害は、不適切な対応によって気分障害や不安障害やパーソナリティ障害などの二次障害を併発しやすいこと[*10]を思うにつけても、早期発見・早期治療がもたらす恩恵は大きい。おそらく、二〇世紀には見過ごされていたたくさんの発達障害の子どもたちが、こうした変化によって救われたことだろう。

昭和時代の緩い秩序と医療や福祉による介入範囲

このように、令和時代の社会では発達障害は是非とも早期発見・早期治療に結びつけたい疾患だが、昭和時代以前の社会ではそうでもなかった。現在なら発達障害と診断されてもおかしくない人が学校にも職場にも大勢いて、そのことに誰も違和感を持っていなかったからだ。

しかし平成時代をとおして私たちの社会はますます清潔で行儀良く、効率的で、コミュニケーション能力を必要とするものへと変わった。第一章で紹介したように、それに伴って学生や社会人が乗り越えなければならないハードルは高くなり、私生活の領域でも現代人に期待されるクオリティは高くなっていった。発達障害が世間に受け入れられたのは、こうした社会変化と人間のハイクオリティ化についていけない人に対処しなければならない需要が高まったから、と捉えることもできる。

ここで、昭和時代の社会の秩序について思い出してみよう。昭和時代の秩序の水準では、大人も子どももきっちりとは法におさまっておらず、ミクロな法からの逸脱が巷にはあふれていた。喧嘩、騒音、臭いに対してお互いがおおらかで、街全体が雑然としていて、迷惑やリスクにも人々は鈍感だった。

昭和時代のように雑然とした、全体として鈍感な社会では、令和時代には逸脱とみなされる行動や振る舞いも、逸脱とはみなされにくい。子どもたちが教室で騒ぐのは当たり前だったし、道草をするのも当たり前だった。私有地で草野球をして隣家のガラスを割るのも、取っ組み合いの喧嘩をしたりイタズラをしたりするのもよくあることで、それが子どもというものだった。と同時に、子どもらに対して体罰という手段に訴えて構わないという習慣や通念がまだ残ってもいた。子どもが教室で騒ぐのは当たり前で、就労者のクオリティにむらがあって、ミクロな法からの逸脱や体罰が横行していた昭和時代において、今日で言う発達障害が診断されなければならない必然性は乏しかった。

だが、平成の三〇年間のうちに私たちは行儀良くなり、ミクロな法からの逸脱をもためらうようになり、他人のちょっとした行儀の悪さや迷惑にも敏感になった。と同時に、自分自身のちょっとした行儀の悪さや迷惑をも恥ずかしいと思うようになった。習慣や通念がそのように変わっていくなかで、親や教師は今まで以上に子どもを行儀の良い子どもに育てなければならなくなった。それも、体罰に頼ることなく、である。

子どもは行儀良く振る舞わなければならず、事実、令和時代の子どもの大半は昭和時代の子どもよりも行儀良く振る舞い、聞き分けも良い。小学生ぐらいの年齢になると、学校でも公園でも児童センターでも大人たちに期待されるとおりに、道徳的で、非暴力的で、危なげのない振る舞いをこなしてみせる。

とはいえ、すべての子どもが秩序の高度化に馴染んだわけではないし、大人たちの期待どおりに行動できるわけでもない。秩序からはみ出てしまい、現代の親や教師には対応しきれない子どもを秩序の内側へと導かなければならない時、そのためのテクノロジーと制度的裏付けを握っているのが、現代では医療や福祉、ということになる。

かつては子どものはみ出しに対して警察の出番も多かったが、未成年犯罪が減少しているのは先に触れたとおりである。そして発達障害のスクリーニング制度が充実し、その診断がポピュラーになっていることが示しているように、医療や福祉が請け負う範囲は拡大している。

発達障害だけでなく、秩序に対して反抗的な子どもや暴力的な子どもに、医療や福祉が手を差し伸べることもある。素行症（Conduct Disorder：ＣＤ）という診断名はまさにそれを代表するもので、現代の秩序からはみ出す行動や振る舞いが、それ自体、医療や福祉の介入対象たりうるようになった。

「秩序からはみ出した子どもを医療や福祉の対象とする」というアイデアは、二一世紀になって生まれたものではない。たとえばＡＤＨＤ研究の先駆けとされる一九〇二年の論文のメインテーマは「道徳の統制欠如した子ども」というものだった。[*11] 今日ではＡＤＨＤと素行症は別々の疾患に分けられ、そのうえで両者は合併しやすいと考えられているが、[*12] そもそもＡＤＨＤと素行症はルーツが共通しており、道徳の統制欠如した子どもという出発点から医療的関心の対象となっていたのである。

その後、社会の秩序はますます高度化し、子どもの行動に求められるクオリティも高まり続けていった。現在ではＡＤＨＤに限らず、ＡＳＤやＳＬＤ、ＣＤも含めた幅広い子どもの行動や振る舞いが医療や福祉の介入対象とみなされている。たとえばＡＳＤについても、昭和以前には最重症の患者だけが医療や福祉の対象となっていたが、現代ではもっと軽症の患者も医療や福祉の対象とみなされるようになっている。*13

そういった、新しく医療や福祉の介入対象となった子どもたちとて、昭和時代の緩い秩序のなかではどこかに居場所を見つけ、適応できていたのかもしれないし、あるいは体罰によって黙らされていたのかもしれない。秩序からの逸脱とみなされることも少なかっただろう。

だが、令和時代の高度化した秩序のなかでは彼らは居場所を見つけることも適応していくことも難しく、周囲も対応に戸惑ってしまいやすい。もし、令和時代の秩序についていけない発達障害の子どもに対して、育てにくいからといって体罰を行ったなら、それは虐待とみなされるだろう。

こうした流れの延長線として、二〇〇〇年代後半からは「大人の発達障害」がクローズアップされ、これも多くの人の知るところとなった。高度化した秩序に適応しなければならないのは子どもだけではないのだから、軽症例も含めて、大人の発達障害が医療や福祉の介入対象とみなされていったのは自然なことだろう。

美しい街、快適な職場、安全・安心な暮らしは、みんなが秩序を守らなければ実現できない。その秩序のハードルが高い社会では、子どもも大人もそのハードルの高さに見あった行動や振る舞いをやってのけなければならない。そこからどうしてもはみ出してしまう人、行動や振る舞いが秩序の枠組みにおさまりにくい人が存在する以上、誰かが秩序の枠組みのなかへと再配置する役割を担わなければならず、今日、その役割の多くを医療や福祉が引き受けている。

発達障害が意識される社会

こうしたことを念頭に置いたうえで、ここで少し考えていただきたい。

ますます進歩し高度化していく秩序と、ますます人々にハイクオリティが求められる社会状況のなかで、発達障害と診断される人々が医療や福祉にサポートされることが当たり前になっていった。そうこうするなかで、発達障害と診断される人々を受け入れる社会も、私たち自身の認識も、変わりつつあるのではないだろうか。

発達障害という言葉が研究者と児童精神科医だけのものだった頃、精神科医は患者を発達障害という概念をとおして診ることがほとんどなかった。もちろん世間の人々もだ。落ち着きのない人、空気が読めない人、等々は、本人も周囲も多かれ少なかれ困っていただろうけれども、誰もそれを病気とみなさなかったし、社会にそういう人が存在するのは当たり前のことだった。

だが二一世紀以降、精神科医は発達障害という概念に基づいて患者を診るようになった。

二〇〇〇年頃に私が大学病院で診たような、重症度の高い発達障害の子どもだけがピックアップされるのでなく、もっと軽度で、もっと高齢な人も、あるいは診断基準未満の人も、軽度の発達障害、または発達障害傾向、といった具合に呼ばれるようになった。

発達障害の定義どおりに困っていたりはみ出していたりする人には医療的・福祉的サポートがあって当たり前とみなされるようになった。と同時に、そのような人は医療的・福祉的サポートを受けなければならなくなっているのではないだろうか。

世間の人々の見方も変わった。「夫がASDでカサンドラ症候群になった」[*14]「気の散りやすい息子はADHDではないか」「上司から発達障害ではないかと指摘されたので受診した」といった具合に、世間の人々も、お互いを発達障害という概念に基づいて見るようになった。昭和時代だったら「社会にそういう人が存在するのは当たり前」で済んだはずの特徴が、今では精神科で診断と治療を受けるべき疾患の特徴として認識されている。

発達障害が広く知られるようになった一連の変化は、医療に視野を絞って考えるなら、見過ごされていた病気の早期発見・早期治療が実現し、たくさんの患者の生活の質が向上したという望ましい進歩と言えるし、それを成し遂げた医療者たちの功績に疑問の余地はない。

だが、社会というもっと広い視野で見た場合、この一連の変化は人々のものの見方を大きく変え、現代の通念や習慣を変えるような、あまり医療者が想定しそうにない影響を伴っているのではないだろうか。

一連の変化をとおして、配偶者の行動や振る舞い、子どもの行動や振る舞い、上司や部下の行動や振る舞いのある部分は、医療や福祉にサポートされるべき、マネジメントされるべきものになった。社会に野放しにしておけないものになった、とも言える。これに伴って、疾患に該当しない配偶者とはどのようなもので、疾患に該当しない子どもとはどのようなもので、疾患に該当しない上司や部下とはどのようなものなのかが発達障害という概念が知られていくなかで変わってしまった。いや、今も変化し続けている。

こうした通念や習慣の変化は、発達障害という診断が受け入れられる下地となっている現代社会そのものにとって都合の良いものでもある。というのも、発達障害という現代社会に適応しにくい特徴のある人々に医療や福祉がサポートを提供するのが当たり前になり、さらに障害程度に応じて（たとえば障害者雇用や障害年金の適用といったかたちで）社会のなかへの再配置がきちんと行われるなら、サポートされる個々人の生産性が高まるだけでなく、この新しい社会が個々人に要求する秩序のハードルや能力やクオリティのハードルを下げなければならない、道義的必要性もなくなるからだ。

医療や福祉が正しく発達障害をサポートしてくれる限りにおいて、この高度に進歩した社会は、ますます子どもに行儀の良さや聞き分けの良さを期待できるし、ますます就労者に効率的で持続的な仕事ぶりを期待できるし、ますます私たちにコミュニケーション能力の高さを要求することができる。

もし私が「発達障害が社会を変えた」と主張したら、さすがにそれは言い過ぎであろう。

なぜなら発達障害がブームになる前から、すでに社会は産業構造を変化させはじめ、コミュニケーション能力を求めはじめ、効率性や生産性の高さを期待しはじめ、均一性の高いサービスを当然のものとしはじめていたからだ。子どもたちは行儀良く着席して授業を聞かなければならず、動きまわって事故を起こしたり事故に巻き込まれたりしてはならなくなっていたからだ。そうした社会変化が先行していなかったなら、精神科医たちとて発達障害という概念にそれほど注目しなかっただろうし、世間の人々がこぞって話題にすることもなかっただろう。

それでも、発達障害の診断と治療をとおして一人ひとりの救済を無数に積み重ねた結果として、高度に進歩したこの社会が正当化され、批判されることなく成立しているのも事実の一端ではある。これは発達障害に限ったことではないけれども、医療や福祉は、それそのままでは社会に適応しがたい人をサポートし、社会のなかに再配置することをとおして、その社会の正当性を下支えしている。

と同時に、一人ひとりの発達障害者に人々の関心が集まる一方、発達障害を新たに問題としなければならなくなった社会の構造的問題や、いつの間にか個々人にハイクオリティが求められて当然になった社会の通念や習慣に疑問の目を差し向ける人はいなくなる。

いったん発達障害が社会に浸透した後は、世間の人々も発達障害を意識しながら自他をまなざすようになり、そうした積み重ねによって社会は、発達障害と診断されうる個々人をますます患者化・症例化していく。皆が発達障害を意識するようになればなるほど、社会は、ますます発達障害を浮き上がらせる社会へと変貌していく。
もう私たちは、発達障害のことを誰も知らなかった頃の社会には戻れない。

これまでの「こころ」という問題のありかた

本章冒頭でも記したように、この発達障害をはじめ、今日では「こころ」よりも行動や振る舞いを観察し、それが精神疾患に当てはまるなら治療を行い、マネジメントしていくのが主流となっている。目に見えない「こころ」を云々するのではなく、第三者でも見て取れる行動や振る舞いを診断基準とし、それに基づいた統計的エビデンスを積み上げることによって、精神医療はみずからの信頼性を高めることに成功した。間違いの少ない診断と治療を望む人々にとって、それは喜ばしい進歩だったに違いない。

とはいえ、人間が「こころ」を捨ててしまったわけでない以上、現代人とて悩んだり葛藤したりすることはある。ところが「こころ」について考えるにあたって、現代の精神医学の診断基準はほとんど役に立たない。なぜなら「こころ」という、第三者の目に触れることのできないブラックボックスを排除し、第三者でも観察できる行動や振る舞いをよりどころとしたのが現代の診断基準だからだ。

このため、現代の「こころ」の問題について言及する際には、精神分析が用いてきた表現が私には使いやすい。ここから、精神分析的なボキャブラリーがいくらか混じることをあらかじめお断りしておく。

第一章でも紹介したとおり、二〇世紀以前にあったいろいろな不自由が解消されてきたのが現代社会である。たとえばイエや身分、地域共同体による制約がなくなり、それらに由来した不自由が少なくなった結果として、それらに由来する悩みや葛藤も少なくなった。

では、旧弊から自由になった現代人は、何も悩まず、何も葛藤しなくなったのか？　もちろんそうではあるまい。現代には現代の「こころ」の悩みがあり、葛藤と、その葛藤を生み出すような社会背景が存在する。

その時代、その社会ごとに人々の葛藤のメインテーマがどのように移り変わっていくのかについて、フロイトの時代まで遡って説明してみよう。

フロイトが実際に治療を行い、精神分析の理論をつくるにあたって参考にしたのは、ヴィクトリア朝時代のヨーロッパのブルジョワ家庭の患者たちだった。*15　この時代のヨーロッパ中～上流階級たちは、家父長的制度と深く結びついた「男は男らしく勇敢に」「女は女らしく貞淑に」といったジェンダー的な通念や習慣を内面化して暮らしていた。そのような通念や習慣は、家庭で父母から教わるだけではなく、地域共同体全体、階級全体に行きわたっていたから、どこへ行っても逃げ場のないものだった。こうした逃げ場のない通念や習慣は、しっかり内面化されやすく、それに逆らって自由に生きていくのは非常に難しい。

フロイト時代の「こころ」の悩みの源となり、ひいては神経症治療の際に問題となっていた超自我のこじれは、こうした通念や習慣に基づいたものだった。

超自我とは、家庭や共同体や社会からインストールされ、内面化された「かくありたい」と思っているものや「かくあらねばならない」と思っているもので構成された、「こころ」の機能を指す。うまく働いている時の超自我は、その人を「かくありたい」理想へと導くモチベーションの源になったり社会の通念や習慣に馴染ませたりすることで、社会適応を助けてくれる。その反面、「かくあらねばならない」という束縛より罪悪感の源になることもあれば、「かくありたい」理想と実際の自分自身とのギャップが大きい時には劣等感や羞恥心やコンプレックスの源になったりすることもあり、超自我が生きづらさの源になってしまうこともありうる。

たとえば、本来は活発で奔放な女性が「女は女らしく貞淑に」という超自我をしっかり内面化してしまうと、本来の自分自身と、超

時代・社会ごとの葛藤の変遷

フロイト時代、コフート時代、現代それぞれにおける理想・抑圧と、その背景となる家族構成。
現代は精神分析にかわって操作的診断基準にもとづいた治療が専らとなっているため、空欄とした。

	フロイト時代	コフート時代	現代
時代	ヴィクトリア朝時代 ヨーロッパ	大戦後のアメリカ	令和時代の日本
家族構成	家父長的ブルジョワ家族	大戦後の アメリカ核家族	システムが 介入する核家族
超自我と 抑圧の源泉	父親、男性中心の共同体	母親、密室化した 母子関係	社会システムそのもの
理想	家父長制に ふさわしい主体	ナルシシズム的主体	効率的・経済的な主体
抑圧され やすい特性	家父長制から はみ出した主体	ナルシシズムを 充たせない主体	非効率・不経済・ 不清潔な主体
リースマン の性格分類	内部指向型人間	他人指向型人間	他人指向型人間
析出する 精神病理	古典的な神経症	自己愛パーソナリティ	操作的診断基準に基づく 諸疾患（発達障害など）

自我として内面化された通念や習慣との板挟みになってしまう。その板挟みの葛藤が無意識のレベルに抑圧されれば、ヒステリーのような神経症症状を呈することもある。フロイトの研究には性にまつわる記述が少なくないが、彼が活躍した頃のヨーロッパの中~上流階級では性についての通念や習慣が厳格で、まさにそのような女性患者がたくさんいたのである。

このことを裏側から考えると、フロイトが診ていた患者の超自我は、フロイトの時代の通念や習慣を抜きにしては存在しえない、ということでもある。実際、家父長的制度が健在だった頃の日本ならいざ知らず、旧弊から自由になった二一世紀の日本では、フロイトの頃そのままの神経症患者を診ることはほとんどなくなった。

社会学者のデイビッド・リースマンは、社会の工業化や産業化、人口動態の変化などに伴って、超自我も含めた人間の「こころ」のありようが変化していくさまを論じた。[*16]リースマンはフロイトが語ったような性格傾向や超自我を持った人間を「内部指向型人間」と呼び、このような人間はルネサンス期~高度経済成長期には珍しくないが、それ以前の社会にもそれ以後の社会にもあまり見られるものではないとした。

それ以後の社会、たとえば二〇世紀後半のアメリカの中流社会では、両親や地域共同体からの影響がより少ない、同世代の人々やメディア経由の情報に影響されやすい性格傾向の「他人指向型人間」に置き換わっていく。

リースマンの言う他人指向型人間という性格傾向は、たとえばフェイスブックやツイッターの「いいね」に一喜一憂し、流行やＳＮＳ映えを意識せずにいられない現代人にも通じるものだ。しかし、そのような現代人がどのような超自我を内面化し、どのような葛藤や抑圧を抱えるのかについては、リースマンは多くのことを語らなかった。

リースマンの少し後に、「超自我の過小」に注目した研究者もいる。一九七〇～八〇年代にアメリカで活躍し、フロイトの神経症にかわる、自己愛パーソナリティという問題提起をしたハインツ・コフートという精神科医がそれだ。

当時のアメリカでは、父親が外で働き、母親がマイホームで子育てを引き受けるライフスタイルならではの「こころ」の問題が社会問題になっていた。フロイト時代の家父長的制度からは自由になったものの、母親一人きりの子育ては母親を疎外するもので、これが新しいフェミニズム運動へと繋がっていく[*17]。そして郊外のマイホームで生まれ育った他人指向型人間の「こころ」の問題にはフロイトそのままの精神分析が通用しなかった。通念や習慣やライフスタイルが変わったのだから、それは当然だったと言える。

核家族化やマイホーム化が進み、父親が不在になった家庭では、子どもが父親から通念や習慣を学び、インストールしていく機会が少なくなる。そうなると母子関係のウエイトが大きくなるわけだが、母子ばかりの親子関係というのも、それはそれでこじれやすい。母子密着の状況で母子関係がこじれると「こころ」の構造が神経症よりも脆弱な自己愛パーソナリティができあがってしまう――コフートはそのように考えた。

このため、自己愛パーソナリティは直接的には母親が原因であるかのようにも見え、実際、コフート理論を紹介する専門家の著書には「悪い母親理論」という言葉も登場している。[18]しかしコフートの著書をよく読むと、むしろ彼は母子密着が起こってしまうような社会、父親をはじめとする母親以外の年長者が通念や習慣のインストール元とならなくなり、超自我の内面化が過小になってしまった社会にも問題意識を向けていたことが見て取れる。[19]

日本でも、アメリカから十数年遅れるかたちで郊外化や父親不在の子育てが広まり、それと同時にコフートのモデルが知られるようになっていった。[20]今日でも、母親が一手に子育てを引き受け、父親や外部の年長者との接点の乏しい家庭の患者を診る際に、コフートが論じたような「こころ」の問題を垣間見ることは少なくない。

お金に病み、お金に癒やされる

このように、家父長的制度が消失した後の「こころ」の理解にも進展はあった。とはいえコフートの死後も社会は変わり続け、私たちを取り巻く通念や習慣のありかたも変わり続けている。かつて密室化しやすかった核家族の母子関係は、今日の日本では緩和されはじめている。

第一に、そのような母子関係のこじれる家族構造がよく理解され、いまどきの父親は子育てに協力的になるべき、という考え方が日本では一般的になってきている。習慣や通念の面では子育てに参加する「イクメン」という言葉の定着が、法制度の面では父親の育児休暇が認められるようになった点が、これを象徴している。

第二に、母子が孤立し煮詰まっていく状況を避けるべく、今日では福祉や行政が早い段階からサポートをほどこそうとしている。サポートは、子育てサロンのような機会を提供するものから、各種検診や児童相談所といった、ある程度の強制力を伴った介入まで、さまざまだ。

第三に、特に大都市圏では子育てがかなり早い段階から保育士によって請け負われるようになっているため、自己愛パーソナリティが形成される時期[*21]に母子関係がこじれるリスクが低減していると想定される。

第四に、今日の子どもは早い段階からインターネットに接触し[*22]、そこからも通念や習慣を学びとっていく。たとえば自分の親がいわゆる「毒親[*23]」かどうかについて、子どもはインターネットを使ってかなり早い段階から情報を得ることができる。

これらの変化を踏まえるなら、二〇世紀中頃のアメリカや一九八〇〜九〇年代の日本の核家族に比べて、自己愛パーソナリティを生みやすい母子関係は減っているのではないだろうか。かりに密室化した母子関係が煮詰まってきたとしても、行政や福祉が察知すればなんらかのサポートが行われるだろう。また同時に、現代社会にはフロイト時代どおりの家父長的な通念や習慣も残っていないため、クラシックな超自我を過大にインストールされてしまう心配もしなくて済む。

そのかわり、現代社会の通念や習慣によって、子どもは完全包囲された状態で育つことになった。たとえば第一章で紹介したような通念や習慣は、両親からはもちろん、街でも保育園でもメディアでも当たり前のものとして目にするものだから、ヴィクトリア朝時代の家父長的制度と同じくらい逃れがたく、内面化せずに済ませるのはいかにも難しい。

現代社会の通念や習慣は、二一世紀の先進国に唐突に現れたものではない。主に第五章で述べていくが、それらの原型はフロイト以前からヨーロッパの中～上流階級で少しずつ広まり、準備されていたものではある。とはいえ、現代とまったく同じ通念や習慣が社会を覆っていたわけではないし、人々が通念や習慣からはみ出さないようにするための諸制度も、そうしたものを反復・強化するメディアも、現代に比べて貧弱なものでしかなかった。

今日の日本の子どもは、物心つく前から、清潔で行儀良く、落ち着きがあってコミュニケーション能力がある人間が期待されていること、効率的、かつ持続的に経済活動のできる自立した個人が望ましいことを、社会の通念として内面化される。たとえばＡＳＤによってコミュニケーションにハンディがある場合や、ＡＤＨＤによって落ち着きがなく不注意なハンディがある場合も、それらのハンディをサポートによって補ったうえで、いやむしろサポートをとおしてかえって、現代社会のなかでどのような資質が求められているのかを知ることになる。

こうした指摘に対して「現代は多様性の時代だ、フロイト時代、ヴィクトリア朝時代のような抑圧と同列に語るな」と反論する向きもあろう。確かにライフスタイルやジェンダー的な通念は昭和以前よりも自由になっているし、障害を持っている人でもさまざまな社会参加が可能になってもいる。

それでも私の目には、それらが条件付きのものと映る。つまり、現代社会の多様性や社会参加は、清潔で行儀が良く、落ち着きがあってコミュニケーション能力があり、効率的かつ持続的に経済活動ができる自立した個人を基本としているのではないか——ハンディを補った社会参加とは、ハンディがそのまま露わになったかたちで社会に参加することではなく、ハンディを治療や福祉や法制度によってサポートしたうえで、この高度な秩序にふさわしい一員として社会に参加することにほかならない。

先の章でおいおい触れていくが、現代の通念や習慣は、基本的に資本主義と個人主義、その両者をとりもつ社会契約といった思想に根ざしていて、法律をはじめとする制度もそれらを支持している。

思想としてのこれらは一八世紀以前に開花し、日本でも資本主義は戦前から、個人主義や社会契約は戦後から定着していった。とはいえ、これらの思想がすぐさま定着したわけでも、徹底したわけでもない。戦後間もなく、法制度のうえでは個人主義や社会契約が謳われるようになったが、庶民の暮らしのなかではあくまで建前として尊重されていた。資本主義にしても、お金の価値そのものは皆に知られていたとはいえ、経済性、合理性、効率性といったブルジョワ的なものの考え方が今日のように広範囲に浸透していたわけではない。[24] あらゆるモノやサービスが売買の対象となり、資本主義の標的になったのも最近のことだ。

沖縄県の民間セラピーをルポルタージュした心理学者の東畑開人は、著書『野の医者は笑う』のなかで、民間セラピーの治療効果のうちに「セラピストとしての起業」という、一事業者としての自立までもが含まれていることを指摘している。[25] ブルジョワ的な考え方が浸透した社会環境では個人の経済的自立が強く要請されるのだから、セラピーに経済的自立の方法が含まれているのは、とても理に適っている。

かつて私は、医局の裏話として〝年金療法〟を先輩の精神科医から勧められたことがあった――いわく、経済的事情が症状を不安定にしている患者で、障害年金が適用されそうな場合には年金取得を勧めなさい、なぜなら経済的事情によって精神状態は左右されるからだ、と。

またインターネットの内外でも、お金を儲けるためのセミナーに参加し、ハイな気持ちになっている人々を数多く見てきた。漫画『闇金ウシジマくん』には、自己啓発書を癒やしとして買い求めるサラリーマンが描かれる場面があったが、実際、書店に平積みになっている自己啓発書は、それ自体、一時的な癒やしのためのツールとして用いられているふしがある。[26]

そして沖縄の民間セラピーにせよ、癒やしの手段として消費される自己啓発書にせよ、正統な精神医療や心理療法にせよ、資本主義的主体としての個人をメンテナンスする点や、資本主義・個人主義・社会契約に基づいた秩序からのはみ出しを秩序の内側へと再配置する点では共通している。*27

いわばこの、お金によって傷つき、お金によって癒やされ、家庭でも学校でも医療機関でも資本主義と個人主義と社会契約がついてまわる社会のなかで、精神科医もカウンセラーもソーシャルワーカーも、この壮大なシステムと思想を当然のものとみなし、日常業務のなかでは意識すらしない。彼らは、いや私たちは、そうしたシステムにそぐわない思想、システムからはみ出した言動に出くわした時、それらもまた多様性の範疇とみなすことができるものだろうか？　それともやはり、秩序からのはみ出しとして、つまり症状や疾患として取り扱わずにはいられなくなるのだろうか？

「死にたい」というぼやきが医療化される社会

今日では、この資本主義・個人主義・社会契約に基づいた秩序が過去のどんな社会よりも力をつけていて、私たちは、それらを徹底的と言って良いほど内面化している。

先にも触れたように、数十年前まではそれらは法制度上の建前として尊重されることはあっても、庶民の暮らしや私たちの内面には完全に浸透しきっていなかった。たとえば道路交通法違反のような小さな犯罪は現在よりもずっと多かったし、家庭内暴力に警察を介入させる意識も乏しかった。地域共同体の有力者の権威やローカルルールが法制度よりも優先される場面すら残っていた。

地域共同体が希薄になった現代では、この限りではない。遵法精神は向上し、建前は建前ではなくなった。いわゆる近代市民社会の市民とは、そのようなものかもしれない。私たちの行動規範となる通念や習慣も、それを支える法制度も、今日では、資本主義・個人主義・社会契約に根ざしていて、精神科病院を受診している時でさえ、そうした思想から逃れることはできない。プライベートな密室だった家庭は、サポートの名のもとに医療や福祉が介入する場となり、メディアからの情報の奔流に曝される場ともなった。

ゆえに、今日の秩序からはみ出したまま生きていくのはとても難しい。はみ出しが精神疾患の診断基準に該当するようなら、早々に医療や福祉のサポートを受けたほうが生きやすいだろう。自分としてはサポートを受けたくないと思っていたとしても、周囲が、世間が黙ってはいまい。

こうした逃れ難さの近未来を予感させてならないのが、「死にたい」という言葉をめぐる最近の動きである。

精神医学の世界には、希死念慮という医学用語がある。診療面接で「死にたい」といった言動が現れた場合には、それは希死念慮という症状とみなされ、診断や重症度の判断材料とされる。いまどきは内科医や外科医なども精神医学について勉強しているため、かかりつけの病院で「最近、死にたい気持ちがあって……」などと発言した患者が、精神科に紹介されて受診する場面も珍しくない。

専門家が専門家の立場から「死にたい」を希死念慮とみなし、診断や治療の参考にすること自体は必要である。しかし今日、「死にたい」を希死念慮とみなしているのは医療の専門家だけではない。福祉関係者も教育関係者も「死にたい」という言葉を希死念慮とみなすようになった。それが啓蒙活動のおかげなのか、それとも事なかれ主義の産物なのか、本当のところはわからない。が、いずれにせよ現代の通念と習慣がそのようなものになっていることだけは間違いない。

福祉関係者や教育関係者が「死にたい」を希死念慮とみなして医療に繋げるのは、早期発見・早期治療という医学的見地から見て望ましいことではある。そのかわり私たちは、福祉関係者や教育関係者の前で「死にたい」などと安易には言えなくなったとも言える。

世間の人々の意識も変わった。「死にたい」という本来はありふれていた物言いが、希死念慮という医学用語に翻訳されたことによって、自殺予防が促進された向きもあるだろう。そのかわり「死にたい」という物言いをぼやきとして、あるいは「つらい」の亜種として他人に聞かれるわけにはいかなくなったとも言える。社会のなかで「死にたい」が希死念慮という医学用語に翻訳されれば翻訳されるほど、その社会では「死にたい」とは簡単には言えなくなる。

同様のことは、かつて自由なアングラの地と思われていたインターネットでも進行している。一九九〇年代～二〇〇〇年代前半のインターネットには、「死にたい」に限らず、語義どおりに読めば精神疾患を疑いたくなる書き込みがあちこちに存在していた。逆に言えば、世間では言いにくいことも気兼ねなく書き込めたのが二〇年ほど前のインターネットだった。

しかし今日のインターネットはそのようなものではない。たとえばツイッターは、自殺に関する検索をしたユーザーに自殺防止センターの連絡先を表示するようにしており、フェイスブックも二〇一七年から自殺に関する投稿内容のモニタリングを始めている。こうした試みは、ユーザーの自殺予防には一定の効果を奏するだろうが、他方、ツイッターやフェイスブックに「死にたい」に関連したことを書かせない・語らせなくするものでもある。

このように、「死にたい」というありふれた物言いは、希死念慮という医学用語に翻訳されることで自殺予防に役立てられるようになったと同時に、おいそれとは他人に聞かれるわけにはいかない、インターネットからも追放されなければならないものとなった。美しい国の一億総活躍社会では、「死にたい」という言葉はほとんど聞かれないか、もし聞かれたとしても速やかに医療と福祉によってサポートされ、マネジメントされるだろう。

精神医療・福祉は患者を社会へ再配置する

こうした「死にたい」が医学用語に翻訳されるようになった変化や、街にありふれていた行動や振る舞いがADHDやASDの症状としてクローズアップされ、医療や福祉の対象となっていった変化を、社会学の分野では医療化（medicalization）と呼ぶ。

振り返ってみれば、二〇世紀から二一世紀にかけて、いろいろな行動や振る舞い、物言いが医療化されてきた。高血圧やメタボリックシンドロームが発見され、それらを皆が知って注意を払うようになったのも医療化の一端だが、それらについては次章に譲り、ここでは精神医療に関係のあるものに絞って医療化の流れを概説する。

戦前の日本で医療化されていた精神疾患は、重症度の高い精神病や薬物依存のたぐいだった。一九〇〇年に制定された精神病者監護法は、欧米に比べて精神科病院のキャパシティが不足していた国内事情を踏まえた内容となっていて、病院に収容しきれない患者を家族が自宅に監禁することを認めていた。自宅監禁を監督する役割は医療や福祉ではなく、警察と内務省が担っていた。（図1）（図2）

戦後、一九五〇年に精神衛生法が制定されると自宅監禁は禁じられ、精神病に有効な薬が登場したこともあって開放的な精神医療が期待された時期もあった。ところがライシャワー事件[*28]が起こったこともあって精神科病院への長期入院という構図は変わらなかった。「こころ」の問題については、都市部の限られた人々が、神経症、当時の言い方で言うノイローゼの治療を受けていた程度だった。

それが、一九七〇〜九〇年代の心理学ブームをとおして精神医療へのアクセスは大きく変わった。当時よく言われた「うつ病はこころの風邪」というフレーズは誤解を招きかねない響きはあったにせよ、さしあたって「精神科を受診する＝不治の重病」というイメー

19世紀以前のヨーロッパの精神医療と刑事的対処(図1)

ミシェル・フーコーらが記した、19世紀以前のヨーロッパの精神医療と刑事的対処。ヨーロッパ諸国には巨大な精神病院がたくさん建てられ、狂気とみなされる者だけでなく、浮浪者なども含めた雑多な人々が収容されていた。それとは別に刑事的処遇としての監獄も存在していた。病院や監獄への収容は厳格だったとはいうものの、収容対象を捕らえる網の目はまだまだ緩く、街には狂気や逸脱、盗みや暴力が遍在していた。

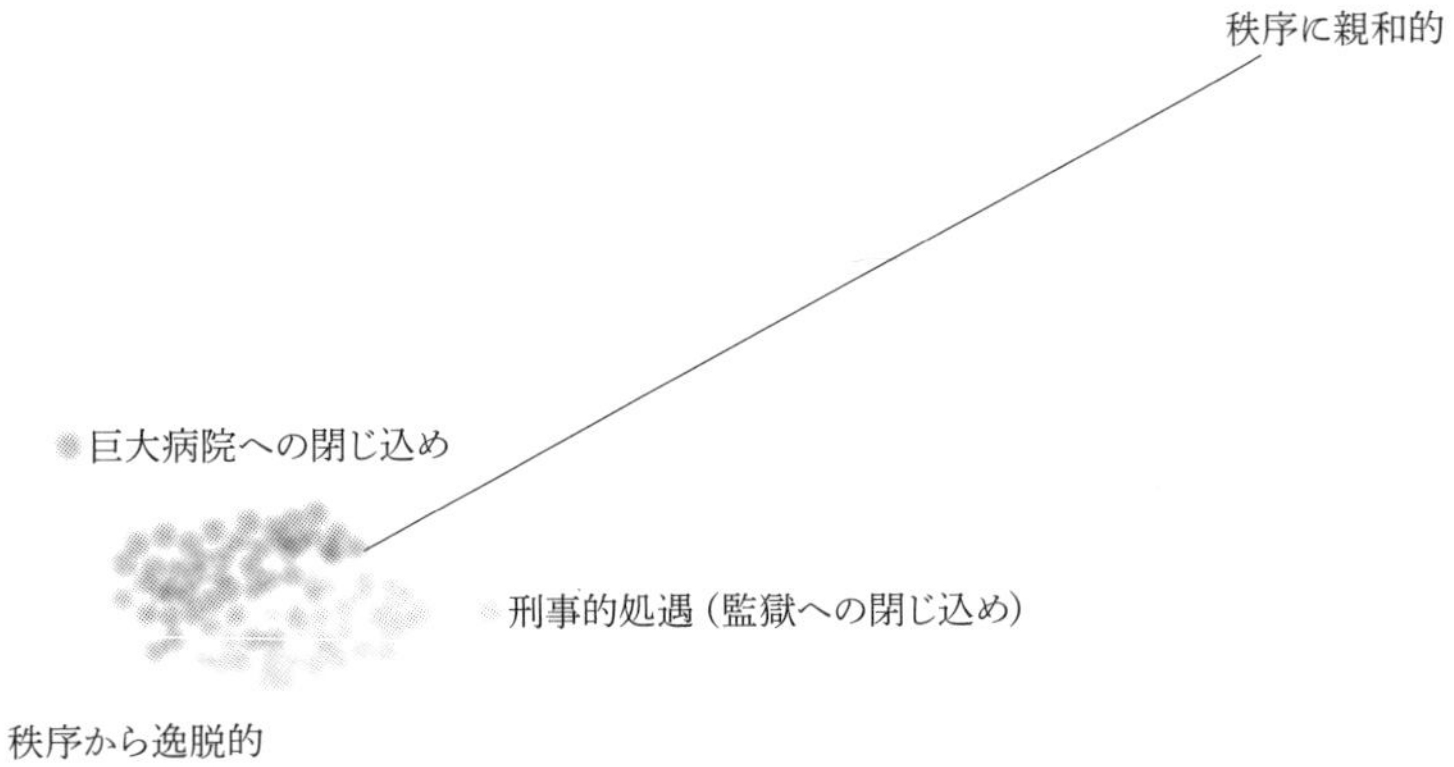

明治時代の日本の精神医療と刑事的対処(図2)

明治時代の日本では精神病院がまったく足りていなかったため、たくさんの患者が自宅に監禁された。自宅監禁を監督していたのは警察と内務省だったから、精神医療が占めるウエイトはヨーロッパ諸国よりも小さかったといえる。フランスと同じく、現代に比べれば狂気や逸脱、盗みや暴力が街に遍在していたのは言うまでもない。

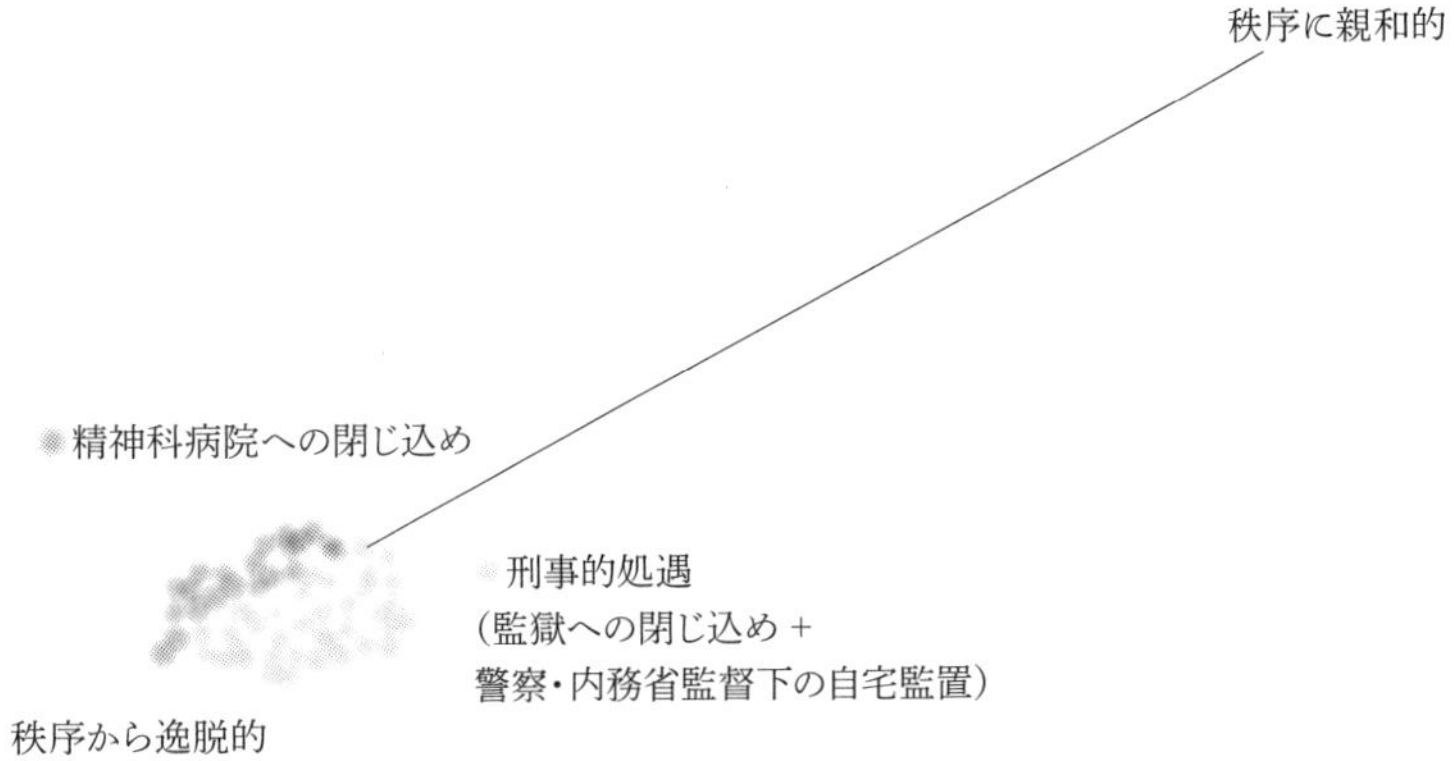

ジを覆すには役立った。ＳＳＲＩに代表されるような薬物療法の進展や、次々に開業されたメンタルクリニックも、精神医療にアクセスしやすい下地をつくった。この頃から精神科病院への長期入院を避ける取り組みも実を結びはじめ、患者の平均在院日数は下がっていった。[*29][*30]（図３）

発達障害が医療化していく前から、日本のメンタルヘルス領域では着々と医療化が進んでいて、戦後間もなくなら精神科を受診していなかったはずの人々がどんどん受診するようになっていったわけである。

精神疾患の患者数がどんどん増えていく本章冒頭のグラフ（六〇頁）が、日本でメンタルヘルスを病む人が増えた結果なのか、医療化が進行していった結果なのか、ここではっきりさせることはできない。だがどちらにせよ、ますます進歩し高度化していく秩序と、ますます人々にハイクオリティが求められる社会状況のなかでは、それについていけない人々も増えるだろうし、ついていけない人々をサポートしなければならない需要も高まるだろう。（図４）

と同時に、こうした医療や福祉によるサポートの体制ができあがるにつれて、私たちはこうしたサポートの構図から逃れて生きることがますます難しくなり、メンタルヘルスの問題の程度や社会適応の程度に応じて一億総活躍社会のアドレスのどこかへと再配置されることを免れなくなっている。

21世紀はじめの日本の精神医療・福祉／刑事的対処（図3）

20世紀末にいったん増大した刑事的処遇の対象が減少しはじめると同時に、社会復帰を目指した、認知行動療法のような医療・福祉的メソッドが刑務所処遇にも導入されていった。秩序の高度化により、児童虐待や迷惑防止条例といった、新たな課題が周辺に現れはじめる。精神科病院への入院は短いものとなり、入院と外来、病院生活と社会生活の境界は曖昧になっていく。心理学ブームを背景としてメンタルクリニックが増加し、SSRIなどの使いやすい薬剤が普及し、医療や福祉が引き受けるべき対象は拡大していった。

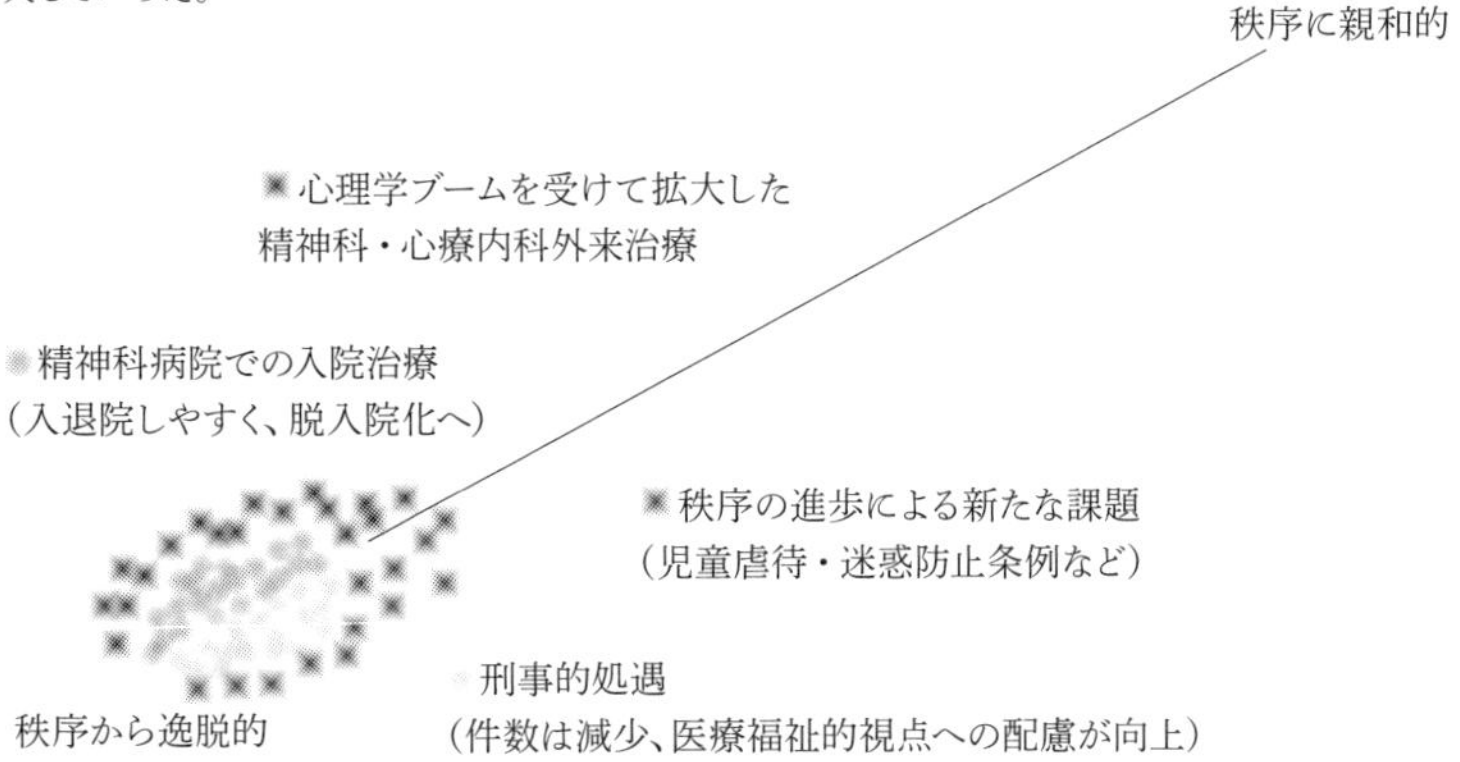

現在の日本の精神医療と刑事的対処（図4）

刑事的処遇は縮小していったが、児童虐待や迷惑行為などへの対処はますます必要になった。刑事的処遇の医療・福祉的性格が強められるだけでなく、児童相談所の権限強化のようなかたちで、福祉が新しい問題をより多く引き受けるようになる。病院生活と社会生活の境界はさらに曖昧になり、デイケアやグループホーム、訪問看護といった中間的性格のインフラの重要性が高まっている。発達障害ブームなどを経て医療・福祉の対象はさらに広がり、人々への啓蒙も進み、秩序への不適応の多くが医療や福祉に関する問題とみなされるようになる。

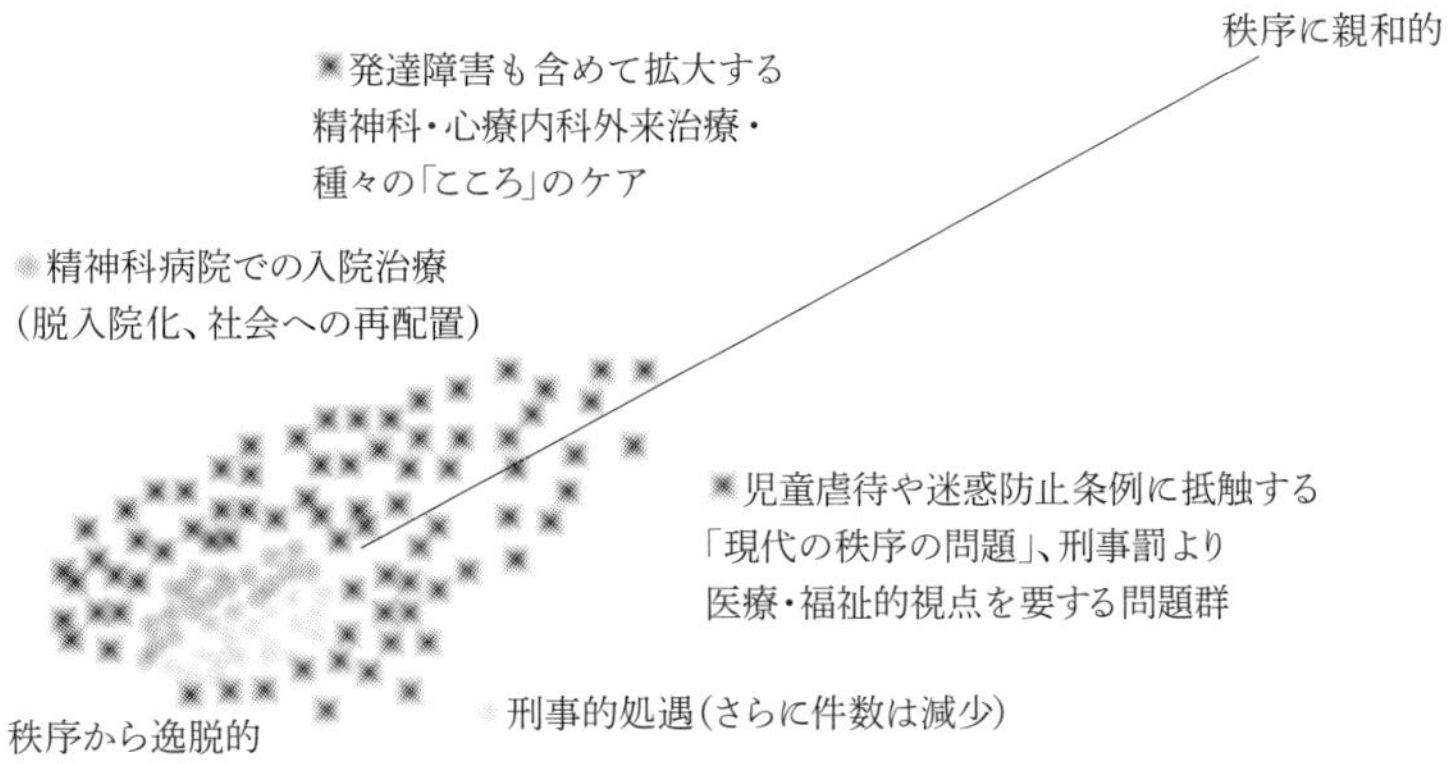

現代社会への適応を自明とした枠組み

医療化を研究した社会学者のなかには、医療者が医療化を進めていく際の動機として、道徳的・政治的・経済的利害や、医療者自身の功名心などを挙げ、批判的に論じる者もいる[*31]し、それはそれで傾聴に値するものではあろう。

だがここまで論じてきたように、そもそも社会が変化し続け、街にも人にもますますハイクオリティが求められるようになってきた。そうしたなか、発達障害をはじめとする診断と治療のニーズも高まり続けてきた。一人の医療者としての私は、手を差し伸べようとしている医療者や福祉関係者の奮闘や、サポートを必要としている人々のニーズが切実なものであることを日頃から肌で感じている。

だから私が本書で功罪を論じたいのは、医療や福祉そのものではない。これほどまで医療や福祉を必要とする現代社会と、そのメカニズムのほうである。

たとえばADHDを積極的にサポートする医療や福祉を批判するとしても、そのようなサポートを医療や福祉に求めてやまない今日の社会のありようがまず批判されるべきであって、医療や福祉に対する批判、ましてや患者個々人に対する批判へと矮小化されて構わないものではないはずである。

その前提に立ったうえで、本章の最後に問うておきたいことがある。医療や福祉によるサポートが行き届き、誰もが一億総活躍社会のどこかへと再配置されていく現状のなかで、患者は、いや、私たちは、どこまで生きる自由を享受していると言えるのだろう？

たとえばの話として、ＡＤＨＤと診断されて薬を飲み続けることになる患者、治療を受けながら障害者雇用で再スタートする患者、居場所を失ってグループホームに入所し福祉的就労に参加したり精神科デイケアに通ったりする患者は、どこまで生きる自由を与えられていて、どのように生きる自由を提供されているのだろうか。

現代の医療や福祉は、患者を精神科病院へ長期入院させて不自由を強要したりはしない。[*32] 一人ひとりの人権を重視し、経済的・社会的に自立した個人として自由に生きられるようサポートしている。そのうえで「大人の発達障害」に代表されるような幅広いリーチをも獲得したことで、より多くの人々の社会適応をサポートする力を得た。

ただし、医療や福祉がサポートしている自由な生とは、結局のところ資本主義・個人主義・社会契約が徹底していく現代社会への適応を自明視したもので、そうでない適応を暗に含んだものではない。サポートされる患者は、社会適応のキャパシティに応じて一般雇用～障害者雇用～福祉的就労～最も重いサポートといった、秩序への適応の度合いに基づいた同心円のどこかへ再配置され、その同心円のなかにある限り、現代社会への適応を自明のものとした枠組みからはみ出して生きることはできない。

今日の医療や福祉は、戦前～戦後のそれに比べてずっと正しいし、行動や振る舞いをモニタリングし必要時に介入するためのテクノロジーや制度も進歩している。まさにそうだからこそ、この同心円の外側のどこかに向かうことも、外側のどこかを想像することすらも、令和時代の私たちには容易ではなくなっている。

　ここに私は、現代社会ならではの「こころ」や超自我の問題、ひいては、自由と不自由の問題を見出さずにはいられない。

　資本主義・個人主義・社会契約が徹底していく社会、どこまでも清潔で健康で道徳的になりゆく社会、秩序と社会適応の同心円へあらゆる人を包み込む社会から逃れることは困難になった。家庭でも、学校でも、職場でも、マスメディアやインターネットでも、それらを大前提とした通念や習慣に私たちは曝され、それを内面化していく。そのことは医療や福祉の現場でも変わらない。この点では、医療や福祉は秩序に対するオルタナティブではなく、むしろ診断や治療やマネジメントをとおして私たちを秩序の同心円のどこかへ再配置し、資本主義・個人主義・社会契約が徹底していく社会のほうへと私たちを招き寄せ、絡めとっていく側である。

秩序と社会適応の同心円

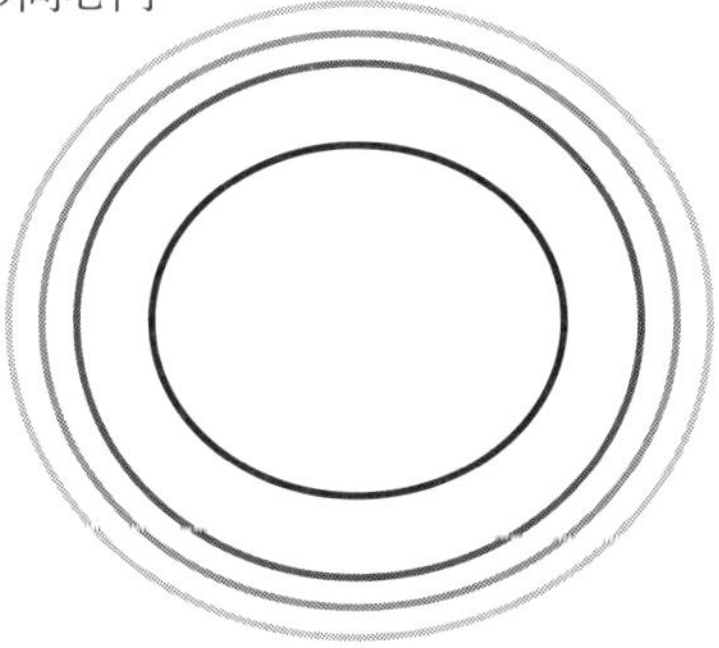

秩序への適応に特段の問題を有さない人々
外来通院などの支援によって秩序への適応が可能になる人々
障害者雇用〜福祉的就労によって秩序への適応が可能になる人々
就労困難で、障害年金や入院加療が最も必要な人々現代の精神医療の診断と治療は、「こころ」を司るものから行動や振る舞いをマネジメントするものへと焦点を移し、統計的エビデンスに基づいたテクノロジーを伴っているから、「こころ」の問題を顧みなくても患者の行動や振る舞いを変えられるし、福祉と連携しながら一人ひとりをサポートすることもできる。精神医療の実践に際して、それは頼りになる特質ではあるけれども、まさにその特質ゆえに「こころ」の問題に焦点を定めてはくれないし、社会と超自我と私たちの関係について考えてもくれない。

だからといって令和時代には「こころ」の問題は存在しないとか、ますます秩序意識が高まるなかで超自我が何も形づくられず、葛藤や抑圧も存在しないなどと、どうして言えよう?

もし現代の「こころ」や超自我について論じるとしたら、診察室の内側で患者の行動や振る舞いを観察するだけで足りるとは思えないし、現代の診断基準を学ぶだけで足りるとも思えない。資本主義・個人主義・社会契約が徹底していく社会、どこまでも清潔で健康で道徳的になりゆく社会にも意識を差し向けなければならないだろう。診察室の外側に遍在している悩みや嘆き、インターネットからも追放されようとしている言葉にも耳を傾けなければならないだろう。

私は現代の「こころ」のことがもっと知りたかったし、その「こころ」と密接な関係を持つ現代社会のことも知りたくてたまらなかった。だから私はオーソドックスな精神医学を修めるだけでは満足できず、診察室の外側に重心を置き、人と出会い、話し合い続けずにはいられなかった。医療や福祉が素通りするようになった「こころ」と社会の問題についてこれからも意見し、令和時代の自由と不自由について考え続けたいと私は願う。たとえもう、精神科医が現代の「こころ」のコメンテーターではなくなっているとしても、である。

第三章

健康という〝普遍的価値〟

かつて喫煙に寛容だった日本社会

現代人のほとんどは健康という価値を重視していて、健康を希《こいねが》うことを当たり前のことだと思っている。

現代社会は価値観が多様化しているとは、よく言われることである。それでも、ほとんどの人が疑問を持つことなくシェアしている価値観や通念がないわけではない。健康はそのなかでも筆頭格のもので、これに肩を並べるほどの〝普遍的価値〟はそうざらにはない。新聞の広告欄や電車の中吊りは、健康食品や健康増進アイテムでいつも賑わっている。採光ガラスに覆われた駅前のスポーツジムには運動に励む人々の姿がたえず、朝の皇居周辺はランニングする人々の聖地となっている。

お金や時間に余裕のある人はたいてい、健康に良いと言われる食生活を心がけ、健康に良い趣味をたしなんでいるものである。地中海食。オーガニックな嗜好品。テニスやゴルフ。健康という概念が生まれて以来、健康に良いと言われる食生活や趣味は、ただ身体に良いというだけでなく、他人に誇示できるたしなみという側面を併せ持ってきた。

だから健康意識が高い人々にとって、健康とは、WHO（世界保健機関）の憲章が定義[*1]する以上のニュアンスを孕んでいる。すなわち、WHOの定義に加えて、健康とは格好良いものであり、見せびらかし甲斐のあるものであり、つまり、価値判断の次元で「良い」

とみなされるものであるということだ。
あるいは、ボードリヤールが『消費社会の神話と構造』で述べた資本主義と差異化の実情を踏まえるなら、[*2]WHOの定義にある「肉体的にも、精神的にも、そして社会的にも、すべてが満たされた状態」を成し遂げるためには、見せびらかせるような健康、羨まれるような健康が、クジャクの尾羽よろしく、現代人には是非とも求められるものかもしれない。

どこまで穿った目で健康を見るのかはさておくとしても、健康でない状態、つまり不健康とは、格好悪いものであり、貧しいものであり、見せびらかしたくないものであり、価値判断の次元において「悪い」とみなされるものになっている側面は否定できそうにない。
たとえば昭和時代の娯楽作品には、タバコを吸う主人公がよく登場していた。タバコは格好良い主人公にふさわしいアイテムであり、タバコを吸うことは格好良さの一部でもあった。昭和時代のマセた男子学生なら、一度は大人に隠れてタバコを吸っていたものであり、その名残は平成時代のはじめまでは残っていた。[*3]
だが、令和時代の日本ではタバコは格好良いアイテムとはみなされていない。喫煙率が下がったと同時に、タバコはダサくなった。臭くて、汚くて、不健康な嗜好品。健康的な趣味や食生活が脚光を浴びるようになったのと軌を一にして、タバコは格好良い主人公にふさわしいアイテムの座から転落した。
タバコに対する世間の風当たりも厳しくなっていった。昭和時代の後半にはタバコの健康リスクも知られはじめ、「タバコは脳卒中やガンのもと」「タバコのポイ捨てはやめよう」といったスローガンを見かけるようになっていた。とはいえ街には喫煙者と紫煙がまだまだあふれていて、一九八〇年に「嫌煙権確立を目指す法律家の会」が起こした嫌煙権訴訟では、東京地裁は「列車での受動喫煙は受忍限度内」「日本社会が喫煙に寛容であることを前提にすべき」とし、訴えを棄却している。[*4]

訴えそのものが棄却されたとはいえ、嫌煙権運動は少しずつ力をつけていった。いつしか新幹線の禁煙車は喫煙車よりも多くなり、二一世紀には公共交通機関のほとんどが全席禁煙になった。官公庁や一般企業でも分煙化が進み、それまで職場に充満していた紫煙は小さな喫煙コーナーへと封じ込められ、喫煙者たちは、世間から身を隠すようにタバコを

屋内の喫煙コーナーにすし詰めになった喫煙者たち。東京駅、2020年。

吸うようになった。

嫌煙権訴訟の頃の、「日本社会が喫煙に寛容であることを前提にすべき」と言われていた面影は、今日の日本社会にはない。世間はタバコの臭いや煙に敏感な人々で構成されるようになり、タバコは、見るのも嗅ぐのも嫌なものとして認識されるようになった。昭和時代には当たり前のものとみなされ、格好良いアイテムとさえみなされていたタバコが、たかだか数十年でここまで嫌われ、格好悪いアイテムへと転落したのである。

健康という概念の成立と普遍化

タバコほど極端ではないにせよ、健康リスクになりうる食品や嗜好品に対する健康志向者の視線は厳しく、それは、日本だけに限ったものではない。

アルコールはもとより、清涼飲料水やジャンクフードの過剰な摂取も健康リスクをもたらすと知られるにつれて、それらに対する社会の視線は厳しくなっている。WHOは、二〇一六年に「糖分入りの清涼飲料水に二〇%以上の課税をすれば、人々をより健康にして、医療費を抑制できる」といった内容の報告をしている。[*5] 世界各国では清涼飲料水やジャンクフードに対する課税が始まっているが、そもそもそういった政策が可能になったのは、たくさんの人々が健康リスクを懸念するようになり、健康リスクをもたらすものは良くないとみなす意識が高まっているからである。

このまま健康志向が高まり続けていけば、やがて日本でもソーダ税やジャンクフード税が導入されるかもしれないし、それらはうしろめたい気持ちを抱きながら口にするものになっていくかもしれない。人類と長い歴史を共有してきたアルコールとて、排除されていく可能性はあるだろう。人々が健康を意識すればするほど、健康にお金をかければかけるほど、健康が格好良くなればなるほど、健康リスクは忌み嫌われる。そして不健康をもたらしうるものの社会的位置付けは低くなっていく。

こうした健康志向はいったいいつから起こってきたのか。歴史を振り返ると、現代で言う「健康」という概念が日本に上陸し、庶民に健康法が広がったのは明治期以降だが[*6]、欧米の事情もそれほど大きくは違わない。なぜなら、今日の健康概念を成り立たせる方法や考え方の多くは一九世紀の産物であり、たとえば今日では当たり前になっている肥満や高血圧や高コレステロール血症などをリスクとみなす考え方が広まったのも、せいぜい二〇世紀以降のことだからである。

今日では一般的になっている健康概念ができあがるためには、ふたつの進歩が必要不可欠だった。それは統計学と生理学（生命のメカニズムを研究する、生物学の一種）である。統計学は一八世紀〜一九世紀にかけてヨーロッパで生まれ、はじめは人口統計のような、国力を推しはかる指標として用いられたが、民間でも用いられるようになり人々にも知られるようになっていく。

たとえば、体重が増えすぎると脳卒中や心臓病や糖尿病などによる死亡率が高まるという統計データに基づき、早くも一九一〇年のアメリカでは、標準体重とのギャップに応じて保険料が設定されるようになった。[*7] 健康リスクという統計的概念は、保険という資本主義の仕組みをとおして人々に知られていった。

その一方で、一九世紀の生理学者たちは人間の標準的な血圧や血糖値などを発見し、それらがどのように働き、どれぐらいが正常な範囲なのかを研究していった。[*8]

そうした統計学と生理学の進歩を土台として、一九七〇年代には生活習慣病のリスクファクターを統計的に見つけ出す研究が進められ、心臓病や脳卒中のリスクファクターが発見されていった。[*9] 食物や生活習慣がリスクファクターになりうること、長生きするにはそうしたリスクファクターを避けるような食習慣や生活習慣が望ましいことが広く知られるようになったのは、こういった研究のおかげである。

逆に言えば、こういった研究成果が広く知られるまでは、リスクファクターに基づいて健康を考えること自体、困難だった。

私が子どもだった昭和五〇〜六〇年頃の北陸地方では、新聞のおくやみ欄には五〇〜六〇代で亡くなる人の名前がざらにあり、それぐらいで人が死ぬことに誰も疑問を感じていなかった。統計で振り返っても、この時代、脳卒中や心臓病で亡くなる人の割合は現代よりもずっと高い。[*10] 健康リスクが広く知られる前の日本人、とりわけ医学的知識とは縁の乏しい、片田舎の非―インテリな庶民が、タバコをはじめとする健康リスクに寛容、というより無頓着だったのは当然だろう。なぜなら、健康リスクという考え方を誰も知らず、健康リスクによって寿命が短くなるという実感も乏しく、人生は五〇～六〇代で終わってもおかしくないという通念がまだ残っていたからだ。

今日では日本人の大多数が意識している、健康リスクを避けることで寿命や健康寿命を延ばすという考え方自体、先進的な統計学と生理学の賜物であり、そうした先進性のうえに未曾有の長寿が成り立っている。

健康的な個人＝優越した個人というイメージ

それとは別に、健康には優れているもの・見せびらかすに値するものといった、価値判断の次元で「良い」とみなされるイメージも付随している。

身体にまつわる通念や習慣の移り変わりをまとめた大著である『身体の歴史』には、今日で言う健康美がどのように準備され、発展してきたのかが記されている。[*11]

一九世紀のはじめには、それまでの身体的娯楽（賭レース、祭典、ポーム球戯など）がより洗練された、より荒々しくない、より紳士的なスポーツへと取って代わられた。ブルジョワ階級に期待される体型も、それまでの恰幅の良さ一辺倒ではなくなり、運動によってダイエットしたスリムな体型、階級や身分に代わる、肉体そのものの個人的価値を重視した体型が注目されていった。

一九世紀は運動競技の数値化が進んだ時期でもある。握力や幅跳び、走る速度などが測定されることで、それまでは経験的で曖昧だった身体能力が数値化されるようになり、客観的に比較できるようになった。もちろん数値化された身体能力は、その個人の経済的ポテンシャルを推しはかるバロメータであり、軍隊が兵士に向上を期待するバロメータでもあった。明治維新後の日本に「健康」が広まっていった背景には、健康で身体能力に優れた個人が産業界や軍から期待されていた側面、富国強兵という当時のスローガンに合致していた側面がある。

他方、ブルジョワ階級は紳士的なスポーツをとおして身体と精神のバランスのとれた卓越した個人、「健全な肉体に健全な精神が宿る」を体現していった。サッカーやラグビーやクリケットといったスポーツをとおして、健康な肉体、人格の形成、勇気や忍耐、フェアプレーの精神や名誉といったものを身に付けることが期待されるようになった。こうしたスポーツマンシップ、身体を規律正しくコントロールする術はブルジョワ階級から庶民へと広がっていった。

二〇世紀に入ると、そうした身体のトレーニングはさらに体系化・戦略化されたものとなり、いわば、隅から隅までテクノロジー化されていく。と同時にトレーニングによって養った自己顕示・粘り強さの精神・順応性は、出世や人生向上のためのリソースにもなる。健康な身体づくりは、ブルジョワ的な上昇志向という、経済効率性や資本主義的イデオロギーにも合致していた。

さらに都市生活者が余暇を楽しむようになり、旅行やレジャーが普及するなかで、たとえば日焼けした肌のような、皮膚そのものの美しさが顕示されるようになった。[12] 健康な肌、健康な体型を維持するにはそれ相応の手入れが必要になるから、健康美は経済的・時間的ゆとりの象徴とみなされ、渇望の的になる。保湿乳液などを使った皮膚の手入れ、エステによるアンチエイジング、ジム通いによる体型の維持などをとおして、現代人、とりわけ都市生活者は当たり前のようにみずからの優越性を顕示する。

ボードリヤールは『消費社会の神話と構造』のなかで、そのような肉体を、消費個人主義社会の消費の焦点として、また他人と自分との差を際立たせ、ナルシシズムを充当するための焦点として記している。[13] 二〇世紀以降、健康な肉体は経済効率性を下支えする一要素としてクローズアップされると同時に、美しい肉体は化粧品やエステやジム通いをとおして個人消費の不可欠な対象にもなり、たくさんの人々が肉体への投資や消費を繰り返すことによって、このような通念や習慣はますます拭いがたいものになった。私たちがこのような通念や習慣から自由になるのは難しくなり、と同時に社会もまた、そのようなものとしてますます盤石になっていく。

こうしたいきさつや消費個人主義の現状まで踏まえると、健康を純粋に自然科学的な概念と見ることは困難になる。医療者と患者という二者関係のなかでは、健康を自然科学的に定義し取り扱うことが妥当だろうし、実際、医療者はそのように振る舞っている。だがひとたび医療機関の外に出るや、健康は社会の価値基準に揉まれ、「良い・悪い」をめぐる争いの焦点として取り扱われずにはいられなくなる。

健康という道徳の差配人としての医療・福祉

とはいっても、リスクファクターを避けて寿命や健康寿命を延ばすという考え方の発信地は、病院や医療センターのたぐいである。

いわゆる生活習慣病が成人病と呼ばれていた頃から、病院や医療センター、厚生省（現在の厚生労働省）は人々の健康増進に力を尽くしてきた。昭和時代には健康に無頓着な人がまだ多かったが、令和時代では老若男女が健康を意識し、不健康をもたらすリスクファクターに注意を払っている。喫煙者が多数派から少数派に転じたのはそうした活動の勝利の象徴だが、もちろん喫煙だけが変わったのではない。

医療者は食習慣や生活習慣についてもさまざまなリスクファクターを知っていて、健康診断や人間ドックの場でさまざまな助言を患者に与える。不摂生や偏った食生活をしている人なら何度も経験しているはずだ――「ちょっと悪玉コレステロールが高いですね」「もう少し運動するようお勧めします」「そろそろタバコをやめてはいかがですか」。医療者のこうした助言には、無視しがたい響きが宿っている。

健康のリスクファクターについて医療者から指摘される際、私たちにはある種の罪悪感やうしろめたさが伴いがちである。もちろん、先天性疾患や（ガンのような）進行性の疾患を患っている時はこの限りではないけれども、〝不健康な習慣に身に覚えのある〟場合、医療者からの不健康の忠告には、価値観の多様化した現代社会にはとても珍しい、ほとんどの人々をうしろめたくさせるインパクトが宿っている。

それもそうだろう。なにしろ医療者は統計的・生理学的エビデンスに基づいた見解を語っているのだから。リスクというものの考え方が行きわたり、科学的・合理的に考えることをよしとする現代社会において、エビデンスに基づいた見解は、全盛期のカトリック教会の見解と同じぐらい正しく、同じぐらい逆らいがたい。

いまどき、他人に面と向かって「あなたにはリスクがあります」と言いおおせて、それが忠告として真摯に受け取られるシチュエーションが、医療者と患者の間柄以外にいったいどれだけあるだろうか。

医療者からの不健康の忠告に後ろめたさや罪悪感を覚えないためには、健康という概念そのものに対する信仰や、その健康を司っている医療者に対する信頼を欠いていなければならない。だが、誰もが健康意識を持ち、健康に関するエビデンスが集積している現代社会のなかで、単身、健康という〝普遍的価値〟に不信の目を向け、それに逆らってみせるのは簡単ではない。

ここまで本章で述べてきたことを踏まえて私は、現代社会の医療者が担っているもうひとつの役割に思いを馳せずにはいられない。すなわち、健康という〝普遍的価値〟の領域で道徳―不道徳を裁定する者、価値基準の良し悪しを言い定める者としての医療者である。

現代の医療者の言動は、健康という概念に基づいて、何が道徳的で、不道徳なのかを実質的に決定している。少なくとも、健康という分野に関してはそうではないだろうか。

医学教授の○○先生や医学博士の××先生が語る、健康増進にかなった食物や行動は、社会的にも「良い」ものとみなされ、不健康であると指摘された食物や行動は社会的にも「悪い」ものとみなされる。医療界からのメッセージを、私たちはそのようなかたちで受け取らずにはいられない。

もちろん医療者自身は統計学や生理学のエビデンスを踏まえて、科学的に健康リスクを指摘しているだけであって、道徳を押し売りしているわけではない。しかし前述のように、健康には「良い」という価値基準がどうしようもないほど付随していて、多様性を重んじる社会では珍しいほどの〝普遍性〟を獲得している。そのうえ医療者の助言はエビデンスによる裏付けを伴っているから、医療者が意図しようとしまいとその影響力は強いものとならざるを得ない。

繰り返すが、健康について助言や忠告を行う医療者たちは、研究をとおしてエビデンスを集積し、そのエビデンスを活用して人々の健康に貢献する、それ以上でもそれ以下でもない生業を営んでいる。医療者が自分たちの立場や政治力を拡大しようと野心を持っているといった話を、私はついぞ聞いたことがない。

他方で、現代社会の〝普遍的価値〟や、社会に浸透し私たちに内面化されている通念や習慣に照らして考えるなら、これほど正しいことを、これほど正しい手順で行っている生業もまた珍しい。エビデンスに基づいて〝普遍的価値〟に貢献し続ける医療者の生業が、どうして社会全体の価値基準や道徳感覚に影響を与えずにいられよう。たとえ医療者自身が道徳の押し売りをしていなくても、おのずと医療が世の中の価値基準や通念や道徳に影響を与えるのは不可避ではないだろうか。*14

今日では、テレビや新聞、雑誌、インターネットをとおして、健康は広く喧伝されている。その中心には常に医療者がいて、まさに〝普遍的価値〟を司っている。そうした健康に関する教えを絶え間なく浴びながら現代人は育つのだから、健康もまた、私たちの超自我の一部を成していると考えなければならないし、現代人の通念や習慣を考える際には必須の要素である。

診断基準と資本主義的プラグマティズム

かつて〝普遍的価値〟とみなされていたものが皆そうであったように、健康もまた、時代や社会状況をとおして少しずつ姿を変えていく。健康のイメージや実態は、どのような状態が不健康なのか、言い換えれば、どのような状態が医療の対象になるのかによって影響され、変わらずにはいられない。

ＷＨＯの定義する健康がどうであれ、ほとんどの人は診断と治療を受けなくても構わない状態を健康の条件とみなしているから、何が病気とみなされ、何が病気でないとみなされているかによって、健康な人／不健康な人の線引きは変わる。

たとえば第二章で紹介したようにメンタルヘルスの領域では、かつては社会にありふれ、医療の対象とはみなされていなかったADHDやASDが現在では診断と治療の対象となっている。「死にたい（希死念慮）」にしても、それを単なる物言いとして捉える人はもう少ない。昭和時代には健康の範疇からはみ出していなかった人が、今日ではADHDやASD、あるいはその他の精神疾患に該当するとみなされ、社会や世間から不健康であるとみなされる可能性は少なくない。

身体の病気にしてもそうで、体重増加が死亡率を高めるという統計データが知られるまで、恰幅の良い体型はブルジョワ階級にとってひとつの理想像ではあっても、不健康ではなかった。高血圧や糖尿病、最近ではロコモティブシンドロームなどが不健康とみなされるに至ったのは、それらの研究が進み、診断と治療の対象になったからだ。

では、いったい何が診断と治療の対象となるのか？　第二章で触れたとおり、社会学ではそうした変化のことを医療化と呼んでいる。この医療化という社会変化を研究したコンラートは、どちらかと言えば批判的な論調で「医療者が新たに健康からの逸脱として発見し、啓蒙し、その生物学的・政治的な正当性を見出したものが医療化される」といったことを述べている。*15

コンラートが活躍した時代には、統計的エビデンスに基づかない医療化が起こり得た。たとえば第二章で紹介した前——ADHDの歴史について言うなら、最初の提唱者とも言うべきジョージ・スティルも、僅かな脳損傷が原因であると提唱した北米の医師たち*16も、今日で言うエビデンスを携えていたわけではない。ＡＤＨＤについて統計的・生物学的エビデンスが集まったのは、ずっと後になってからのことだ。

これとは正反対に、医療の対象とみなされていた、つまり不健康とみなされていたものが不健康ではなくなる、いわば脱―医療化することもある。同性愛は長らく精神疾患として、不健康なものとして扱われていた。キリスト教文化圏では不道徳なものとみなされていた歴史も長い。しかし二〇世紀にゲイ解放運動が起こるなかで、活動家らは同性愛の診断と治療についてのエビデンスの不備を指摘し、アメリカ精神医学会のディスカッションに参加しはじめた。もともとは同性愛を「社会病質《ソシオパス》のパーソナリティ障害」としていたアメリカ精神医学会の診断基準（ＤＳＭ）は、一九七三年の改定で「主観的苦痛を伴わない同性愛は治療の対象ではない」と診断基準を改めた。[*17]

同性愛が脱―医療化される際には、医療化とは正反対の条件が揃っていた。統計的・生物学的エビデンスがますます重視されるパラダイムを迎えたにもかかわらず、同性愛の診断と治療にはそうしたエビデンスが乏しく、ライフスタイルの多様性がますます認められる社会状況のなかで政治的正当性にも疑問が投げかけられていた。

現在でもそうだが、アメリカ精神医学会とそのＤＳＭには、エビデンスの蓄積や社会状況を踏まえてプラグマティックに診断基準を改めていく気風がある。彼らがＷＨＯの国際疾病分類（ＩＣＤ）に先んじて同性愛を脱―医療化したのは、そういう意味でも理解しやすいことだった。

二一世紀においては、統計的・生物学的エビデンスが診断と治療の根拠として必須になっているから、前―ADHDのような曖昧な医療化が起こるとは考えにくい。しかし、統計的・生物学的エビデンスが集められ、政治的にも正当性の見出されるなんらかの特徴については、新しい病気とみなされる可能性、つまり新しい何かが医療化され不健康とみなされる可能性がなくなったわけではない。

二一世紀において何かが医療化されるための条件について、もう少し確認しておこう。ひとつは統計的・生物学的エビデンスに適っていること、もうひとつは政治的な正当性にも、そして資本主義のロジックにも適っていることである。

アメリカの保険会社が、一九一〇年に肥満が死亡率を高める統計的データに基づいて保険料を設定したのは先に述べたとおりである。保険料の支払いというプラグマティックな領域では、顧客の死亡率にかかわる統計的データが保険会社の命運を左右する。肥満や高血圧症といった、死亡率にかかわるリスクファクターを広めるにあたって、保険という資本主義的な仕組みが果たした役割は小さくない。

精神疾患についてもそうで、アメリカ精神医学会が統計的・生物学的エビデンスに基づいて診断基準を改定しなければならなかった背景のひとつには、保険会社への対応があった。*18 DSMにはプラグマティックに診断基準を改める気風があるが、まさにそれゆえに、保険会社という、資本主義的な仕組みからの影響を免れることはできない。

DSMの屋台骨をつくった功労者の一人であるアレン・フランセスは、『〈正常〉を救え』

という、まさに健康―不健康について論じた著書のなかで、ＤＳＭの濫用と、それに伴う病気づくりや診断のインフレに警鐘を鳴らしている。[*19] これは、過剰診断や製薬会社のビジネスに対する警鐘としては申し分のない反面、そもそもＤＳＭが保険会社への対応をはじめとする資本主義的な社会の仕組みに対応した診断体系であり続けなければならず、そのためにもエビデンスを集め続けなければならない宿命を背負っている点にはあまり意識的ではない。

精神医学に限らず、今日の医療が統計的・生物学的エビデンスに則っているのは事実ではある。けれども、では、そのエビデンスがどのような正当性と結託して医療化の現状をつくりあげているかを考える際、保険料や手当の支払いに象徴されるような、資本主義的プラグマティズムを抜きにするのは不自然なことだろう。

資本主義は今日では空気と同じぐらい当たり前の、イデオロギーとして意識すらされないほど私たちに内面化されたイデオロギーだから、医療の有効性を語る際に「経済的損失」といった語彙をあてがうことに私たちは違和感を覚えない。と同時に「経済的損失」を個人や社会にもたらす特徴に対し、統計的・生物学的なエビデンスに基づいた診断と治療を行うのは良いことで、費用対効果が証明できるならその診断と治療には正当性があると、ごく当たり前に捉えている。

この点でも、現代の診断と治療は「良い・悪い」という価値基準と蜜月の関係にある。なぜなら資本主義を当たり前のものとして内面化している私たちにとって、経済的損失は

「悪い」もので費用対効果が証明できるものは「良い」ものと相場が決まっているからだ。社会全体の経済効率性や生産性がますます追求され、一人ひとりにもますます求められる状況のなかで、それにそぐわない特徴が研究の対象となり、医療の対象となっている。

私たちは長生きしなければならなくなった

こうした、医療と価値基準との関わりあいを踏まえたうえで、日本の現状に視点を戻そう。

かつて日本に健康概念が入ってきた頃、これを意識するのは第一に医療者であり、富国強兵を推し進める立場の人々だった。第二に、情報感度が高く健康にリソースを振り分けられる人々であった。そういった意識も余裕もない人々——私の子ども時代に実在したような、地方在住の、五〇～六〇代で亡くなっていく人々も含めて——は、昭和時代の終わり頃になってさえ健康意識が乏しかった。

しかし、世界有数の豊かな生活を実現し、不健康なものや不衛生なものが街からどんどん姿を消していくなかで、二〇世紀末の日本人はいよいよ健康意識を高め、不健康なものや不衛生なものに敏感になっていった。五〇～六〇代で人が死んでもおかしくない日常は忘れられ、高血圧や高コレステロールといった健康のリスクファクターを誰もが知るようになった。それらの結果として未曾有の長寿社会が到来し、健康寿命も大きく延びた。

健康は多くの人が希うものであり、不健康は経済的損失と表裏一体の「悪い」ものだったから、これは望ましい成果だったはずだ。

そのかわり、私たちは健康でなければならなくなった。昭和時代に比べれば、健康に頓着することなく生きて、死ぬことは、難しい。資本主義的プラグマティズムと繫がりあった健康と、その結果の長寿は、人生のなかで何かを為すための手段というより、目的になっていく。

健康という概念が輸入されてくる前の日本では、養生という概念が支配的であったという。[*20] 養生とは「生きている間に何を為すのか」についての概念であり、良く生きて良く死ぬという目的のための手段として養生訓が存在していた。

現代の健康は、そうではない。養生訓で言うところの「良く生きる」ために健康を求めている人は、いったいどこにどれだけいるだろう。ましてや「良く死ぬ」ための健康となると、いわゆる「ピンピンコロリ」以上の意味や意義を見出せる人はほとんどいないのではないだろうか。

健康と長寿が、とにかく良いことであるとみなされるようになった一方で、何のための健康か、何のための長寿なのかは、どこまで顧みられているだろう？　医療者は統計学的・生物学的なエビデンスに基づいて健康リスクを語るが、何が良いことで何が悪いことか、健康や長寿は何のためのもので、何のために生きるのかについては語らない。もちろん医療者が率先して価値基準について説法するのはおかしいから、医療者たちは正しく振る舞っていると言える。

だが本章で述べてきたように、健康には「良い」という〝普遍的価値〟が伴い、不健康には経済的損失という資本主義のイデオロギーから見て「悪い」意味が伴うのだから、健康と、その結果としての長寿は誰もが大切にして当然のもの、大切にしなければならないものとみなされずにはいられない。

健康や長寿に対して中立的な、ましてや否定的な考えを持つことは、現代社会の通念や習慣への挑戦とみなされかねず、資本主義的状況のなかではいかにも難しい。

二〇一九年六月、金融庁の金融審議会から高齢化社会に即した長期の資産運用を提言する報告書[*21]が発表されると、さまざまな方面から不安の声があがり、ときの財務大臣が「表現が不適切だった」とコメントする騒動となった。世に言う「老後二〇〇〇万円問題[*22]」だが、この問題の根底には、健康が〝普遍的価値〟であり、誰もが健康を大切にし、その結果として長寿を寿がなければならないという現代社会の通念や習慣がある。というのも、それこそ健康が上陸する以前の、養生という概念が支配的な社会だったなら、このような問題がこのようなかたちで不安を招くとは考えにくいからだ。

健康が手段ではなく目的となり、〝普遍的価値〟となり、その結果としての長寿が当たり前になった結果として、私たちの一人ひとりが「老後二〇〇〇万円問題」を財務官僚のように考えなければならなくなった。健康を守り、個人の自由な経済活動に寄与するものであったはずの国とその制度が、健康長寿が当たり前になったことに伴う財政的負担にあえぎ、医療費の削減に躍起になっているのは皮肉なことである。また、長生きできるようになったと同時に長生きしなければならなくなった結果として、私たちが死ぬまで働き、死ぬまで財務官僚として現役でいなければならなくなったのも皮肉なことである。

私たちは本心からそういう生を生きたがっていたのだろうか。それとも通念や習慣や制度に隷属するまま資本主義社会の歯車を回しているだけなのだろうか。我が身を振り返っても、周囲の人々を見ていても、それがわからない。

不可視化されていく病と死

今日の、誰もが健康であり、健康でなければならない通念をつくりあげる要素として、少なくとも日本の場合、もうひとつ重要なものがあるように思われるため、それについても言及しておく。

現代の日本人の日常生活のなかには、死が垣間見える場面はほとんどない。病ですら、ある程度はそうである。重症の患者は入院しているし、たとえば認知症などで長期のケアが必要な患者も施設入所していれば世間の目に触れることはない。病状が軽く、社会でのリハビリが重要なものを除いて、病に伏している人々は家族以外の他人に接する機会が乏しい。

健康という概念が、統計的・生物学的エビデンスとともに人々に知られるようになっていったのと並行して、日本の医療制度はますます充実していった。よほどの僻地を例外として、どんな病気でも入院治療できるインフラが全国に整備され、高齢化が進んだ昨今は、高齢者向けの福祉施設が雨後の筍のようにつくられている。病院のベッド数こそ、平成以来ゆっくりと減り続けてはいるもの の、[*23]高齢者向け介護施設のキャパシティはものすごい勢いで増大している。[*24]

昭和時代には、多くの人が自宅で死を迎えていた。病に伏した患者はかかりつけの医者が診て、家族に囲まれ、地域共同体の人々の訪問を受けた。ニュータウン化やタワーマンション化の遅れた、昭和然とした地域の家屋はプライバシーの概念が未確立だったけれども、それゆえ縁側などをとおして地域社会にそのまま繋がっていたから、病に伏した人は死に至るまで社会との接点を失いにくかった。

死そのものも社会のなかで取り扱われていた。葬式は自宅で、そうでなくても菩提寺で行われるのが一般的だった。葬式は見知らぬ葬儀業者によってではなく、葬儀を熟知している地域共同体の人々によって、地域共同体のしきたりに沿って行われていた。そのような死のありかたを、欧米社会の「パブリック」という概念に基づいて論じることはできないが、少なくとも死が「プライベート」ではなかったと言えるし、盆や彼岸の行事も含め、死者を弔う行為は地域共同体での暮らしの一部をなしていた。

こうした死のありようが日本の専売特許だったわけではない。歴史学者のフィリップ・アリエスによれば、死がもっと身近にあった中世ヨーロッパの人々は、死をもっと開けっ広げに、従容として受け入れていたという。欧米社会でも死は長い間、公開的儀礼としての性格を帯びていたが、近代に入って隠蔽されるようになり、やがて病院における臨終、医療化された死へと変わった。[*25]

日本では、高度経済成長期以降に、病と死が地域生活の場から遠ざけられていった。戦後間もなくから一貫して自宅での死は減り続け、病院での死が増え続けた。こうした状況に危機感を覚えた厚生省は、昭和六〇年以降、医療法や老人保健法の改定、診療報酬の改定などをとおして自宅死を推進しようとしているが、平成二八年になってもなお、自宅死の割合は一三％に留まっている。[*26]

一般に、病院は地域共同体にそのまま繋がってはいない。少なくとも病院の病室と地域共同体とが、縁側や裏庭越しに隣近所と繋がりあっていることはありえない。個々の病院は病院祭などの行事をとおして地域と繋がろうとしているが、そこで繋がるのは「病院と地域」であって、「死にゆく患者と地域共同体の人々」ではない。病院は、その空間の設計や衛生管理のゆえに、病や死と社会との接点を切り離してしまう。

病院インフラの充実によって、私たちは統計的・生物学的エビデンスに裏付けられた高度な医療を受けられるようになったが、その副次的効果として、暮らしのなかから病や死を隔離し、あるいは私たちの日常と、その日常によってつくられる世界観のなかに病や死が含まれる余地を乏しくした。

健康を至上とし、病や死が日常から切り離されてしまった現代人は、ゆえに、自分自身や家族の病や死に必ず不意打ちされ、それを非日常の出来事として受け取らずにはいられない。

死と弔いも地域共同体のものではなくなった。私自身は北陸地方の、浄土真宗の盛んな土地に生まれたので、地元の寺院が報恩講などのさまざまな行事を催し、葬式以外にも死に思いを馳せる機会を提供していたことを憶えている。今日、そのような行事が残っている土地はいったいどれぐらいあるのだろう？

全日本葬祭業協同組合連合会の資料[*27]によれば、一九九九年に三八・九％あった自宅での葬式は二〇一四年には六・三％に減少し、葬儀専用式場での葬式は三〇・二％から八一・八％へと増加している。自宅での葬式はまず見かけなくなり、寺院での葬式も減った。たいていの葬儀は葬祭業者のものとなり、弔いを取り仕切る知識を持った高齢者は葬祭業者

死亡場所の推移

厚生労働省「人口動態統計」より。1994年までは老人ホームでの死亡は自宅に含まれている。

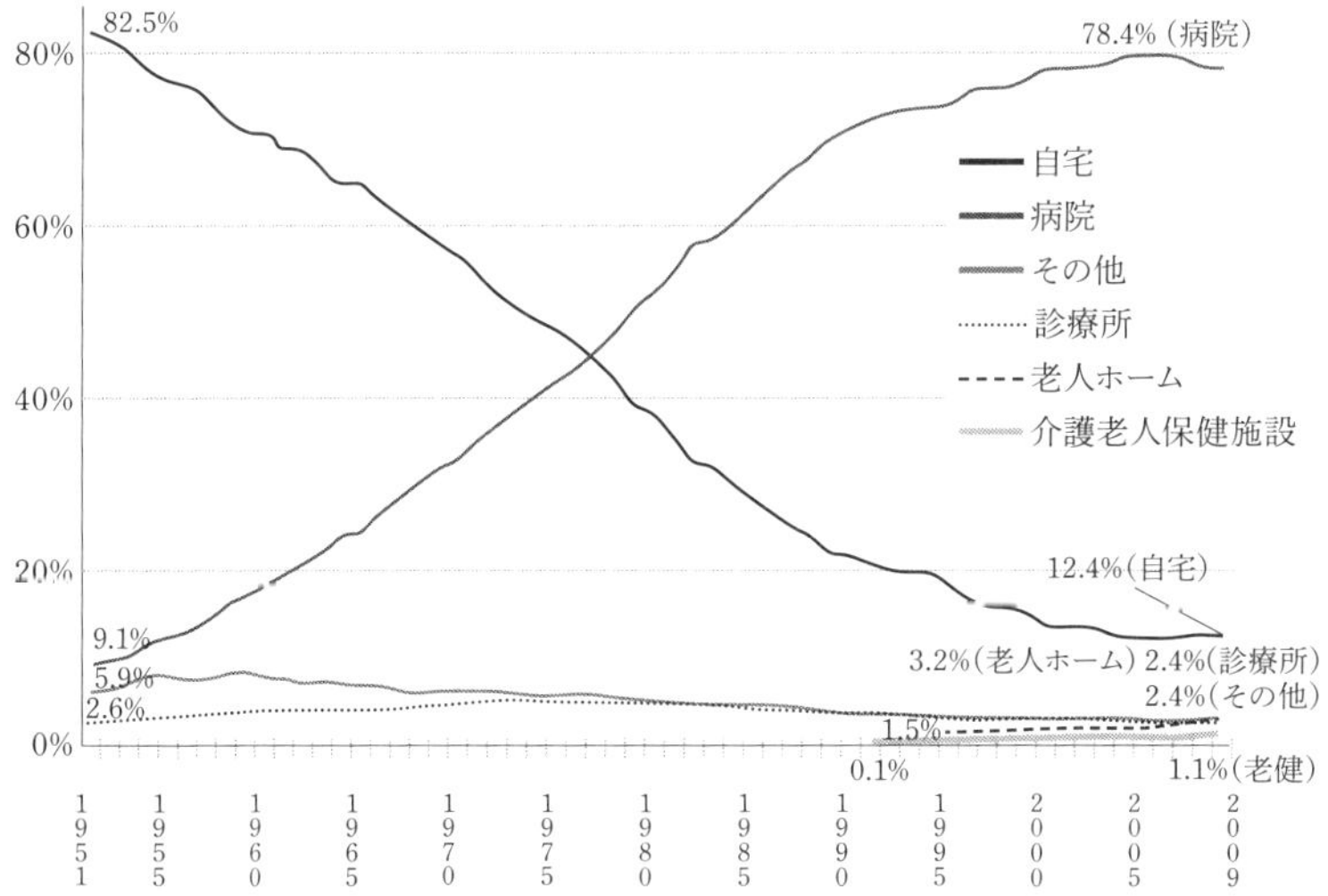

の専門家にとってかわられた。令和時代の死は日常から遠ざけられ、葬祭業者が取り仕切る非─日常へとパッケージされている。

人は、接点があるものにはよく馴染む反面、接点のないものとは疎遠になっていくものだ。空間の設計によって接点が乏しくなった時、私たちの通念や習慣がどのような影響を受けるのかは第六章に譲るとして、ここで確認しておきたいのは、私たちが健康にますます親しんでいくのと並行して、病や死が私たちの日常からますます切り離され、慣れないものとなり、病院や葬儀専用式場へと切り離されていったということだ。

健康が〝普遍的価値〟としてますます持て囃され、一方で病と死が日常から切り離されていけば、私たちが病や死を日常の一部として、あるいは自分自身の人生の一部として位置付けることは簡単ではなくなる。

病や死が非─日常になれば、私たちはますます健康という〝普遍的価値〟だけを見つめて暮らせるようになる。そのかわり、唐突に訪れる病や死は受け入れがたい体験となり、健康の追求はいよいよ強迫的にならざるを得ない。健康に著しく偏ったこのような死生観──病や死を日常から切り離したそれを死生観と呼んで構わないのかは私には疑問だが──は、私たちが健康である限り、幸福で快適なものではあろう。だが病や死に直面した時の備えや、それらを前提としたライフスタイルの選択には寄与しない。

どこまで健康リスクを避ければ気が済むのか？

一九世紀に発見されはじめ、二〇世紀に発展した健康は、統計的・生物学的エビデンスに基づいた、それ以上でもそれ以下でもないものだった。喫煙、高血圧、高コレステロール血症などが健康リスクなのは事実でも、それを「良い」「悪い」という価値基準で語るのはまた別の問題で、健康を啓蒙する医療者はそのことを弁えている。

一方、健康には健康美としての価値やブルジョワ的な上昇志向のニュアンスも含まれていて、消費個人主義社会のなかで他人に差をつけ、ナルシシズムを充当するためのシンボルとしても機能する。日常から病や死が切り離され、健康が経済的にも重要とみなされていくなかで、健康が「良い」こととして〝普遍的価値〟を帯び、私たちの通念や習慣に刻み込まれていくのは不可避だったと言えよう。

今日では、健康を増進してくれるものは引く手あまたで、そのような食品や物品には高い値段がつく。ボードリヤールが喝破したとおり、健康な生活や健康な肉体は上質とみなされ、ますます羨望の対象となっている。こうしたなか、健康リスクとみなされる食品や物品に対して人々は不安感や嫌悪感を募らせるようになり、健康を損ねかねない習慣や行動に対し、不道徳な感覚さえ覚えるようになった。

健康リスクがあまり知られていなかった時代には、現代人がリスクとみなしている多くのものに対して、人々は寛容、というより無頓着だった。タバコの煙も、子どもの一人遊びも、未成年者の飲酒も、現代では健康リスクとして忌避されるものだが、昭和以前の日本社会にはごくありふれていた。ジャンクフードや清涼飲料水にしても同様である。

そうしたなか、タバコを吸わない人々が健康リスクを避ける権利をかなえるべく分煙化を主張したのは道理に適っていたし、社会は分煙化を実現する方向で変わっていった。それはいい。

だが、昭和時代と比べれば信じられないほど分煙化が実現したにもかかわらず、タバコを忌避する人々の気持ちはエスカレートしていく。タバコが格好良さの象徴としての地位を失い、喫煙者とタバコが檻のような分煙コーナーに隔離されるようになってもなお、タバコに〝お許し〟が与えられる気配はない。喫煙者の吐く息に宿る僅かなタバコ臭さも、蛇蝎《だかつ》のように忌み嫌われている。健康という〝普遍的価値〟に抵触しているという大義名分のもと、たばこ税はみるみる値上げされていった。

そしてタバコほどではないにせよ、さまざまな健康リスクが、医療者による啓蒙活動と連動するようなかたちで封じ込められ、忌避され、あるいは、取り締まられていった。

未成年の健康リスクを高めるような選択、たとえば子どもだけでリスクのある場所で遊ぶことは許容されなくなった。今日では、年端のいかない子どもを一人遊びさせることはネグレクト、ひいては虐待とみなされるおそれがある。アニメ『となりのトトロ』で描かれた児童の外遊びは昭和時代にはありうるものだったが、令和時代の社会は、そのような外遊びを絶対に許容しない（この問題については第四章で詳述する）。

　未成年の飲酒も、かつてはありふれていて、私の生まれ故郷では、地元の祭りで中学生にビールが振る舞われていたし、地元の大人たちは祭日に限って黙認していた。高校生や大学生に対しても同様である。これらも平成時代のうちにきっちり禁止されていった。

　健康は、個人の自由な活動の基盤となり、消費個人主義社会では差異化のシンボルでもあるから、健康リスクが嫌われ、避けられること自体は現代社会のニーズに適っているし、個人主義や資本主義のイデオロギーにも適っている。

　だがいったいどこまで私たちは健康リスクを避ければ気が済むのだろう。統計的・生物学的エビデンスが指摘する程度までなのだろうか。そうでもあるまい。人々の声のなかには、医療者が提供するエビデンスを超えてなお健康を求め、不健康をおそれ、健康ビジネスに金銭や時間を費やす人がいる。あるいは受動喫煙の健康リスクを不安がるあまり、かすかにタバコの臭いを感じただけで露骨に嫌悪感を露わにする人もいる。統計的有意差で示されるところの発がん率が高くなる状況を避けるのは理解できることだが、健康に対して神経質になりすぎるのも、それはそれで不健康、いや、不自然な生き方なのではないだろうか。

　人は生きて、必ず死ぬ存在である。だから健康リスクをそれほどまでに減らしたいのなら、いっそ死んでゼロリスクにするしかない。健康リスクを減らす究極の方法は死であり、これはナンセンスなのだが、かといって健康を至上とし、病と死が日常から切り離されている現代社会の通念は、死を念頭に置いたうえで健康リスクについて考えることを難しくしてしまう。

成人においては、喫煙も、飲酒も、塩分や糖類の過剰摂取も、その健康リスクを考慮し他人に危害を加えない限りにおいて、自分自身の人生に是非とも必要なら選択されてしかるべきである。そうした不健康な選択を〝愚行権〟という言葉で片付けたがる人もいるが、それが適切な物言いだと私は考えていない。不健康＝悪という捉え方は現代社会にありがちな通念ではあるが、人類普遍の通念ではないし、不健康な人生が必ず愚かなわけでも、不健康な選択のひとつひとつが必ず後悔をもたらすわけでもないからだ。

もし、現代の人間が本当に自由だとするなら、リスクを冒してでも生きたい生を生き、生ききって死ぬような人生も肯定されて然るべきであり、そのような人生を〝愚行権〟のひとことで片付けてはならない。ましてや、健康が人生の主として振る舞い、私たちの行動や通念を支配し、あまつさえ他人の行動選択をののしり、軽侮するための大義名分になるようなことはあってはならないはずである。

この〝普遍的価値〟の内側に真の自由はあるか

健康リスクがよく知られ、そのリスクを管理するための医療や制度が充実するのは喜ばしい進歩であり、多くの人がそれによってより長く、より充実した人生を獲得することに異存はない。

だがその進歩によって変化した私たちの通念や習慣は、健康を〝普遍的価値〟の座へと押し上げ、いまやその地位は不動のものとなっている。健康リスクの封じ込めや禁止は健康を守るという〝普遍的価値〟に則ったものであり、統計的・生物学的エビデンスの延長線上にあるものだから、誰も反対しないし、反対できない。誰も反対できない制度、誰も反対できない通念や慣習は、強い力を持っている。その性質は強まることこそあれ、弱まることがない。

そうやって、私たちは健康リスクになりうるものを少しずつ、しかし着実に封じ込めたり禁じたりしてきた。子どもの一人遊びや未成年の飲酒は、通念や慣習だけでなく、法制度によっても正しくないとみなされている。そのうえで一部の人々はますます健康リスクに神経質になり、不健康を想起させる物品や習慣に潔癖な視線を投げかけている。

そうした視線が集まれば世論が生まれ、その世論に統計的・生物学的エビデンスが後付け的にでも発見されれば、健康増進法のような法制度へと組み込まれ、通念や慣習はいよいよ強固なものになる。健康が〝普遍的価値〟となった社会は、健康リスクを孕んだ習慣や物品を封じ込めるべく、そこに重い税を課すことをためらわないし、社会もまたそれを支持してやまない。

ＳＦ作家の伊藤計劃は、パンデミック後の近未来を描いた『ハーモニー』という作品のなかで、政府が健康を徹底的に管理し、健康を最優先としている世界を描いた。[*28]

政府が国民の健康に最大限の配慮を示すとともに、健康状態をモニタリングするためのナノマシンを国民に植えこみ、そこから逸脱した者に強制的セラピーをも厭わない『ハーモニー』の世界では、誰もが健康に一〇〇歳以上まで生きることができる。だが喫煙や飲酒はペナルティの対象とみなされ、アウトローな領域へと封じ込められていた。それだけでなく、人々は健康について積極的な議論を――もちろん〝普遍的価値〟をなぞらえるような議論を――交わすことが推奨され、強いられ、そのことに疑問を抱く人間はほとんどいなくなっていた。健康とイデオロギーが不可分に繋がりあった世界では、不健康な習慣や物品は駆逐されなければならず、不健康な人物は治療されなければならず、不健康な人物の社会的信用は低いものにならなければならない。『ハーモニー』の世界は、現代社会よりもずっと健康だがずっと不自由だ。

『ハーモニー』という作品そのものは、健康ディストピア社会を超えて、秩序の極致とも言うべき結末を迎える。それはさておき、『ハーモニー』の健康ディストピア社会はもちろん現代日本の医療・福祉体制とは成立背景も仕組みも異なっているし、現実の医療者や福祉関係者が〝普遍的価値〟となった健康を梃子として、イデオロギーの帝国を構築しようとしているようにも見えない。

にもかかわらず、統計学や生理学が誕生してたかだか一〇〇年あまりのうちに健康リスクという概念が浸透し、〝普遍的価値〟の最右翼となったことに、私は一抹の不安を感じずにはいられない。

健康は、人間の自由な活動の土台をなすものだから、健康を大切にすることは人間の自由を守ることに繋がる。発達障害などの診断と治療が可能になったことにより、早期発見・早期治療を成し遂げ、適切な援助によって救われた人々も少なくない。また、グローバル化した社会が新型コロナウイルス感染症などのパンデミックに対抗するためには、たとえばワクチン接種や防疫措置といった政策が必要なのは理解できることであり、そのあたりを念頭に置かない反ワクチン運動や反医療運動は時代の要請からズレている。

それでも、健康リスクの概念が行きわたり、健康が現代社会の〝普遍的価値〟の最右翼に位置付けられるようになったことによって、見逃されやすくなった可能性や選択肢、ひいては失われていく自由もあるのではないだろうか。

ここで私が問いかける「失われていく自由」とは、健康リスクを上昇させうる選択を含み、今日の〝普遍的価値〟に照らし合わせれば「悪い」とみなされるものだろう。また断っておくが、昭和時代の受動喫煙のような、他人に健康リスクを強いる自由は功利主義の観点から許されるべきではない。

だがそもそもの話として、私たちがこれほどまでに健康リスクに敏感になり、健康に対してこれほどリソースを注ぎ込むようになったのは、長い人類史のなかでは一瞬にも等しい時間でしかない。健康は、現代社会では〝普遍的価値〟のような顔をしているが、有史以来の〝普遍的価値〟ではなかった。テクノロジーの進歩や、リスクという考え方の浸透のなかで〝普遍的価値〟へと至ったことを、現代人の大半は忘れてしまっている。

健康を希うことが悪いと言いたいわけではないし、私自身、健康を希う者の一人である。医療や福祉がたくさんの人々を援助してきた歴史や積み重ねてきた努力を批判したいわけでもない。

ただ、健康が〝普遍的価値〟として浸透するに至った数十年来の社会変化を眺めていると、私たちは健康でいられるようになったと同時に、健康でいなければならなくなった、という思いを禁じ得ないのである。

健康が社会制度に深く関わりあい、通念や習慣として皆に内面化されているこの社会のなかで、健康や長寿はいつでも私たちに味方してくれて、いつでも自由の護り手でいてくれるのだろうか。

大筋ではそうであろう。だがもし、それらが不自由をもたらし、私たちを束縛するものたりうる瞬間が訪れた時には、私たちはそのことをしっかり認識し、自由に行動を選択できなければならないはずである。

第四章

リスクとしての子育て、少子化という帰結

際限のないリスクを強いる「子育て」

第三章で私は、「健康リスクをゼロにしたければ、死んでしまってゼロリスクにするほかない」と記した。有限の命しか持たない人間が永遠に健康でいられるはずもないのだから、リスクをゼロにしようとする欲求は現実には即していない。

ところで仏教では「生・老・病・死」を四苦と呼び、これらが苦の源であるとしている。老・病・死がリスクであるとするなら、そもそも生きていること、生まれてくること自体もリスクと言わざるを得ない。実際、これから述べていくように、生は現代社会におけるリスクとして、合理性をもって回避されようとしている。

なかでも子どもはリスクの塊だ。子どもは生まれる前からリスクを孕んでいる。妊娠・出産にまつわるトラブルは尽きない。昨今は高齢出産が増加しているため、流産や早産などのリスクも高まっている。[*1] 子どもがどのような遺伝形質を持って生まれてくるのかは生まれてみなければわからない。そうした予測不能性に生殖テクノロジーが貢献するとしても完璧にはほど遠いし、また優生学への反省を経た現在においては完璧でさえあれば良いとも考えられない。

無事に子どもが生まれても、乳幼児期には事故のリスクがついてまわる。異物を飲み込まないように、アレルギーにならないようにと、親は子育てに細心の注意を払う。学校に通うようになれば登下校中に事件や事故に巻き込まれないように心配し、身体が大きくなればよその誰かの迷惑にならないか気を揉むことにもなる。

不登校。引きこもり。不純異性交遊。思春期以降も安心はできない。子育てに親の金銭や情熱を傾ければ傾けるほど子育ての〝賭金〟は高くなり、それに伴って、子育てについてまわるリスクはますますマネジメントされなければならないものとなる。かといって、〝賭金〟をリスクマネジメントしようと神経質になりすぎれば、その神経質さ、その親の不安が子育てのメンタルヘルスに難しい影を投げかけることになる。

親自身もリスクに曝される。母親は産前から妊娠糖尿病や早期胎盤剥離などの健康リスクを冒し、医療によって死亡リスクが大幅に減らされているとはいえ、出産はいまだ命懸けの行為である。産後うつ病にはじまり、子育てに伴うメンタルヘルスの問題は引きも切らない。虐待やネグレクトに誰もが敏感になっている昨今は、自分の子育てが適切なものなのか、とりわけ注意しなければならない。

日本に限らず、近代以前の社会はたくさん産んでたくさん死ぬ、多産多死の世代再生産によって成り立っていた。後に、人口ボーナスによって経済成長を導いてゆく戦後ベビーブーム期の親たちも、現代では考えられないほど子どもを産み育てていた。[*2] 今日の、子どもがリスクそのものと言うべき状況に基づいて考えると、昔の人々は途方もないリスクを背負って子育てをしてきたように思えるかもしれない。

だが、実際にはそうではなかった。子どもも大人ももっとリスクに鈍感ななかで子育てが行われ、それで世の中は回っていたのだ。そもそも前章でも触れたように、リスクに基づいて物事を判断する発想自体、きわめて現代的なものである。

子どもはよく産まれ、よく死ぬこともあり、子育ては親にとってここまで負担のかかるものではないと同時に、生死の責任の曖昧なものでもあった。子どもは安全ではなかったが、ある部分では今日の子どもよりも自由で、実際、子どもが自由の象徴とみなされていたところもある。

対して現代社会の子育てにまつわる通念や習慣は、私たちの先祖に比べて神経質で、先祖から見れば、子どもをあまりにも大切にしているだけでなく、子どもをあまりにも不自由に閉じ込めていると映るだろう。

日本をはじめ、多くの先進国では少子化が進行しており、そのような国々では子育ては大きなリスクと表裏一体の営みと捉えられている。つまり、少子化が進行している国では必ず、親は子どもに細心の注意を払って当然とみなされ、虐待やネグレクトに対して社会も親自身も注意深くなければならない。と同時に、多くの家庭はますます子どもの教育に大きな投資を心がけるようになり、その投資に見あった成果を期待する視線を浴びながら子どもは育てられている。*3

後でも触れるように、過去の子育ては危険で野放図な、現代の基準では許容できないものだったが、現代社会の子育てもこれはこれで、神経質さや費用対効果のロジックによって歪んでいるのではないだろうか。

そのような歪みは、現代社会では歪みと呼ばれるよりも、正しさや必要性として認識されるものではあろう。だとしても、ホモ・サピエンスの子育ての歴史を振り返る限り、現代社会の子育てのほうが人類史のなかでは異質であり、その異質さは親子を利するばかりでなく、子育てを始める人々をためらわせ、子育てに携わる当事者の負担を大きくするハードルともなっている。

〝動物〟として生まれてくる子ども

現代社会の子どもを考える際、まず思い出していただきたいのは、子どもははじめから現代人として生まれてくるのでなく、子どもは〝動物〟として生まれてくる、ということだ。

ここで言う現代人とは、現代社会が個人に対して期待するとおりの機能を持ち、権利や責任の主体者たりうる人間、社会の通念や習慣がインストール済みで、社会のルールや法制度を理解し、資本主義や個人主義や社会契約に則った行動がとれる人間のことを指す。これらの機能や主体性を持ち合わせない状態で子どもは生まれてくる。

生まれたばかりの赤ちゃんは言葉すら知らない。赤ちゃんは本能のままに泣き、本能のままに世話される。赤ちゃんを育てる際、親は現代社会の通念や習慣のとおりにでなく、赤ちゃんの本能に沿って世話をしなければならない。

赤ちゃんは母乳を吸うことは本能的に知っていても、「街中で大きな声で泣くと、周囲の人に迷惑がられる」といった現代社会の通念など知らない。「不快な臭いは迷惑」という理由で大小便を我慢することもない。このため、社会の通念や習慣を内面化した親が赤ちゃんを街で連れ歩く際には、赤ちゃんの行動が周囲の人々の迷惑にならないか気を揉むことになる。

たとえば新幹線のなかで赤ちゃんが大声で泣きだした際には、親は申し訳なさそうな顔をしてデッキに移動し、赤ちゃんをあやしはじめる。親だけでなく、赤ちゃんの側にも苦労はあるだろう。たとえば幸運にも、年収二〇〇〇万円の東京都内の落ち着いた家庭に生まれたとしても、秩序の行き届いた安全なメガロポリスに生まれてきたことを赤ちゃんは知りようがない。あるいは電車のなかにベビーカーごと連れてこられた赤ちゃんから見て、見知らぬ男性に囲まれ、母親が緊張した顔をしている状況はどのように見えているだろうか。またあるいは、子ども部屋に一人で置き去りにされた時間を、赤ちゃんはどのように感じているだろうか。[*4]

幼児~小学生になったあたりでも、子どもはまだまだ動物的で、現代人として完成の域には遠い。歩行者は歩道を歩くよう定められていることも、赤信号で横断歩道を渡ってはいけないことも、座学の時間には行儀良く座っていなければならないことも、ホモ・サピエンスが生まれながらに身に付けていることではない。それらは現代社会の制度や習慣に基づいたものだから、いちいち教わり、身に付けていかなければならない。多くの子どもは、やがてそれらを身に付けていくだろう。とはいえ年少の段階ではそれらはしっかりと身に付いていないから、たとえば子どもが車道近くにいるのを発見した自動車ドライバーは、リスクを感じながらその脇を通り抜けなければならない。

思春期を迎える頃にもなると、ほとんどの子どもは現代の通念や習慣をおおよそ身に付け、それらに沿って行動できるようになる。それでも大人に比べれば身に付けている度合いは完璧とは言えず、親や教師や世間をハラハラさせたりもする。

こんな具合に、秩序の行き届いた現代社会において子どもはリスクを想起させる存在であり続ける。放し飼いの動物が、いつ道路に飛び出してきたり他人に迷惑をかけたりするかわからないのと同じように、まだ秩序を知らない子どもや学習途上の子どもも、いつ道路に飛び出して他人に迷惑をかけたりするかわかったものではない。

その延長線上として、子ども、とりわけ小さな子どもが一人で街にいるだけで私たちは不安になるようにもなっている。子どもが迷惑なことをするかもしれないから不安というだけではなく、その子に何かあったら不安という部分でも、〝放し飼いの子ども〟はリスクを想起させる存在だ。最近の親が、子ども、とりわけ小さな子どもを連れ歩く際には絶対に離れようとせず、時にはハーネスをつけることもあるのは、そういった観点からも理解しやすい。子どもにつけたハーネスは、子どもの安全を守り、親の安心を守ると同時に、子どもが想起させるリスク、不安、迷惑といったものを最小化することを他者に示すシグナルとしても機能している。

現代の親は、子どもの安全を守るだけでなく、街の大人たちにできるだけ迷惑をかけず、できるだけリスクを想起させないよう注意しながら子育てをやり遂げなければならない。現代社会の通念や習慣は、そうするよう親に強いてやまない。

法を知らぬ子どもを法の庇護へと押し込める

法や社会契約といった、社会的な取り決めとその履行という点でも、子どもは動物に近い。

現在の日本社会の快適さと便利さは、誰もが法のもとに平等で、法を破れば罰せられる国の仕組みにも大きく依存している。そうした仕組みのもと、法をはじめとするさまざまな制度がきちんと守られ、誰もが自由に売買（買い物は、そうした売買の際たるものである）ができ、盗みや暴力やゆすりに遭わず、犯罪を防ぐ通念や習慣が行き届き、警察をはじめとする制度によって支えられているおかげで安全・安心な街が成り立っている。そうでなければ、どれだけ街が美しかろうとも安全・安心など成り立ちようがない。

「そんなのは当たり前のこと、昔からのことだ」と考える人もいるかもしれない。が、この、当たり前のことが遵守される程度や水準が時代や地域によって異なっている点には注意が必要である。

たとえば昭和時代には、本職の泥棒や詐欺師だけでなく、盗める時には盗む者、ネコババする者、値段をふっかける者といった、法の遵守が内面化されていない連中がもっと存在していた。未成年による万引き、カツアゲ、暴力沙汰は今よりもずっと多く、暴力沙汰や法からの逸脱が武勇伝として語られることも多かった。警察の取り締まり対象は今日よりも狭く、監視カメラも存在していなかったが、それでも現在より多くの人が警察の厄介になり、それでも警察が摘発していたのは全体の一部だった。

昭和時代には、摘発の対象となる犯罪者という中核群の周辺に、ミクロな法からの逸脱が遍在し、それが常識だと多くの人が思っていたのである。今日、ミクロな法からの逸脱として私たちがうっかりやりかねないものは道路交通法違反（たとえば「横断歩道等における歩行者等の優先」など）だが、その道路交通法でさえ、平成初期には七〇〇〜八〇〇万件で推移していた告知事件の件数が平成三〇年には六〇〇万件を切り、同じく送致事件は一〇〇万件超だったものが一〇万件を切るぐらいには、現代人の遵法精神は高まっている。[*5]

一方子どもは、こうした法や社会契約といった取り決めを知らずに生まれてくるので、親をはじめとする保護者や教育機関によるサポートを必要としている。

民法上、未成年者は売買を自由に行える自立した主体とはみなされていない。保護者（法定代理人）が必要とされている。刑法上も保護・更生の対象であって懲罰の対象ではない。社会を学び、それに沿った慣習や通念を内面化していく中途段階にある以上、法を守れなかった未成年者にそういった措置をとることはまっとうなことに違いない。

だが、中途段階だからと言って子どもが法から逸脱するままにしておけば、子どもの将来は危ういし、社会の側も困ってしまう。いわゆる素行不良な子どもは、素行の良い子どもにしなければならない。親の指導がまず問われ、それだけでは困難な場合、行政や福祉が介入し子どもを秩序の側へと導かなければならない。さもなくば、親に対して、あるいは行政や福祉に対して、世間の人々は批判を差し向けるだろう。

ここでも注意しなければならないのは、「子どもに期待される素行の良さの水準もまた、昭和時代と令和時代では同じではない」、ということである。

先に触れたように、昭和以前は、法に対する大人の態度は現在よりもいい加減で、ミクロな法からの逸脱はたいした問題とはならなかった。道路交通法違反はもっと多かったし、未成年の飲酒や喫煙に対する大人たちの態度も適当で、骨折を負わせるほどの喧嘩ですら〝警察沙汰〟になるとは限らなかった。ホームレスのような法的にグレーの存在が、警察や行政に睨《にら》まれながらも曖昧な生活を続けてもいた。

大人ですらそうなのだから、昭和時代の子どもたちはもっと暴力的で、もっと野卑で行儀が悪く、よく騒ぎ、よく物を壊し、それでも親や教師はそうした子どもたちに対応していた。大人の遵法精神や素行の程度が低い社会では、子どもに期待される遵法精神や素行の程度も低くなる。もちろん、子どもを指導する親自身や教師自身についても同じことが言える。いざとなれば子どもに体罰をふるい、服従させることも珍しくなかった。

ところが時代を経るにつれて大人たちの遵法精神は高まり、犯罪率も低下し、社会が私たちに期待する遵法精神の程度や素行の程度は大きく変わった。ゴミのポイ捨て・立小便・ホームレスの減少と相まって、この国の秩序がいよいよ美しく磨きあげられていくなか、子どもの法からの逸脱や素行不良は珍しいものに、そして目立つものになってしまった。

たとえばの話、イタズラ好きで拳骨が得意、授業中もふざけがちで、隣町の畑でスイカを盗んだ武勇伝のあるガキ大将が昭和時代から令和時代にタイムスリップしてきたら、そのガキ大将はどうなるだろうか？　子どもとしての許容範囲をオーバーしているとみなされ、行政や福祉による援助が必要と判断されるのではないだろうか。医療機関の受診を勧められ、結果としてＡＤＨＤや素行症といった診断をされる可能性もあろう。

かつてはその程度の子どもの素行不良など珍しくないものだったが、現代では決して許容されないだろうし、中高生がそうした行動をＳＮＳなどにアップロードして自慢しようものなら、繊細な秩序を内面化した人々の好餌となり、炎上するだろう。

昭和以前よりも高水準の遵法精神と素行の程度が期待される、秩序正しさのアベレージが高まった社会では、子ども時代からより高い遵法精神と素行の程度が求められ、そこからはみ出した子どもをも秩序へ導く援助が必要になる。もちろん、子どもを秩序へ導くにあたり、今日の秩序や遵法精神にそぐわないやりかた——体罰のような——を用いることはもはや許されない。昨今は、体罰はむしろ反社会的行動を促すという研究結果も出てきている。[*6]

ガキ大将も不良もいなくなった

では、昭和時代にはありふれていたガキ大将や不良はいったいどこへ行ったのか。

昭和時代の人気漫画には、今日なら素行不良と見られそうなガキ大将的・不良的なキャラクターが珍しくない。一九六〇～七〇年代の『男一匹ガキ大将』『夕やけ番長』『おれは鉄兵』といった作品の主人公は、典型的な昭和のキャラクターだが、これらの作品が当時の子どもに支持される前提として、「番長が番を張る」といった、未成年が縄張り意識を持ち、喧嘩をとおして地域の勢力圏争いをやるという通念や習慣が身近なものでなければならなかった。

八〇～九〇年代には青年向け漫画『ビー・バップ・ハイスクール』や少年漫画『ろくでなしブルース』が人気を集め、スポーツ漫画でも、たとえば『スラムダンク』の桜木花道のような素行の良くない主人公が大手を振って人気を集めていた。

ところが時代が下るにつれて、不良的存在が番を張るような漫画が子どもに選ばれることはなくなっていった。近年の漫画で描かれる不良とは、昭和時代以上にギャグタッチに描かれる不良か、ほとんど角が取れた安全な不良だ。昭和時代を代表するガキ大将キャラクターである『ドラえもん』のジャイアンにしても、いつしか丸くなってしまった。

ガキ大将や不良を見かけなくなったのは、もちろん漫画の世界だけではない。いまどきの未成年には縄張り意識はなく、地域の勢力圏争いをやろうとしないし、喧嘩の腕前でプレゼンスを主張しようともしない。昭和時代の小中学生男子にとって、喧嘩の腕前はスクールカーストを左右する重要な因子だったが、今日の小中学生は腕っぷしの強さを競うような喧嘩を行わない。

喧嘩にはつきもので、小中学生の生活にもつきものだったはずの肉体的暴力は、喧嘩という秩序の外側のフレームワークではなく、いじめという秩序の内側のフレームワークで専《もっぱ》ら捉えられるようになった。これは親や教師だけがそうなのではあるまい――私の子どもの話を聞く限りでは、子ども自身も肉体的暴力を不道徳なもの、学校秩序からの逸脱として捉えている。教師の体罰も含め、叩く・殴る・蹴るといった行動がタブーになっている度合いは昭和時代とは比べるべくもない。

関連して、どこからがいじめで、どこまでがいじめではないのかの線引きもここ数十年で変化している。文部科学省のウェブサイト内の資料によれば[*7]、いじめの定義は、昭和六一年の段階では「①自分より弱い者に対して一方的に、②身体的・心理的な攻撃を継続的に加え、③相手が深刻な苦痛を感じているものであって、学校としてその事実（関係児童生徒、いじめの内容等）を確認しているもの」とされていたが、平成六年、平成一八年、平成二五年と改定を繰り返すたびに定義の範囲は拡大し、現在では「「いじめ」とは、「児童生徒に対して、当該児童生徒が在籍する学校に在籍している等当該児童生徒と一定の人的関係のある他の児童生徒が行う心理的又は物理的な影響を与える行為（インターネットを通じて行われるものも含む。）であって、当該行為の対象となった児童生徒が心身の苦痛を感じているもの」」となり、警察と連携すべき案件は早急に相談するよう、但し書きが添えられている。

昭和六一年の段階にはあった「一方的に」「継続的」「深刻な」といった条件がなくなり、「身体的・心理的な攻撃」が「心理的又は物理的な影響を与える行為」へと変化したことで、子ども同士の言動が大人によっていじめと判定される可能性が拡大していることが見て取れる。

この変化を裏付けるように、文部科学省のいじめの認知件数についてのグラフは興味深いかたちをとっている。*8 昭和の終わりから平成のはじめにかけて、いじめは緩やかに減少する傾向にあったが、平成六年、平成一八年といじめの判定が厳しくなるたびに認知件数が増大し、そこから漸減している。そして平成二五年の現在の定義になってからは、特に小学校においていじめと判定される案件が急増している。

このグラフから推測されるのは、おそらく昭和時代にいじめと判定されたような「一方的」で「継続的」で「深刻な」いじめは減少し続けているが、いじめの定義と判定の拡大のたび、今まではいじめ未満だったものが新たにいじめの範疇とみなされるようになったこと、少なくともある時期まで、そうした大人たちの求めに子どもたちは応じ、定義が拡大したいじめに抵触しないよう行動を改めてきたということだ。

平成二五年からのグラフも興味深い。増え続けるいじめはいったい何を意味しているのか。背景のひとつとして、法制度や文部科学省の指針の改定だけでなく、私たちのいじめに対する繊細さの亢進――一般に、こうした繊細さの亢進は「認識の深まり」といった具合に肯定的に表現される――も考慮すべきかもしれない。今、子育てをしている世代は皆、「いじめに対してセンシティブであればあるほど良い」とする通念や習慣のなかで育てられ、秩序意識がますます高まっていくなかで暮らし続けてきたから、子ども同士の関係がいじめに該当するのか、非常に神経を尖らせている。

と同時に、グラフのなかで小学生のいじめ認知件数がとりわけ増えていることが示すように、動物として生まれてまだ間もない小学生には、従来よりも厳しい令和時代の秩序に見あった行動や振る舞いが難しいのかもしれない。グラフの引用元によれば、小学生のいじめ認知件数は低学年で特に高くなっている。小学生のいじめの態様（内容）を確かめると、全体の八割以上が「冷やかしやからかい、悪口や脅し文句、嫌なことを言われる。」「軽くぶつかられたり、遊ぶふりをして叩かれたり、蹴られたりする。」によっ

いじめの認知（発生）率の推移

文部科学省「平成29年度児童生徒の問題行動・不登校等生徒指導上の諸課題に関する調査結果について」より。平成5年度までは公立小・中・高等学校を調査。平成6年度からは特殊教育諸学校、平成18年度からは国私立学校を含める。平成25年度からは高等学校に通信制課程が含まれる。平成6年度及び平成18年度に調査方法等を改めている。平成17年度までは発生件数、平成18年度からは認知件数。

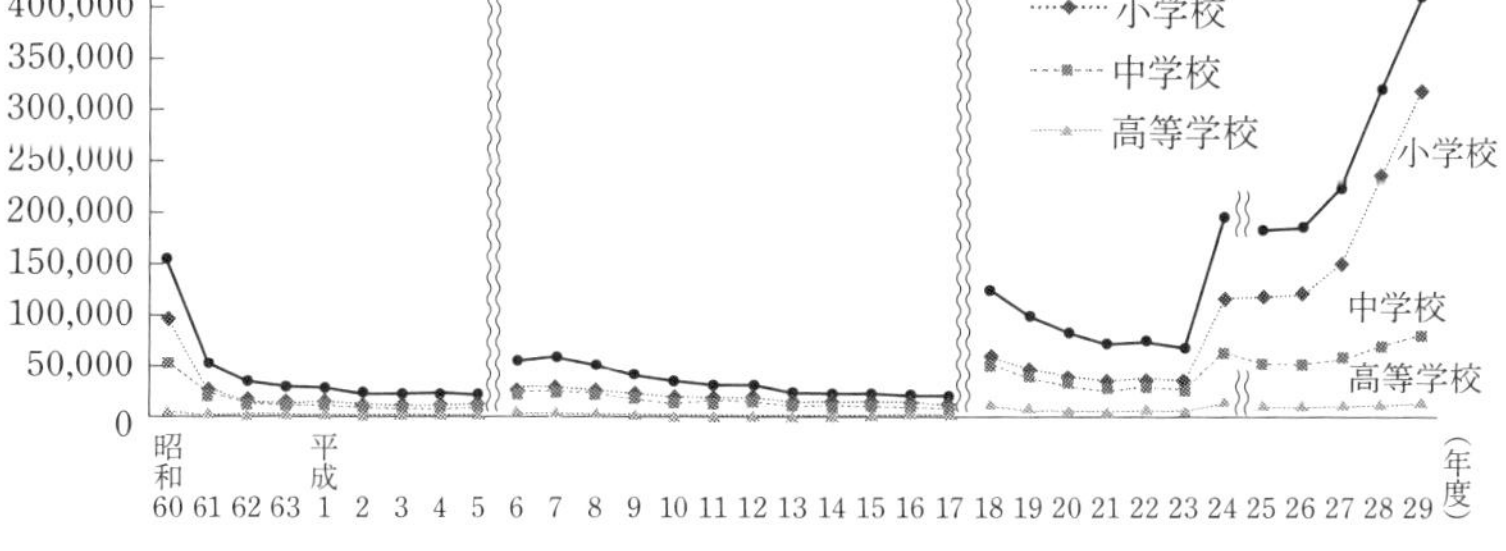

て占められている。

もし、これらをいじめと認定するなら、たとえば昭和五〇年代に小学生だった私はいじめられていたことになるし、私のクラスメートたちもまた、少なからずいじめられていたことになるだろう。と同時に、令和時代の小学生が昭和時代の小学校にタイムスリップしたら、いじめに該当する行動の多さやカジュアルな身体的暴力に我慢できないことだろう。どこまでが子どもに許容される行動でどこまでが子どもに許容されない行動なのかは、かように時代によって異なっている。

動物から現代人へと育てるコストを親が一手に担う

このように、大人の世界がますます安全で行儀良く、ハイレベルなクオリティが求められるようになっていくのと並行して、子どもの行動や振る舞いもここ数十年で急速に漂白され、叩く・殴る・蹴るような喧嘩は少なくなり、不良らしい不良も街から姿を消した。いじめは時代を経るにつれて認定されやすくなり、そうやって高度化していく秩序に子どもたちはある程度まで順応している。

二一世紀以降の発達障害ブームも、いじめの定義の変遷と認知件数の増大も、こうした子どもの世界の変化や私たちの通念や習慣の変化を背景として読み取られるべきだろう。親や教師の体罰が横行し、子ども自身もコミュニケーションのチャンネルとして叩く・殴る・蹴るを用いていた時代と現代とでは、問われるコミュニケーション能力の内実もまったく違う。拳骨やビンタのたぐいがコミュニケーションの手段として子どもの世界で流通していた時代にはうまく適応できても、それらが厳格に禁じられ、親や教師はもちろん、子ども同士のコミュニケーションまでもが現代の秩序に染まるなかで適応できなくなった子どもも存在するだろう。すべてではないにせよ、一部のASD児童やADHD児童は昭和時代の学級においてはコミュニケーション弱者というより、ある程度までコミュニケーション強者ですらなかっただろうか。

拳骨もビンタも用いず、ますます厳しくなるいじめの認定に抵触しないようコミュニケーションしなければならない子どもは、昔の子どもに比べて非―動物的で現代的な、令和時代の現代人に近い子どもでなければならなくなっている。

だが先にも触れたとおり、子どもは動物として生まれてくる。動物としての子どもを現代人へと育てるためには、長い時間と親による適切な養育が必要だ。適切な養育にはお金や手間がかかるし、事故や事件に巻き込まれるリスク、親自身が健康を損ねてしまうリスク、児童虐待やネグレクトの罪に問われ不適格な親と烙印を押されるリスクを冒さなければならない。ますます高まっていく現代社会の秩序意識のなか、子どもを経済的・法的に自立した個人へと導いていくためのコストとリスクはどんどん高まっているが、そうしたリスクとコストをますます親が一手に担うようになっている。

現代では、親が子育てを一手に担うのはごく当たり前のこととみなされているが、昔からそうだったわけではない。日本、いや世界的に見ても子育ての本来の姿は祖母やきょうだいをはじめとする親族が面倒を見るもの、近隣集団のなかで行われるものだった。[*9] 血縁や地縁によるしがらみは不可避だったが、母親が子育てを一手に引き受けて追い詰められにくく、母親の意志や能力が不十分でも子どもが育つ余地があった。反面、これらは法制度が届きにくい領域でもあり、今日で言う虐待やネグレクトがあっても明るみに出にくく、時代と地域によっては子殺しや児童遺棄が行われていた。[*10]

地方では、昭和時代の後半になっても子育ては親が一手に担うものではなかった。私が子ども時代を過ごした石川県は、現在でも三世代同居世帯が多いが、[*11] 私の育った地元では祖父母不在の家庭の子どもも含めて、地元の子どもは祖父母世代を中心とした地域共同体の大人たちによって見守られていた。地域共同体という大きな器はそっくりそのまま子どもの遊び場になっていて、現代のように、公園や児童センターや自宅に子どもが隔離され、大人と時間的・空間的に隔てられることはなかった。子どもが私有地で草野球をすることも、町内の家の縁側や裏庭を通り抜けることも、路上のアスファルトにラクガキをして陣取りゲームをすることも、常識の範囲内とみなされていたから、『ドラえもん』に登場する脇役のカミナリさん[*12]にも当時はリアリティがあった。

それから三十余年が経ち、私が子どもだった頃の子育てはいよいよ失われた。大都市圏のニュータウンはもちろん、地方でさえ、地域共同体という大きな器で大人と子どもが一緒に放課後を過ごすスタイルは成立しなくなっている。子どもは公園や児童センターで遊ばせるか、学童保育に委ねるか、塾や稽古事に行かせるか、自宅で過ごさせるものになった。もう、町内の家の縁側や裏庭を子どもが通り抜けることは許されない。地域共同体に子育てを委ねるウエイトは小さくなり、いまどきの親たちは、自分たちの子ども時代に比べて地域共同体の教育力は低下していると感じている。[*13]

こうしたなか、外遊びの機会と場所を奪われた子どもの運動能力は、昭和六〇年をピークとして低下しはじめ、運動能力の高い子と低い子の二極化が進んでいった。[*14] だが、機会と場所を奪われ、二極化が進んでいったのは運動能力だけではあるまい。勉強はもちろん、世間知の習得もソーシャルスキルの習得も、遊びの習得でさえ、今日では親が子どもに与える機会次第になっていて、たとえば地域共同体の兄貴分のメンバーから勝手に教わってくることは期待できない。地域による格差よりも、家庭による格差、親による格差が、子どもが習得するあらゆるものを決定づけていくことになる。

もちろん私は、このことをもって地域共同体の子育てに回帰すべきだと主張したいわけではない。令和時代の親の感覚として回想すると、当時の子育てには無視しがたい問題点も多々含まれていた。たとえば兄貴分のメンバーからさまざまなことを学んでくるということは、良からぬことを教わってくる可能性があるということでもあり、遵法精神が乏しく、責任も不確かな状況のなかで子どもが事件や事故に巻き込まれる可能性があるということでもあった。しがらみによる束縛も強く、法や社会契約の枠内でトラブルが解決できない可能性も多分にあった。令和時代の私たちの感覚から見れば、通念のうえでも制度のうえでも許容できるものではない。

それでも、今日の子育ての難しさや少子化を考える際に、過去の子育てがこれほど親にコストやリスクを集中させていなかったこと、学校に行くまでに身に付けなければならない秩序の水準も低く、親子双方に要求される水準が甘かったことは意識されるべきだろう。今では死語になってしまったが、かつては「親はなくとも子は育つ」と言われていた。今日、まっとうな子育てを心がけている親のうち、そのように考えている者はいない。

束縛者は地縁・血縁から資本主義・社会契約へ

子育てが血縁や地縁から離れ、親へと集中したことによって獲得されたメリットもある。地域共同体から切り離され、核家族化によって親族による介入も少なくなったことによって、現代の子育ては、親が自由にデザイン可能なものになった。少なくとも、それをやってのけるだけの意志と能力を持ち、子育てに必要なコストを支払い、リスクを管理できる親には、そうした自由を生かしきれる余地がある。

とはいえ、子育てに関する法制度は厳しくなっているし、通念上、街で子どもがやっても構わない行動や振る舞いも平成以前に比べて厳しくなっている。教育費をはじめ、子育てに必要なコストは子育てをしっかりやろうと思うほど高くつくものだから、思いどおりに子育てをデザインできる親などごくごく限られている。

令和時代にふさわしい子育てのコストを支払い、リスクを管理している親たちをよそに、今日では子どもの虐待やネグレクトが大きな社会問題となっている。児童相談所の虐待相談対応件数を数字どおりに受け止めると、日本では親がますます子どもを虐待するようになっているかのように見える。[*15]

むろん、それほど単純ではあるまい。「いじめ」と同様、「子どもの虐待」の定義も年々アップデートされているし、児童相談所に相談しなければならないと私たちが感じる敏感さの度合いも高まり続けている。虐待に限らず、子育てに対する私たちの敏感さは平成時代をとおして高まり続けてきた。

子どもは大切にすべき、手をかけて育てるべきといった現代では当然の感覚も、これはこれで通念や習慣のゆえであって、太古の昔からそうだったわけではない。歴史学者のフィリップ・アリエスによれば、大人と子どもを区別し、子どもを子どもとして大切にする習慣や通念は、ヨーロッパでは近世になって進んだという。[*16] 後の研究者が述べたとおり、もちろん近世以前にも子どもを愛した親はあったにせよ、[*17] 子どもを子どもとして大切にしなければならない通念や習慣が社会に浸透し、制度による裏付けが整備されていったのはやはり近世以降だろうし、日本の歴史学者である柴田純も、日本で子どもへの関心が高まった時期は近世としている。[*18]

近世以降に子どもが大切にされるようになったとはいっても、それは中〜上流階級の話で、農民や労働者階級の間では児童労働や丁稚奉公、身売りなどがまかり通っていた。今日で言う虐待によって子どもが傷を負ったり、今日で言うネグレクトのうちに子どもが事故死したりすることは珍しくなく、一九世紀半ばのヨーロッパ全体では毎年一〇万人以上の捨て子が行われていた。[*19] 体罰は子どもの躾の範囲内とみなされるどころか、通念や習慣として望ましいものとさえみなされていた。

第三章から引用している医療社会学者のコンラートによれば、「子どもの保護」はまず児童遺棄に対して始まり、今日で言う児童虐待が医療や福祉の問題としてクローズアップされたのは一九五〇年代に入ってからだという。[*20] 子どもの怪我がレントゲン撮影されるようになり、撮影した医師に報告された「両親の無関心、未成熟、無責任」が原因と疑われる症例がメディアでも報じられた結果として、虐待への関心が高まっていった。そして関心の高まりは議会をとおして法律化、制度化されていく。

一九八九年に児童の権利に関する条約（通称、子どもの権利条約）が国連総会で採択されたことからもわかるように、児童虐待への関心は世界的な傾向で、先進国と呼ばれる国ではどこでも児童虐待に関する法制度が整備されている。と同時に、私たちの通念や習慣も児童虐待に対して敏感なものへと変わってきた。こうした法制度の整備は、子どもの権利を守るために急がなければならない課題だった。

そのかわり、従来に比べて子育てに際して許される選択幅は狭くなり、親が責任を問われるリスクも高まることとなった。虐待やネグレクトに対する私たちの通念や習慣がセンシティブになればなるほど、児童相談所の介入や刑事罰も含めた制度が整備されればされるほど、親はきちんと子育てをしなければならなくなる。のみならず、子育てに臨むにあたっての心理的ハードルも高くなる。あるいは、親としての自分の行動が虐待やネグレクトに相当するか自己検閲しなければならなくなり、不適切と感じる場合には罪責感や劣等感に悩まされることにもなる。

今日の子育ては、イエや地域共同体に基づいた旧来の束縛から自由になってはいる。が、虐待やネグレクトにまつわる法制度や私たち自身の習慣や通念の変化、秩序によって定められた「現代の子育てのあるべき姿」に束縛されないわけにはいかない。イエや地域共同体にそぐわない子育てをしていることに悩む親はいなくなったが、「現代の子育てのあるべき姿」にそぐわない子育てをしているか否かを心配する親は珍しくないだろう。虐待やネグレクトを回避したとしても、子どもが街で迷惑をかける行為、子どもが騒いだり何かを汚したりする行為、つまり社会契約のロジックから逸脱して他人の権利を侵害しうる行為には注意を払わなければならない。

これに加えて、経済的な束縛がついてまわる。現代社会、特に東京のようにサービス業の成熟したメガロポリスでは、金銭さえあれば養育や教育のためのあらゆるサービスを利用できる。ベビーシッターを雇う、私立の幼稚園に入れる、音楽やスポーツの稽古事に通わせる、等々、親子の選択肢はとても多い。とはいえ実際には経済的制約があり、何でも好きなように選択できる親子は少数である。

地域共同体のなかで集団的に子育てが行われていた頃は、子育ては金銭の授受といった社会契約のロジックにあまり基づいておらず、地縁や血縁といった伝統的な社会関係のロジックに基づいて、地域共同体の共有地のなかで行われていた。社会学者のテンニースの表現を借りるなら、子育てはゲゼルシャフトよりもゲマインシャフトの領域に属していた[*21]と言えるし、子育ては親の自由意志だけでは成り立たず、地域共同体の通念や習慣によって大きく左右されざるを得なかったとも言える。

今日では、子育てのほとんどの領域が、金銭の授受と法治に基づいた社会契約《ゲゼルシャフト》のロジックに則っているから、金銭さえあれば親の自由意志に基づいて子育てをデザインできる反面、金銭がなければ何も選べないし、ひいては子どもに何も提供できない。地域共同体を失った新興住宅地では、子どもが家の外で過ごしていても誰かから世間知や遊び方を教わる機会はほとんどなく、社会的にも容認されない。状況によってはネグレクトを疑われ、誰かに通報されるリスクもあるだろう。

そのうえ今日の子育てには、「学力を伸ばして良い学校に入り、良い就職先を得て、良い収入を得よう」といった上昇志向が浸透している。この、上昇志向の子育てという通念や習慣は、社会契約のロジックと同じく、近世以降の富裕な中産階級（ブルジョワ階級）に由来する。

かつてブルジョワと呼ばれた人々は上昇志向で勤勉だっただけでなく、経済資本に恵まれ、人を使える立場だった。仕事熱心なブルジョワの実生活を支えていたのは、使用人や家政婦のたぐいだ。子育ての領域でも、乳母・教育係・寄宿学校といったさまざまなリソースを利用できたからこそ、ブルジョワは自分自身のキャリアアップに集中しつつ、子どもを学校に通わせて将来の経済生産性を高めることができた。

日本も含め、今日では世界じゅうの子育てがブルジョワ的な上昇志向や社会契約のロジックに基づいている。ブルジョワ的な子育ての習慣や通念が庶民にどんどん広まっている、とも言えるだろう。

だが本来、ブルジョワ的な子育てとは、家事も子育ても他人にアウトソースできる経済資本があって初めて成立するものであって、庶民には金にあかせて子育てをアウトソースする余裕などない。保育園が定着している現代の日本でさえ、往時のブルジョワのように自分自身のキャリアに集中しつつ、子育てを他人にアウトソースしきれる親は、ごく一部の、相当に恵まれたホワイトカラーの親ぐらいのものである。

この子育てのブルジョワ化の内実は、「ブルジョワのような通念や習慣に基づいて子育てを考え、ブルジョワのように働くけれども、実生活や子育てをブルジョワのようにアウトソースできず、自分自身でやり遂げなければならない人々」を増大させるものだった。昭和時代の日本も含めた二〇世紀の先進国では、専業主婦が増えたことでこの問題はいったん棚上げされた――キャリア志向の父親と子育てや家事を請け負う母親の家庭内分業、加えて高度経済成長がもたらした経済的恩恵のおかげで、核家族全体としてはブルジョワに近い子育てが成立する余地があった。[*22]

今はそうではない。現代の日本では、このような家庭内分業をやり遂げられる家庭は限られている。そして女性もキャリアを志向できるようになったと同時に、キャリアを志向しなければならなくなった。伸び悩む日本の経済成長率は、共働き夫婦にすら経済的余裕を約束してはくれず、高学歴志向に伴い、子どもの教育費はとめどもなく膨張し続けている。

重なりあう少子化の必然

法制度も含めた社会契約のロジックと資本主義のロジックが、地縁や血縁といったゲマインシャフトのロジックを凌駕し、完全にとってかわり、徹底されるようになった令和時代においては、親や子どもの不自由の在り処は、前者の領域に根ざしていると言ってしまって概ね構わない。こうしたゲゼルシャフト的な通念や習慣、法制度は、現在では社会の隅々にまで行きわたっているから、これらに逆らった子育ては実行するのはおろか、想像するのも容易ではない。後先を考えずに生殖し、子どもを次々に産み、路上で遊ばせ、教育に頓着しない子育てを、たとえば本書の読者はいったい想像できるだろうか。

ハイレベルな秩序を実現させた社会契約《ゲゼルシャフト》のなかでは、子どもとは、唐突に他人に迷惑や不快感を与えかねないリスクを含んだ存在だから、親はできるだけ子どものことで他人に迷惑や不快感を与えないよう、注意深く振る舞わなければならない。子ども自身も、他人に迷惑や不快感を与えないよう早くから期待され、そのように行動できなければならない。

と同時に子どもはかつてないほど大切にされなければならなくなり、虐待やネグレクトは忌むべきものとなった。体罰が否定されるのはもちろん、日に日に高まっていく社会全体の敏感さに抵触しない子育てを成功させなければ、社会から親として不適格とみなされるおそれがある。そうした通念や習慣をどこまでも内面化している親たちは、子育てに瑕疵があれば罪悪感や劣等感に苛まれることになる。

地域共同体が子育てのリソースとしてあてにならなくなり、子育てに関するあらゆるモノやサービスが金銭で贖《あがな》われなければならなくなったことによって、狭義の教育はもちろん、現代人にとって必要不可欠な通念や習慣すら、親自身が教えるかインストラクターにお金を払うかしなければ子どもは身に付けられなくなった。上昇志向のブルジョワ的な通念や慣習をよく内面化した現代人にとって、子どもが何も身に付けられないまま年齢を重ねていくなど容認できるものではないから、お金がなければ子育ては成立しないし、始めるべきでもない。

現代社会の通念や習慣が徹底している模範例として、本書ではたびたび東京をピックアップしているが、その東京の合計特殊出生率は一・二一（二〇一七年）である。日本で最も子育てが始まらない街と言っても差し支えないだろう。東京のベッドタウンである神奈川県や埼玉県、千葉県の合計特殊出生率も、日本のなかでは際立って低い水準をマークしている。*23

最も秩序の行き届いた東京とその周辺が、最も子どもが生まれ育たない街であることが、私には偶然とは思えない。

東京やその周辺で子育てが始まらない背景のひとつとして、子どもが保育施設に入所できない待機児童問題がある。もちろんそうではあるのだが、待機児童問題が起こっているのは〇～二歳の低年齢児である。[*24] 昭和時代であれば地域共同体のなかで子守りされ、母親が授乳していたであろう年齢の子どもが待機児童としてクローズアップされているということは、子どもがごく幼い段階から母親も働かなければならなくなったこと、地縁や血縁があてにならなくなっていること、子育てがその最初期から資本主義や社会契約のロジックに組み込まれていることを示唆している。そのことに東京の人々も日本の人々も、もう疑問や違和感を覚えることはない。なぜならそれは資本主義や社会契約のロジックの浸透と徹底という、二〇世紀から二一世紀にかけて日本社会全体で起こった変化に沿ったものだからだ。

東京とその周辺の人々は、こうした資本主義的で社会契約的な子育てにすっかり馴染んでいて、子どもの教育にも多くのお金をかける。[*25] 上昇志向な子育てを全国で最もやってのけているということは、子育てに対する彼らの〝賭金〟は全国で最も高い水準だということであり、勢い、全国で最もコストやリスクに敏感な子育てとならざるを得ない。人口過密に伴う住宅事情の厳しさも手伝って、経済的なバックボーンもなしに挙児を決断するのは東京では難しい。

かといって経済的に豊かになるまで結婚や出産を控えるにも限界がある。資本主義と社会契約が徹底したとはいえ、人間が法人のような不老不死の存在になりおおせたわけではないからだ。今日ではよく知られているように、女性は三十代後半になると妊娠する力が弱まり、ダウン症などの先天性疾患のリスクや流産や早産のリスクが高まっていく。あまり知られていないが、これは男性にも当てはまることで、年齢が高くなるほど妊娠させる力が弱まり、精子には多くの突然変異が含まれるようになっていく。[*26]

だから「もう少しお金が貯まるまで」「もう少しリスクを見極められるまで」「もう少し収入の多いパートナーと巡り合うまで」と結婚や子育てを先延ばしにしていると、現代人は子どもをもうける時機をたちまち逸してしまう。第三章で現代人の健康と寿命の延長について触れたが、生殖適齢期に関しては延びておらず、高齢での挙児は難しく、コストとリスクに満ちている。

上昇志向な子育てが行き届き、男性も女性もキャリア志向になった現在では、男女を問わず大学や大学院への進学率が高まっている。そのうえ雇用の流動性が高まり、キャリアやアイデンティティがはっきりと固まる時期も遅れがちなので、パートナーを選び、子どもをもうけようと考えていられる適齢期は非常に短い。[*27] たとえば大学を卒業し、最も順調にキャリアを積んだ女性が結婚や出産について考えていられるのは、おそらく二〇代の後半から三〇代にかけての短い時間だけだ。三〇代になってからようやく結婚や子育てを意識しはじめ、残された時間の短さに慌てる人もいる。最も順調にキャリアを重ねていてさえこうなのだから、二〇世紀の終わりから急増した非正規雇用の立場に置かれた若者が子育てを決断する難しさは、推して知るべしである。

子育てにかかるコストが増大し、リスクも増大し、子どもをもうける適齢期がたった一〇年かそこらしかない以上、子育てを始めない、始められない男女が続出するのは当然というほかない。子育てに至らない東京の男女は、資本主義と社会契約のロジックによく馴染み、そのとおりに考え、自分ではリスクやコストをまかないきれないと判断しているわけで、決して不条理なことをやっているわけではない。少子高齢化という視点で見れば、東京の合計特殊出生率の低さは破滅的な数値だが、資本主義と社会契約のロジックに誰もが忠実で、それに基づいた子育て観を持ち、コストやリスクを負担しきれないと判断した者が合理的に子育てを避けているという点では、このような通念や習慣の徹底を象徴している。

〝貧乏の子沢山〟などというのは、今日のありうべき秩序、資本主義と社会契約のロジックをしっかり内面化していない、いわば非―現代人にしか起こり得ないことである。東京とその周辺に住まう人々の大半は、そうした現代の秩序とロジックをよく内面化しているため、みすぼらしい子どもが巷にあふれるようなことはない。かりに〝貧乏の子沢山〟が起こったとしても、騒がしい子どもが大人の世界を侵犯することを許容しない私たちと、社会の制度が、そのような状況を決してそのままにしておかない。

経済的で合理的な人々に「子育ての意味」は届くのか

私たちが暮らしているのは、子育てがリスクやコストによって推しはかられ、資本主義と社会契約のロジックに基づいて遂行されるような社会だ。現代人は生まれた時から健康や教育にコストを投資され、リスクを管理される。挙児は人生で最も大きな〝買い物〟のひとつとして、子育ては人生で最もスケールの大きな〝事業〟として行われる。個人としての私たちは、資本主義や個人主義や社会契約に即したところの主体（individual）として、いわば事業主となるべく育てられる。

できるだけ経済的であれ。できるだけ合理的であれ。社会契約を成り立たせる決まりごとには忠実であれ――親も教師もメディアもそのように説き、不経済な選択を愚かとみなし、不合理な選択を間違っているとみなし、社会契約からはみ出した選択を許されないものとみなす社会のなかで私たちは育てられる。そのような決まりごとをありとあらゆる方向から注ぎ込まれた結果、私たちはそのような超自我を内面化し、ほとんどの人はそうした決まりごとに疑問を持つこともないまま暮らしていく。

その結果として、たとえば東京のような街では、子どもをもうけるより経済的で合理的な選択を、主体としての若者たちは選ぶ。今日の秩序どおりに考え、行動する一人ひとりの選択の帰結として、東京とその周辺の若者の多くは子どもをもうけない。個々の主体が資本主義や社会契約のロジックのままに生きた結果として、街は全体として老い続け、国の人口も減り続け、マクロな目で見れば資本主義や社会契約の屋台骨が少しずつ痩せ細っているのは皮肉なことである。が、それについてはここではおこう。

それより本章の締めくくりとして、私は問うてみたい。私たちは、子育てを、ひいては子どもを、資本主義や社会契約のロジック以外の視点でまなざせるものだろうか。一人ひとりがブルジョワ的・資本主義的主体として徹底的に訓練されている現代人、とりわけ子どもをもうけたことのない現代人は、〝買い物〟や〝事業〟以上の意味や価値を子育てに見出せるものだろうか。

私が一人の親として子育てを営んでいると、楽しいことも苦しいこともたくさん経験する。子育てという長い時間のなかで親も子も歴史を重ね、替えのきかない関係性を紡いでいく一連のプロセスに、私は特別な意味を感じているし、これが、私よりも年上の人々が語っていた〝子育ての意味〟なのだろうと直観している。

ここで言う子育ての意味が経済合理性に適っているとは限らないし、社会契約が規定する親子のありかたどおりなのか、私には判断できない。だが間違いなく言えるのは、私が感じている子育ての意味は、六本木や銀座でも売っていないし、ディズニーランドや大英博物館に行っても経験できるものではない、ということだ。

もし、ここのところに意味が見出せるようなら、子育てはやはり素晴らしいものだし、リスクやコストをおしてでも選択する価値があるだろう。だが、生まれながらにリスクやコストといった考え方に親しみ、骨の髄まで資本主義や社会契約のロジックを内面化している現代人が、みずからの価値観やイデオロギー体系では説明できず、可視化することも、値札をつけることもできない〝子育ての意味〟とやらを、いったいどうやって認識しえるだろうか。

骨の髄まで資本主義や社会契約の考え方に馴染んでいる人が、みずからのイデオロギー体系では説明できず、可視化することもできない経験に、時間やお金や体力を費やすとは思えない。少なくともそれは合理的な選択ではないし、収益の期待できる事業とも言いがたい。

一方、メディアには虐待やネグレクト、子どもにまつわるリスクの話題があふれている。子どもにお金をいくら費やしても、しょせん、親と子どもは別々の主体なのだから、純一経済的には子育てにリソースを費やすより、自分自身にすべてのリソースを割り当てたほうが経済的ではないか——少なくとも私は、子育てを始めてみるまでそうした疑いの念を晴らすことができなかった。

昭和時代の田舎で育った私ですらそう疑うのだから、令和時代の東京で育つ世代に、私が見出したところの〝子育ての意味〟をあらかじめわかってもらうのは難しそうに見える。そもそも彼らは、そんな資本主義や社会契約の外側に存在するサムシングを理解したいと思っているのだろうか。

資本主義と社会契約のロジックが徹底したことで、あらゆるものが売買可能になり、つまり換金可能に、値札のついたものになった。そのロジックを徹底的に内面化し、そのロジックに頼ってモノを見て、そのロジックに沿って考えるようになればなるほど、ロジックの外側にあるもの、ロジックの内側では説明のしようがないものは認識しがたくなる。そのような狭さのなかで認識可能な子育てとは、どこまでも〝事業〟や〝投資〟でなければならず、その帰結として、〝黒字〟でなければならない。

リスクやコストでありとあらゆるものを推しはかる現代人に、子どもと子育てという、本来値札のつけようのないものの価値や意味づけは届きうるのか。もし届きえないとしたら、子育てはこれからも営まれうるものだろうか。

もし、子どもをもうけ育てることに〝事業〟や〝投資〟や〝黒字〟以上の意味がなんら見出されないとしたら、わざわざ子育てをする意味などあるまい。子育てを介さない、もっとリスクやコストのかからない事業や投資がいくらでもあるからだ。

リスクやコストを理由として、現代人が子育てを敬遠する、その判断の合理性は私にもよく理解できる。その反面、そのような合理性は私たちを子育てや子どもから遠ざけ、動物としての私たちのありようをひどく疎外しているのではないかと私は疑う。たとえその疎外が、今日の通念や習慣のもとではきわめて正しいとみなされているとしても、だ。

第五章
秩序としての清潔

不審者を警戒するまなざし

ときどき私は、「透明人間」になるために繁華街へ向かう。ここで言う透明人間とは、人目を惹かず、誰からも見られず、よれたシャツを着ていても目立たず、非難がましいまなざしを浴びる心配のない、そのような状態のことを指す。

ターミナル駅近くの、雑然とした繁華街の牛丼屋などは格好のスポットだ。誰も他人のことなど気にせず、ありとあらゆる年齢・職業の人々が、三八〇円の牛丼を無言で食べている。少し薄汚い服装の人が混じっていても、誰も気に留めようともしない。朝からビールを飲んでいる高齢男性のたむろする二四時間営業のラーメン屋、一〇〇円ショップ、パチンコ屋なども都合良い。誰も自分のことを見てはいないし、自分も周りの人の姿格好を見咎めることもない。さまざまな臭いの混じりあう雑踏のなかでは、自他の臭いのことさえ気にならなくなる。

おかげで繁華街では、自分自身の身なりについて難しいことを考えなくて済む。誰かに格好をつけなければならないわけでも、背筋を伸ばして歩かなければならないわけでもない。

それとは対照的な、閑静な住宅街。典型的には山の手の住宅地、東京の自由が丘、中目黒といった地区は、身なりの汚い格好では歩きづらい。美しい街並み、身なりの整った人々に混じっていると、薄汚い格好や身なりの整わない格好は浮き上がってしまう。挙動不審な人物、落ち着きのない人物も同様だ。街じゅうに行きわたった秩序が、秩序にそぐわない人物を浮き上がらせてしまう。

こうした傾向は、平成時代の後半につくられたタワーマンションやニュータウンと、その周辺の公園にも当てはまる。いまどきの真新しいニュータウンには、比較的近しい世帯収入と生活習慣を持った、価値観やライフスタイルもそれほど遠くないホワイトカラー層——少し昔には新中間層とも呼ばれた、ブルジョワ的な通念や習慣を身に付けた人々——がひとまとまりになって生活している。ランニングする男性、公園で子どもを遊ばせる男性、お洒落な格好をした女性らに最適化された空間は、そうでない人々、たとえば独身の、よれた格好をした中年男性を異質な存在として浮かび上がらせることになる。

東京に限らず、日本の住宅地には「不審者」への注意を促す掲示物があらゆる場所に設置されている。こうした掲示物が、犯罪者に対する警戒を促し、犯罪を未然に防いでいる側面もあるだろうが、たとえば浜井・芹沢が『犯罪不安社会』[*1]のなかで指摘しているように、そうやって私たちは、不審な行動をとる者・秩序からはみ出しているように見える者へ疑いのまなざしを持つよう、たえず訓練されてもいる。

不審者についての知識や情報は子どもも時代から耳にするもので、不審者についての情報交換は保護者や教師によって促されているから、そうした訓練の始まりは早く、私たち自身にしっかり内面化されている。令和時代に不審者とみなされる側に立たされている者ですら、それは例外ではない。なぜなら彼らが子どもだった昭和時代〜平成時代にかけても、家庭や学校やメディアは不審者のイメージを喚起し、不審者を警戒するまなざしを育み続けてきたからだ。[*2]

冒頭で私が述べたことも、繁華街ではこうした不審者を警戒するまなざし、秩序に基づいた行動かどうかを検閲されるまなざしが弱くなるからに他ならない。東京は、多様性のあるライフスタイルを許容する街だと言われている。少なくとも、駅近くの、雑然とした繁華街の牛丼屋はそうだと言えよう。

だが、閑静な住宅街や秩序の行き届いたニュータウンでは身なりや行動が厳しく検閲されてしまう。のみならず、そうした検閲の目線は子ども時代からの訓練をとおして内面化されてもいるから、内からの罪悪感や羞恥心に責め立てられることにもなる。

不審者への注意を促す看板。東京都、2020年。

東京で許容されている多様性のあるライフスタイルとは、身なりや行動が〝合格ライン〟に達していることを暗黙の前提としているもので、秩序にふさわしいと他人からも自己検閲からもお墨付きをいただける個人にこそ、許されているものではないだろうか。

ホームレスのままではいられない美しい街

近世の大都市のなかでは東京（江戸）は清潔な部類で、パリやロンドンで繰り返されたペストやコレラの被害も江戸期にはほとんど経験していない。江戸が比較的清潔だったのは、水資源に恵まれた地の利に加え、屎尿を肥料として用いる制度を備えていたからだが[*3]、明治維新以降の人口流入には対応しきれず、不衛生なスラムが林立することになった。

明治時代の東京都民にとって幸運なことに、スラムの林立とほぼ同時に欧米から公衆衛生の概念がもたらされ、下水道の整備や防疫活動が進んでいった[*4]。それでも庶民の生活は清潔と言うにはほど遠く、工業化による公害汚染も起こった。高度経済成長期に至ってもなお、今日の基準では我慢しがたい不清潔や不衛生がまだまだ残っていて、たとえば第三章で触れたタバコの煙や臭いもそうしたなかでは相対的に小さな問題だった。昭和以前は健康リスクという概念をほとんど誰も知らなかったが、そもそも、街には健康リスクが遍在していた。

私が子どもだった頃の風景、昭和五〇年代の日本でさえ、今よりずっと汚れ、不清潔で、いやな臭いが街に残っていたと記憶している。昭和四〇年代の最悪の時期を過ぎたとはいえ、東京の空は澱み、光化学スモッグがたくさんの人を苦しめていた。[*5] あちこちから生ゴミの臭いがして、道端には吸い殻がたくさん落ちていた。人々は道端で痰や唾を吐き、そのための痰壺がまだ残っていた。

対して今日の東京は、世界でも屈指の清潔さと無臭っぷりを誇るメガロポリスだ。大気も水質も昭和時代に比べれば大幅に改善し、ネズミやカラスへの対策も進められ、生ゴミ臭い場所と時間は少なくなった。個人の生活習慣を見ても、一九八〇年代には〝朝シャン〟などに象徴される〝デオドラント革命〟が起こり、この頃からシャワーや入浴や住まいに対する私たちの通念や習慣はいよいよ清潔なものへと変わっていった。[*6] 日本人はますます自他の臭いに敏感になり、世界で最も臭わない生活習慣が東京全体を、いや、日本全体を覆い尽くすに至った。香水という、匂いをとおして自己主張する文化はこの国ではメジャーにならなかったが、無臭無香料を良しとする人々のおかげで、体臭が気になる場所と言えば、人口密度の高い繁華街や駅、満員電車のなかぐらいである。

しかし、どこまでも清潔で無臭無香料を良しとするからこそ、不清潔な人、臭う人、ひいては気持ち悪い人は、秩序に溶け込めずに浮き上がる。不作法、不躾な人々も同様だ。東京に住まう人々は洗練された儀礼的無関心[*7]を身に付けているので、人々は秩序から浮き上がった人からも素早く目を逸らせはする。が、視界の端に捉えて決して気を許すことはない。

かつて東京には浮浪者（住所不定者）と呼ばれる人々が少なからず暮らしていた。バブル景気が崩壊した後の東京にもホームレスがあふれていた。上野はもとより、新宿や渋谷でもたくさんのホームレスを見かけた。ホームレスのなかにはあまり入浴できず、体臭がきつく感じられる人もいて、かつての東京都内ではそういった体臭に出くわすことが珍しくなかった。

ところが東京では平成一一年を転換点として、全国で見れば平成一四年を転換点として、ホームレスは激減していった。ロンドンやロサンゼルスでホームレスの増加が大問題となっているのを尻目に、東京は、かつてないほどホームレスの少ない街を実現している。

言うまでもなく、ホームレスの減少に最も貢献したのは福祉関係者だろう。東京都福祉保健局は、ホームレス自立支援法に基づき、平成一八年度からの累積実績として延べ八万件以上の事例を取り扱っている。*8 福祉関係者や支援団体らの尽力もあって、ホームレスは社会のなかに再配置されていった。ホームレスを悪しき状態とみなす限りにおい

ホームレス数の推移

東京都福祉保健局「都区共同事業によるホームレス対策の現状について」（平成30年5月）より。全国値は各年1月調査の値（平成11年度は10月、平成13年度は9月調査）を四捨五入したもの。東京23区の値は各年8月調査の値（国管理河川を除く）。

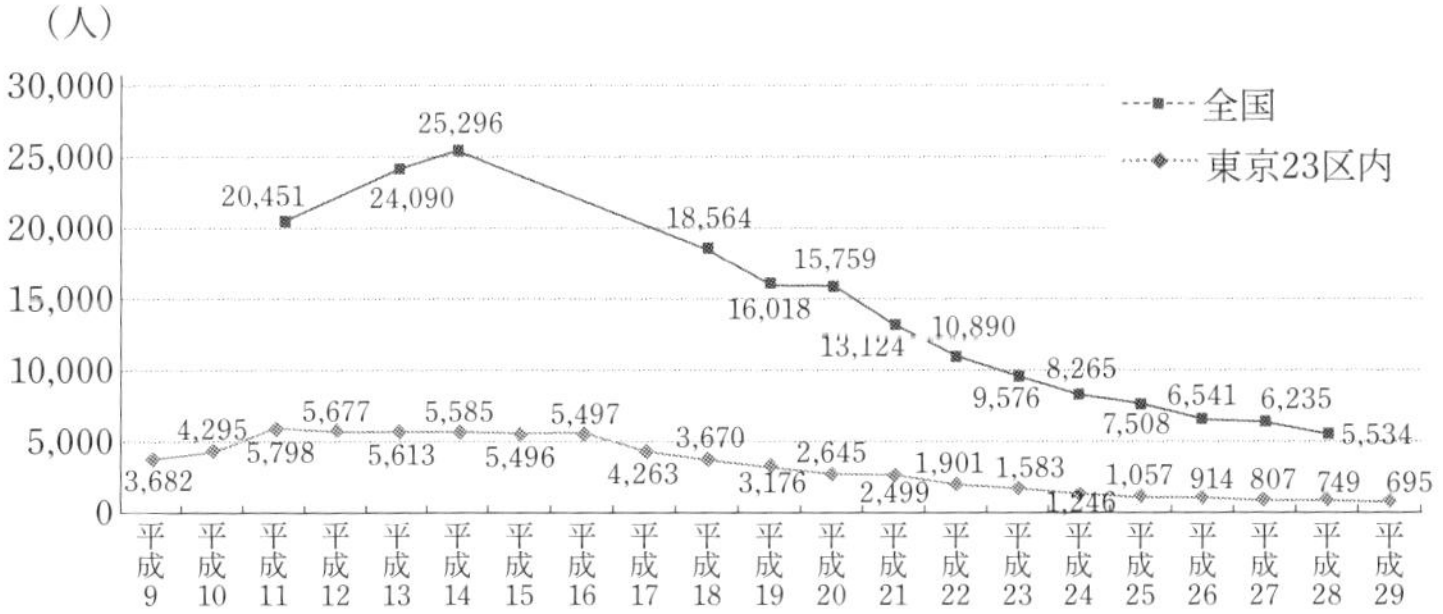

て、これは望ましい変化には違いない。だが裏を返せば、東京においてホームレスは続けられなくなった、ということでもある。

九〇年代ならホームレスが住んでいたであろう地下通路や駅周辺の空き地には、現在では「特別警戒区域」や「工事中立ち入り禁止」といった注意書きが貼られるようになり、ホームレスが留まっていられる空間ではなくなった。または、目的のはっきりしない謎のオブジェによって占められるようになった。ホームレスの居住地として有名だった隅田川沿いも、綺麗で安全・安心な公園へと整備されていった。街に安全と安心をもたらすための空間的改修や制度上の改修によって、ともかくもホームレスが生活できる空間は減らされていった。

並行して、福祉関係者らの尽力により、ホームレスの一人ひとりが再雇用・再居住・生活保障といったかたちで社会のなかへ再配置されていった。街の人々も、汚い、臭う、迷惑、不安といった理由でホームレスを警察に通報し、最終的には福祉へと繋いでいく。もちろん福祉はホームレスの生活を支援し、自立を促しているのであって、街の景観に配慮しているわけでも、ましてや清潔にしようなどと意図しているわけでもあるまい。だが結果として街は清潔になり、街の秩序はますます高度化し、そこから逸脱した身なりの汚さはもの珍しく、目立ちやすく、許されないものになっていく。

「ホームレスの生活を支援し、自立を促す」という考え方は行政や福祉の理念であると同時に、個人の自立した生活を肯定し、清潔な街と暮らしを愛している私たちにも疑問の余地のないものだ。だが、この理念と実践には、ホームレスとは生活未満であり、自立未満であるという言外のニュアンスが含まれていないだろうか。

江戸が東京になって以来、浮浪者や住所不定者といった呼び方はさまざまにせよ、ホームレス的な存在は多かれ少なかれ存在し続けていたし、それは街の一部、さまざまなライフスタイルの一部だった。貧民街に暮らす人々や不安定な職に就いている人々、いわば細民と呼ばれる人々とオーバーラップしている部分もあった。[*9] 少なくとも九〇年代に記されたホームレスに関する記述のなかには、それでも生きていこうとする人々の矜持を窺わせるものがあった。[*10]

彼らは決して楽をしていたわけではないし、病死や事故死の危険も高く、路上は暴力団のテリトリーでもあった。それでも彼らには彼らなりの生活や自立、矜持があり、行政による強制排除に抵抗しながらも生きていた。ホームレスによる不法耕作や路上生活は、法制度と、その背景にある社会契約の枠組みから逸脱したものではあったけれども、ホームレス自身に限らず、当時の人々の法制度や社会契約の枠組みに対する認識は、今日に比べて緩かった。福祉による支援の度合いが今よりずっと低かっただけでなく、福祉を強制されなければならない度合いもずっと低かった。法制度に守ってもらえる度合いが低かったのと同時に、法制度を守らなければならない度合いもまた低かった。

しかし現在の、ますます美しく清潔になり、法制度と社会契約のロジックが隅々にまで行きわたった東京では、ホームレスは生活できていないし自立もできていない、とみなすほかはない。法制度の隙間的存在としてのホームレスが、隙間的存在のままで居ても構わない居場所は、美しい街にも、法制度や社会契約のロジックを遵守し清潔で安全・安心な秩序を求めてやまない私たちの心中にももはやない。健康がいよいよ〝普遍的価値〟となっている以上、ホームレスの健康を守るという観点からも、福祉による支援は妥当というほかかない。

そもそも福祉の援助に対して「強制」などという語彙をあてがうこと自体、二〇二〇年の日本では奇妙に響くのではないだろうか。強制排除への抵抗に協力していたホームレス支援団体も、九〇年代後半からは行政の支援にウエイトを置いた活動へと変わり、平成一四年のホームレス自立支援法制定の力にもなったではないか。[*11]

かくしてホームレスという存在は、法の隙間や街の隙間で生活する存在ではなくなり、法によって保護されるべき存在、生活できていないから支援されるべき存在へと変容していった。二一世紀のホームレスと二〇世紀のホームレスは、外観こそ似ているかもしれないが、社会のなかでの位置付けや意味合いは同じではない。

福祉や行政の進展としてみれば、これは、まぎれもない進歩に違いない。だが、この進歩に伴って、曖昧なライフスタイルとしてのホームレス、あるいは隙間的存在としてのホームレスはありえなくなった。ホームレスは街に存在してはいけないし、個人はホームレスであってはならない。今日のホームレスは、福祉をとおして社会のなかに再配置されなければならない何者かである。

清潔で非暴力的なマジョリティ、不潔で暴力的なマイノリティ

ホームレスが社会のなかに再配置され、街がますます綺麗になっていけば、今度は相対的に身なりの整わない者、体臭を放っている者、挙動不審の印象を与える者が秩序のなかで新たに浮かび上がり、敬遠されることとなる。

本章のはじめで触れたように、人の往来の激しい繁華街では、多少身なりが整わなくても誰も気にしない。身なりを整えるのが不得手な人々にとって、繁華街は透明人間として振る舞うことが（程度問題はあるにせよ）許される空間だ。

だが、閑静な住宅地や新興のニュータウン、あるいは親子連れで賑わう公園では、身なりや体臭、挙動がしっかりと検閲され、合格ラインに達しない者は不審者とみなされ、本人が東京の秩序をしっかり内面化しているなら罪悪感や羞恥心に苛まれることにもなる。

かくも清潔で、行動の自己検閲が徹底されている空間では、清潔で身なりの整った人間か否か、挙動不審の印象を与えない行動がとれる人間か否かが重要になる。合格ラインに達していれば街を何不自由なく歩き回れるが、合格ラインに達していなければ肩身の狭い思いをして、透明人間になれない場所を避けたくなってしまう。

極言すると、今日の東京においては、清潔で身なりの整った、挙動不審の印象を与えない行動がとれる人間が強者、あるいはマジョリティで、とれない人間が弱者、あるいはマ

イノリティではないだろうか。
歴史的には、街を自由に歩き回れるマジョリティと言えばまず成人男性を思い起こさないわけにはいかない。法のもとの平等が行き届かなかった長い歴史のなかで、権力を握る者・暴力をふるう者は専ら男性だった。法制度よりも腕ずくで実生活が営まれ、社会契約のロジックが不十分にしか行き届かなかった社会では、屈強な体格の荒ぶる男性が、華奢な女性よりも優位に立ちやすい。身なりの綺麗さや清潔さが普及していなかった頃の社会では、マジョリティかマイノリティかは権力や暴力によってストレートに決まり、男性たちは競ってみずからの暴力性をディスプレイした。[*12]
ところが令和時代の日本は、今までのどの時代・地域と比べても法治が行き届いている。〝暴力は犯罪〟という理念そのものは昭和以前にもあったが、その理念に人々が従う度合いも、その理念からの逸脱が罰せられる度合いも、逸脱を観測するためのテクノロジーも、まるで足りていなかった。令和時代はそうではない。たとえば家庭内の暴力はDVとみなされ、異性に強引に迫ればストーカーとみなされ、刑事的処罰の対象として具体的に摘発されるようにもなった。そうした法制度の徹底を助けるように、街のあらゆる場所に監視カメラが設置され、自動車にはドライブレコーダーが据え付けられ、誰もが音声や映像を撮れる携帯デバイスを所有している。
そうした変化と並行して、私たちは清潔で臭わない身なりと、落ち着いた、他人に不安感や威圧感を与えない行動を身に付けていった。清潔であること、無臭であることまでもがまっとうな人間の条件とみなされ、不潔であったり臭ったりすれば〝キモい〟〝臭い〟といった言葉が容赦なく投げかけられるようになった。*13

令和時代の日本社会の秩序と美しい街並み、そして私たちの非―暴力的、かつ清潔志向で無臭志向な生活習慣は、お互いに迷惑をかけず、お互いに自由かつ快適に生活できるよう最適化されている。しかし、お互いに迷惑をかけないこと、お互いが自由に快適に暮らすことがあまりにも徹底された結果、この美しい街並みのなかでは、臭う者・不安感を与える者・威圧感を与える者は、ただそれだけで他人の自由で快適な暮らしを脅かしかねない存在、不安をもたらす存在として浮き上がってしまう。

昭和以前ならマジョリティだったであろう、屈強な体格の成人男性は、今日では用心深く振る舞わなければならない。そのような男性が不審者候補とされず、肩身の狭い思いもしないためには、自分が非―暴力的な秩序の側の人間であることを、身なりや行動をとおしてディスプレイし続ける必要がある。清潔で臭わないことも重要だ。不清潔で臭ければ不審の念を抱かせ、周囲に不安を与えてしまう。もちろん女性とて例外ではなく、悪臭がぷんぷんする女性、不安や威圧感を与える外観や挙動の女性は街の秩序から浮き上がってしまう。

洗練された現代人は誰しも、そのような清潔かつ無臭、威圧感や不安感を与えないような身だしなみや挙動を子ども時代からトレーニングされ、ハビトゥス*14として身に付けている。現代人にふさわしいハビトゥスを身に付け、実践していれば屈強な体格の男性といえども不審者扱いされる心配はない。

しかし、誰もがそのようなハビトゥスを身に付け、実践できるものだろうか？　たとえば経済資本にも文化資本[*15]にも恵まれた家庭で育った人は、そうしたハビトゥスを比較的短時間で身に付けることができる。というより子ども時代から意識するまでもなく身に付けてしまっている。デオドラントや身だしなみにお金や時間を費やすことも容易だ。

だが経済資本にも文化資本にも恵まれない家庭で育った人はこの限りではないし、デオドラントや身だしなみにお金や時間を費やす余裕がない人も実際には多い。そのような人々が、ここで言うマジョリティの仲間入りを果たすためには、経済資本や文化資本に恵まれている人々よりずっと努力しなければならないし、到底それがかなわないこともあるだろう。

加えて、先天性に関連した問題もある。たとえば第二章で紹介した発達障害に該当する人は、ＡＤＨＤではその不注意さや落ち着きのなさゆえに、ＡＳＤではコミュニケーションの難しさや独特の感覚のゆえに、身なりを整えること、清潔なライフスタイルを維持すること、威圧感や不安感を与えないことに苦労しやすいかもしれない。

清潔社会では「かわいい」は正義

清潔かつ安全・安心な社会にふさわしいハビトゥスの習得が難しい人々がいると同時

に、そうしたハビトゥスの習得が比較的にせよ、容易な人々もいる。
現在の東京において、最も自由に街を歩き回れる存在は「清潔で」「経済資本や文化資本に恵まれた」「小柄な」「女性」ではないだろうか。そのような女性は、外見で威圧感や不安感をもたらすこともないし、臭いや行動で他人に嫌な思いをさせることもない。これは、従来の社会ではありえなかった転倒だ。
先にも触れたとおり、伝統的な（そして薄汚い）街を我が物顔で歩いていたのは「屈強な体格の荒ぶる男性」「権力や暴力を手にしている男性」だった。現代のヨーロッパの都市ですら、現代の東京に比べればその名残が残っているのではないだろうか――というのも、これ見よがしに武器を携帯する男性はさすがにいなくなったにせよ、ヨーロッパの人々は男性も女性も他人から侮られない自己主張でいつも〝武装〟しているように、日本人である私からは見受けられるからだ。そうやって個と個が自己主張しあい、せめぎあうことを前提としたファッション、ひいては自由がヨーロッパの都市にはあるように見受けられる。[*16]
現代の東京における自由はそうではない。清潔・安全・安心な街のなかでお互いに臭いを消しあい、個と個がせめぎあう側面や干渉しあう側面をぎりぎりまで削り取った自由。街ですれ違っても店舗を訪れても挨拶や会釈を必要とせず、それでいてお互いの安全や安心が脅かされることのない自由。美しい公園や閑静な住宅地から不安や不審を思い起こさせるものを徹底的に排除し、そのような慣習や通念を隅々まで行きわたらせることで実現した自由。こうした東京風の自由のなかでは、自己主張やファッションで〝武装〟するなど思いもよらないことだし、不躾なことだし、秩序に対する反抗ですらある。

こうした、ヨーロッパ社会とは異質な自由のもとで最も制約なく、如才なく暮らしていけるのは、他人に不安や不審を思い起こさせにくく、清潔で無臭で安全な存在である。その最たるものは「かわいい」存在だ。

日本で美しい街ができあがっていくのと並行して、日本女性は欧米女性に比べて「かわいい」ファッションを発展させ続けてきた。社会学者の宮台真司は著書『サブカルチャー神話解体』のなかで、現代の日本女性、ならびに「かわいい」カルチャーの先駆けとして、一九六〇年代の親子向け雑誌を紹介している。その誌面で理想視されていた「誰にも愛されるかわいい子ども」というコンセプトに基づいて育てられた女児がハイティーンになった時、「かわいい」は性成熟後の女性自身を肯定するユースカルチャーの言葉に変わった。さらに一九七〇年代以降は全方位的で文脈自由な、皆に好かれるコンセプトへと変貌していった。[*17]

女児らしい魅力とみなされた「かわいい」がユースカルチャーの言葉になり、さらに融通性を獲得していくとともに、日本男性もまた「かわいい」女性をえり好みするようになった。芸能界でもアニメでもゲームでも、日本のユースカルチャーのコンテンツに登場する人気の女性キャラクターは旧来の大人の女性の魅力から乖離していき、いよいよ「かわいく」なっていった。

日本男性に期待される魅力も変わっていった。腕っぷしの強さや喧嘩の強さ、屈強な体格などといった、マジョリティとしての男性に求められていた魅力は、SMAPや嵐といった、「かわいい」若手少年タレントへの熱狂に取って代わられていった。平成時代に受けが良かった日本男性のアイコンは、汗臭い偉丈夫ではない。中性的で清潔、威圧感や不安感を与えないシルエットの「イケメン」男性である。

一連の流れのなかで、日本のユースカルチャーのきわめて広い領域が、「イケメン」も含めた「かわいい」キャラクターやデザインに占められるに至っている。「かわいい」は世界へ輸出される日本産コンテンツの魅力のひとつで、サンリオキャラクターやポケットモンスターも含めた、バリエーション豊かな「かわいい」キャラクターが生み出されていった。近年は地方自治体のマスコットキャラクターも「かわいい」〝ゆるキャラ〟が定番となり、「かわいい」コンセプトの有用性が幅広く認知されていると推測できる。[*18]

ゆえに、いささかの誇張を込めて言うなら、現代東京、ひいては現代日本において「かわいいは正義」なのである。「かわいい」は誰にでも愛される、繁華街でも閑静な住宅地でも通用するコンセプトであり、地方自治体が好んで用いていることが示しているように、安全で無害な、安心できる存在とみなされている。他方、「かわいくない」存在、つまり人々に不安や不審を思い起こさせる存在は歓迎されず、迷惑で、不道徳とすらみなされかねない。

リスクを思い起こさせない「かわいい」外見であること、臭いや外観で他人に迷惑をかける心配がないこと、無害で受け入れられやすいことは、この美しい街の景観に溶け込むのに適しているだけでなく、個と個がせめぎあう側面や干渉しあう側面をぎりぎりまで削り取った自由、東京風の自由のありかたとも合致している。社会の慣習や通念や自由のありかたに合致しているからこそ、「かわいい」は実際、日本社会においてどこまでも正しい。かわいくあろうと努める人々、またはリスクを想起させない存在であろうと努める人々によって、この街の慣習や通念、自由のありかたはますます方向づけられ、強化され、清潔になりゆく街並みとともに日本ならではの秩序を形づくっている。

もちろんここで言う「かわいい」とは、単に姿かたちがかわいらしいだけでは合格ラインに達しているとは言えない。第四章で記述したとおり、子どもは社会の通念や習慣を十分に身に付けていないリスクを想起させる存在だから、外観上はかわいらしい乳幼児や子どもも、必ずしも「かわいい」に合致するとは限らない。

また、日本男性よりも日本女性のほうが「かわいい」に合致しやすいとはいえ、女性たちが何の努力もなく「かわいい」を実践しているわけではないことも付記しておく。清潔かつ無臭、威圧感や不安を与えないような身だしなみや挙動は、女性とて無条件に身に付けられるものではない。そういう意味では「かわいい」もまたハビトゥスであり、それは欧米社会に比べて日本社会でこそ身に付けておかなければならないものでもある。

いつからこれほど清潔・安全になったのか

では、いったいいつからこれほど私たちは清潔好きになり、安全・安心なハビトゥスを身に付けなければならなくなったのだろうか。

衛生という点で言えば、清潔が欧米諸国から輸入されはじめた時期は一九世紀で、欧米諸国に極端に遅れていたわけではない。パリに下水道が本格的につくられるようになったのは一九世紀のことだが、日本でも一八八四年から神田下水が整備され、一九〇〇年には下水道法が制定された。[*19] また、一八八八年には国産初の銘柄石鹸がつくられはじめている。[*20]

それ以前の欧米社会には衛生という概念は存在せず、汚水が街路に垂れ流され、ひどい臭いが街じゅうに充満していた。上流階級はいち早く清潔を心がけるようになってはいたが、衛生という概念ができあがる前の清潔とは、真っ白な布地のシャツ類を着て清潔感を誇示し、香水を使って体臭をごまかすようなものだった。他人との差別化のために清潔感を誇示していたということは、当時の清潔とは、上流階級のファッションやディスプレイの一部だったとも言える。[*21]

そのディスプレイのために清潔を心がける上流階級の習慣や通念自体も、それほど新しいものではない。社会学者のノルベルト・エリアスが著した『文明化の過程』によれば、一五世紀以前には王族ですら清潔という習慣や通念を身に付けておらず、テーブルマナーにしてもそれ以外の振る舞い（唾を吐く、鼻をかむ、用便をする）についても、きわめて無頓着だったという。[*22]

ところが一六世紀に、エラスムスが記した『子供の礼儀作法についての覚書』が出版されると、これが上流階級にふさわしい行動や振る舞いのテキストブックとして人気を集め、活版印刷のおかげもあってヨーロッパじゅうで読まれるようになった。上流階級のための礼儀作法書は一六世紀から一八世紀にかけて一大ジャンルを形成するようになり、上流階級の一員であると自任しはじめたブルジョワ階級によって模倣され、裾野を広げていった。[*23]

上流階級のための礼儀作法は、親の代から子の代へと継承されるうちにハビトゥスとして溶け込み、中〜上流階級の文化資本として受け継がれていった。と同時に時代が下るにつれてますます洗練された内容へとアップデートされていき、前世紀には無頓着でも構わなかった振る舞いが、次の世紀には不快感をもたらす不作法なものとして禁じられるような変化がしばしば起こった。

こうした礼儀作法の定着に加えて、上水道や入浴、シャワーといった清潔のためのインフラが普及し、さらに細菌学に基づいた衛生概念が加わって、[*24] 今日イメージされるような清潔ができあがっていった。

アラン・コルバンらによる『身体の歴史』によれば、一九世紀の、とりわけカトリック圏では、水に浸かるのは異教的な習慣であると一般にみなされていたという。そのうえ一九世紀のパリでは上下水道が十分にできあがっておらず、特権的なブルジョワは自宅に風呂の宅配を呼んで入浴しなければならなかった。

それでも、部分的な沐浴、ビデなど身体の一部を洗浄する器具、化粧室などが経済的余裕のある層から普及していき、一九世紀の後半になるとアパルトマンにも入浴のためのインフラが併設されていった。[*25]微生物が発見されると清潔はいよいよ衛生と強固に結びつき、階級や富裕さをディスプレイするためだけのものでなく、伝染病を防ぎ、街を安全にするためのもの、兵士や国民の健康を増進させるためのものとなった。一九世紀のフランス政府は清潔を定着させるために非常な努力を払っているが、[*26]その狙いは富国強兵を推し進めるものでもあり、明治政府も同様の狙いを持っていた。

清潔とそのための習慣やインフラが普及し、清潔が良いものと認識されていくにつれて、不清潔なものへの忌避感も高まっていった。不潔は感染症のリスクをもたらすだけでなく、不道徳や退廃の源ともみなされるようになった。ブルジョワはますます清潔と無臭を志向するようになり、不潔な庶民を遠ざけたがり、清潔さとフレグランスに包まれた私生活におぼれた。[*27]排泄や身繕いといった、悪臭や不潔に関連のある行為や場所はプライベートな領域へ隠されるようになり、人前に曝すのはいよいよ不作法なこととみなされるようになっていった。[*28]

他方、日本には入浴の文化が江戸期からあり、銭湯が身繕いの場として利用されていた。

とはいえ一九世紀以降のフランスのブルジョワのような、排泄や身繕いを人目から遠ざけ、プライベート化し、人前では無臭で清潔であり続けようとする習慣にはほど遠かった。身繕いの場である銭湯は情報交換の場でもあり、混浴が常態化していた。*29

先ほど触れたように、日本では一九八〇年代にデオドラント革命が起こり、実際、それははっきりと感じられる革命だった――一九七〇〜八〇年代の私の郷里では、毎日入浴する人は少数派でシャワーのない家も珍しくなかった。そんな田舎でさえ、八〇年代の終わりから九〇年代にかけて〝朝シャン〟とそのためのシャンプードレッサーが流行し、シャンプーのフレグランスをほんのり漂わせた、消臭を徹底させるスタイルが好ましいとされた。*30

『別冊宝島　80年代の正体！』には、一九八八年の花王調査に基づいた一週間の平均シャンプー回数が掲載されているが、グラフにあるように、この清潔に対する新しい習慣と通念は若者世代からヒートアップし、その当時の若者たちが年をとるにつれて社会全体のものへと変わっていっ

1週間の平均シャンプー回数

『別冊宝島 80年代の正体！』より。1988年実施の花王調査をもとに作成。

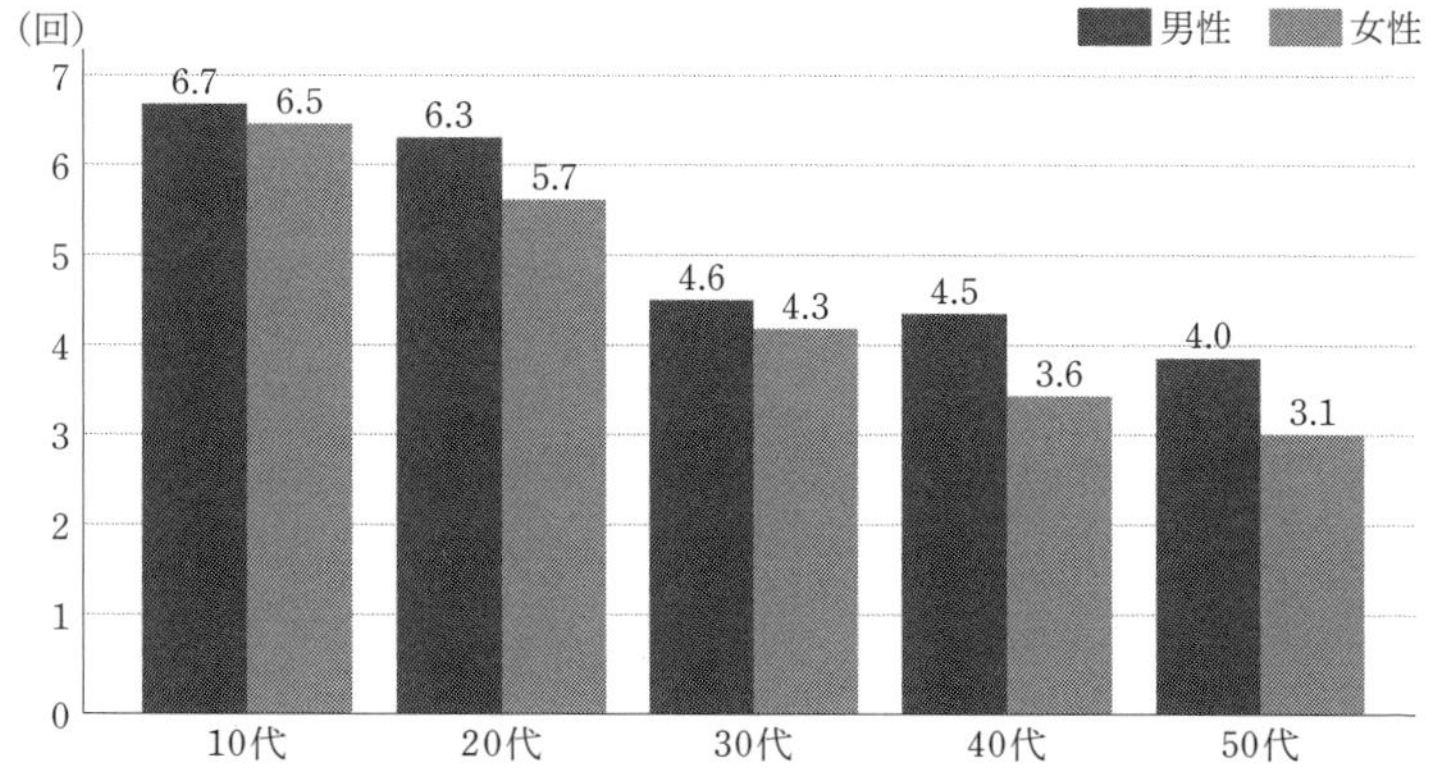

た。

もちろんこれは高度経済成長の賜物でもある。電気洗濯機や水洗式のトイレ、シャンプードレッサーを据え付けられる経済力が庶民に行きわたったから成立したもので、臭いの少ないライフスタイルを成り立たせるインフラが普及しなければデオドラント革命は起こり得なかっただろう。

そうした習慣や通念の変化の極致とも言うべきものが、TOTOが一九八八年に開発し、今では珍しくもなくなったトイレ用擬音装置「音姫」だ。この、トイレで用を足す音を流水音でごまかす装置は、用を足す際に無臭であるだけでなく、無音でありたいと願う日本人のニーズに適っていた。令和時代の日本人にとって珍しくもない音姫は、エクスペディアが在日外国人に対して行ったアンケートで「日本に来てびっくりしたもの第一位」に輝いている。[*31]

漂白とダイバーシティ性

こうして日本は、香水文化の欧米社会とは一味違った、しかし恐ろしく先鋭化した清潔大国となった。お互いに臭いがあるのが当たり前で、タバコのポイ捨てや唾吐きや立小便も珍しくなかった習慣や通念は、昭和の終わりから平成にかけて不快で不躾なものとみなされ、漂白されていった。令和時代の日本人は、タバコの臭い、体臭、唾吐き、排泄物の臭いはもちろん、用を足す音にまで強い不快感を覚える。それらの裏返しとして、自分自身がそれらを発し、他人に体感されることに対して強い羞恥心や罪悪感を自覚する。

他人が発する不快な臭いや音、リスクや不安を思い起こさせる外見や振る舞いを嫌うだけでなく、羞恥心や罪悪感といったかたちでそれらが内面化までされているということは、それがこの国の習慣であり、通念であり、ひいては超自我の一部をなしていることに他ならない。日本ならではの美しさと快適さ、日本ならではの自由、真夜中でもコンビニに出かけられる安心感のある部分は、こうした通念や習慣によって成り立っている、とも考えられるだろう。

他人に不快感を与えず、リスクや不安を思い起こさせない慣習が浸透していることによって、日本社会、とりわけ東京は一種独特のダイバーシティ性を獲得するに至っている。

もちろん、ここで言うダイバーシティ性とは欧米社会、とりわけアメリカ合衆国の開放的な都市が達成し、移民社会に正当性を与えている思想上のダイバーシティとイコールではない——香水やファッション、腕っぷしの強さのディスプレイをとおして個と個がぶつかりあい、自己主張しあい、せめぎあうことを前提とした欧米社会は、リベラルな思想やポリティカルコレクトネスといった政治性に基づいて、あるいは市民公共性が牽引するかたちでダイバーシティを成立させている。が、日本はそうではない。清潔を徹底しあい、不快感や威圧感を漂白しあい、「かわいい」に象徴されるようなハビトゥスを徹底させることで、色合いの異なったダイバーシティ性を成立させ、そのうえに個人の自由が成り立っている。

先ほど引用した『文明化の過程』のなかでエリアスは、一六世紀以降の社交界ではさまざまな身分の人が交流するようになり、そのさまざまな人々が争うことなく助け合うために礼儀作法が必要になり、ますます礼儀作法が洗練されていったと考察している。職業や役割、出自のさまざまな人々が社交界に集まり、ますます多様性と相互依存を深めるようになり、それでいて秩序が保たれるためには、お互いに不快感や威圧感を与えないための習慣や通念がますます必要とされた[*32]。

そうした習慣や通念は社交界に出るために必須であり、中~上流階級のステータスでもあったから、人々は礼儀作法を子ども時代から叩き込もうとした。その結果、清潔でなければ恥ずかしい・他人に不快感を与えるのは恥ずかしい・威圧感を与えるのは不躾だと本心から思う世代が育てられることになる。世代を経るにつれて礼儀作法はますます内面化され、超自我を司るようになり、人々の行動を礼儀作法の枠内へと閉じ込めていく[*33]。

こうした変化が高度経済成長期以降の日本社会、とりわけ東京では急速に進展していった。しかも日本の場合、第二次世界大戦後に社会制度が刷新され、社交のありようが大きくシャッフルされてもいる。エリアスの考察に沿って考えるなら、このような経緯をたどったメガロポリスでは、他人に不快感や威圧感を与えないための習慣や通念が発展して然るべきだろうし、そうした通念や習慣を超自我として内面化した人々が育って然るべきだろう。

手放しでは肯定できない清潔な秩序

現在の東京の人々の生活や行動を眺めていると、これこそがエリアスの描いた文明化のひとつの帰結点のように見える。多民族からなる欧米社会では、ダイバーシティはリベラルな思想やポリティカルコレクトネスによって、政治的に支えられなければならなかったが、比較的同質性が高く、前例のない急激な近代化を経験し、第二次世界大戦後に社交のありようがシャッフルされた日本では、清潔な習慣や通念が高度化することによって似て非なるダイバーシティ、というよりダイバーシティ性ができあがることとなった。

個々の自己主張を前提として個人の自由を成立させている社会と、むしろ自己主張をできるだけ抑制し、「かわいい」が社会適応の雛型として持て囃されていく社会では、自由の内実も、自由であるための条件も、異なったものにならざるを得ない。

清潔で安全・安心な秩序は平成時代をとおして間違いなく進展し、いやな臭いも不潔な場所もどんどん減った。ホームレスは福祉政策をとおして社会のなかへ再配置され、若い世代の犯罪率も下がっていった。

こうした秩序の進展によって、東京、ひいては日本は、各人が自己主張しなくても安んじて自由を満喫できる社会、真夜中のコンビニに出かけやすい社会を実現させた。不快感や威圧感になりうるものを皆が抑えることで成立しているこの社会では、自己主張の苦手な人でも行動の自由を受け取れる。そういう意味では、日本社会は欧米社会よりも優しいと言えるかもしれない。

そのかわり、この秩序からはみ出さざるを得ない者、これらの点に関するマイノリティにとって、この社会はどこへ行っても不快がられ、どこへ行っても不審がられ、せいぜい繁華街の雑踏にまぎれて透明人間になり、息をひそめなければならないものでもある。秩序の内側に踏みとどまるためには、臭わないよう清潔を心がけ、服装にも注意を払い、挙動不審と思われない行動や振る舞いを心がけなければならない。

清潔は、上流階級のディスプレイとして始まり、次いで中流階級以上のステータスとして広まった経緯があった。身繕いに時間や金銭をかけられる者ほど上手くこなせ、そのような家庭の子弟ほどよく身に付けられる文化資本でもあった。だからこれはもともと不平等に根ざしていて、富める者ほど楽々と秩序に適応し、貧しい者ほど努力を余儀なくされ、ともすれば秩序からドロップアウトしてしまう、そういう秩序でもある。たとえば貧乏暇なしのうえ、「かわいい」から最も遠い体格の中年男性は、この秩序に適応するためにどれぐらい苦労するだろうか。繁華街の雑踏にまぎれ、透明人間になるのが精一杯という人もいるのではないだろうか。

ますます清潔に、ますますお互いに不快感を与えなくなる社会についていけなくなるのは、貧乏暇なしの中年男性だけではない。第四章で触れたように、動物として生まれてくる子どもはその存在自体がリスクであり、不安感や不快感を思い起こさせるから、この神経質きわまりない社会からは歓迎されない。文化資本に恵まれた家庭に生まれ落ちた子どもでさえ、出生の段階から清潔や礼儀作法を身に付けているわけではないから、それらを身に付けるまでの間、親は子どもと社会との板挟みに遭わないわけにはいかない。

出産するまでは街を自由に歩き回っていた「かわいい」女性も、ひとたび子連れになれば清潔な秩序のマジョリティではなくなってしまう。子どもの行動によって肩身の狭い思いをしたり、罪悪感や羞恥心に悩まされたり、時には最も神経質な人から射るような視線を投げつけられることさえある。少子化が取り沙汰される昨今は、子連れに対する視線も幾分か緩和されているのかもしれないが、保育園や児童保護施設への世間の目はいまだ厳しい。

この清潔な街は、清潔という習慣に馴染めるマジョリティには快適な自由を惜しげもなく提供する。けれども、清潔に馴染めないマイノリティには清潔であるよう強制し、それができなければ羞恥心や罪悪感を、時には排除や疎外さえ与えかねない。医療や福祉が発展している今日では、排除や疎外にかわってサポートが、時には治療が提供されることもあるけれども、逆に言うと、サポートや治療を受けてでも清潔な社会のなかへ再配置されなければならないということでもある。清潔であるか否か、不安感や威圧感を与えてしまうか否かがさまざまな場面で問われるこの社会から降りるという選択肢はない。

だからといって、この、近代化の果てに実現した清潔という秩序をどうして否定できようか。これほど人口が集中し、高温多湿な東京で私たちが快適に過ごすことができるのも、安全や安心を享受できているのも、ある部分では清潔な習慣が行き届いているおかげである。昭和時代の東京は、もっと臭くて、もっと喧騒や怒号にみちていて、法治は行き届かず、犯罪発生率も高かった。そのような社会へ後戻りしたいと考える人は、清潔に馴染めないマイノリティのなかにすら多くはあるまい。

現代社会の暮らしが清潔を成立条件としている以上、その恩恵はマジョリティだけでなくマイノリティも享受しており、簡単に否定できるものではない。マジョリティの側がより多くの恩恵を受けているとしても、いわば〝秩序のトリクルダウン〟により、マイノリティの側も現代社会の快適さを受け取っている。

問われるべきは、清潔な秩序の是非ではない、と私は思う。清潔な街を維持しながら、どうやって排除や疎外に誰も直面しないようにすれば良いのか、清潔を実践するための負担に個人差があり、中〜上流階級が牽引してきたがゆえの不平等の名残があることをどう考えるべきなのか、が問われなければならないのではないだろうか。あるいはせめて、これまで以上の排除や疎外が生まれないよう、医療や福祉によるサポートを受けなければならない人の割合が増えないよう、この秩序の成り行きを見据えていくことではないだろうか。

人によっては、ここに個と個がぶつかりあい、自己主張しあい、せめぎあうことを前提とした欧米型社会への移行と、それに伴ってしかるべき欧米型の近代市民社会の定着をも課題と捉えるかもしれない。

エラスムスが『子供の礼儀作法についての覚書』を記して五〇〇年近くの時間が流れた。欧米社会に端を発した清潔の作法や習慣は、世界じゅうの人々が模倣するものとなり、より広く、より繊細に実践されるようになった。しかしほんの五〇〇年前、いや一〇〇年前ですら、清潔な習慣はごく一部の人々だけが実践している例外的なものでしかなかった。

現代のマジョリティができて当然と考えがちな清潔は、後天的に身に付けなければならないもので、万人が先天的に身に付けているものではない。これからも街が清潔になり続け、私たちの習慣が繊細さの度合いを深めていくとしたら、清潔の不得手な人はますます肩身が狭くなり、ますます透明人間たることを迫られるだろう。清潔な秩序を否定することはできないが、手放しで肯定することも、だから私には難しい。

第六章

アーキテクチャとコミュニケーション

精神科病院で見た規律訓練型権力と環境管理型権力

この第六章では、街並みや家屋のつくり、インターネットのアーキテクチャによって私たちが受けている影響や課題について、本書のテーマに沿ったかたちで概説していく。

ここまで記してきたとおり、私たちの行動や振る舞いは時代それぞれの通念や習慣に基づいていて、それらを免れるのは簡単ではない。通念や習慣から逸脱していれば、不健康や不道徳とみなされることさえある。

そのことに加えて、私たちの行動や振る舞いは空間のつくり、つまり空間設計《アーキテクチャ》によっても左右されるし、通念や習慣自体も空間設計によって影響を受けずにはいられない。

たとえば、縁側をとおして隣近所と顔を合わせやすかった昭和時代の家屋と、プライバシーを最大限に尊重した令和時代の家屋では、隣近所とコミュニケーションする頻度や内容は大きく違ってくるし、後者で暮らしているほうがプライバシーの侵害に敏感にならざるを得ない。隣近所との接点が生じやすい家屋のつくりか否かによって、私たちのコミュニケーションやプライバシーに対する感覚は影響を受ける。私たちの通念や習慣が、空間設計と密接な関係を持っている以上、本書もこうした問題に触れないわけにはいかない。

本題に入る前に、私が空間設計の問題に関心を抱くようになったいきさつを紹介しておこう。

私が精神科の研修医だった頃、指導医から「いろいろな精神科病院を見学してきなさい」と言われ、あちこちの病院を巡らせてもらったことがあった。何も知らなかった当時の私にも面白く感じられたのは、精神科病院の病棟の設計だ。病棟の設計はさまざまで、なかには病棟の中央にナースステーションが存在し、それをぐるりと囲むように病室が配置された、円形状のつくりのものもあった。

歳月が経ち、ミシェル・フーコーを読むようになって、それがベンサムによって考案された、「パノプティコン」と呼ばれる空間設計であることを私は知った。[*1] 私が研修医時代を過ごした長野県には、この、パノプティコン型の病棟が二〇〇〇年頃にもまだ生き残っていた。

だがそれ以上に私がインパクトを受けたのは、開放的な環境の二階建て病棟で治療を行い、それでいて飛び降り自殺を防ぎ、患者同士のコミュニケーションを促し、足腰の萎えない入院生活を実践するべく取り組んでいる病院の空間設計だった。

それは長野県南部にある、南信病院という小さな病院だった。全開放型の精神科病棟のパイオニアである病院長のアイデアにより、たとえば二階の窓には飛び降り防止の鉄格子のたぐいは据え付けられていなかった。窓から階下を見下ろすと、そこには大きな花壇がもうけられ、いつも花が咲いている。階下に花が咲いていると窓から飛び降りようとする人は少なくなるし、万が一飛び降りたとしても、その際の衝撃はコンクリートより小さくなる。

平成時代にもかかわらず、病棟のラウンジにはテレビが設置されておらず、かわりに新聞や雑誌類、トランプや麻雀などがたくさん置かれていた。ラウンジは一人で過ごすより皆で過ごすのに適した空間として設計されていて、おのずと患者同士が接点を持ち、コミュニケーションするようつくられていた。四季の移り変わりを感じさせる大きな庭園は散歩道ともなっていて、入院生活で足腰が萎えることがないよう配慮されていた。*2

このような空間が実現できた背景として、小さな病院ゆえに最重症の患者が入院してこないこと、病院長をはじめとする医療スタッフがスキルフルであることも考慮しなければならないだろう。とはいえ、他の病院とは病棟の設計と機能があまりにも違った。薬やカウンセリングだけでなく、空間設計によっても患者の行動や症状が変わり、ひいては治療にも影響することに私は強いインパクトを受けた。

中央から病室を一望できるつくりにするか。それともテレビのないラウンジをもうけて患者同士の接点をつくり、コミュニケーションを促すのか。具体的な方法は異なるが、空間設計をとおして人の行動に望ましい影響を与えようとしている点では、両者は共通している。

前者は空間そのものが患者の行動に影響を与えるのでなく、空間をとおして配られる「見られている（かもしれない）」視線をとおして行動の改善を促し、規律を内面化させるためのもので、「規律訓練型権力」と一般に呼ばれている。*3 規律を内面化させることで適切な行動や振る舞いの人間を作り出す、という点では学校なども規律訓練型権力に含まれ、スケジュールどおりに行動する人間、清潔で行儀良く、座学やホワイトカラーの仕事をこなせる人間を作り出す社会装置として学校は機能している。

一方後者は特定の規律、または習慣や通念を内面化させるまでもなく人間の行動を変えている。このような空間設計は「環境管理型権力」と呼ばれ、たとえばファーストフード店の椅子の座り心地を悪くすることで客の滞在時間を短くする、ホームレスが座り込みそうな場所にオブジェを配置して座り込めなくする、などが挙げられる。*4

患者の行動や振る舞いをマネジメントする精神医療の現場で空間設計の実効性に馴染んだ私は、こうした考え方に基づいて東京という街を、あるいはニュータウンやタワーマンションの暮らしを考えずにはいられない。精神科病院と同じく、私たちの街や住まいの空間もまた、私たちの行動に影響を与え、通念や習慣の内面化と関わりを持っているのではないだろうか。

人々の行動を枠にはめ込む都市としての「東京」

東京は、街全体が人工的な空間設計に覆われている。精神科病院と同じような意図で空間設計されているわけではないが、ともかく、街全体が人の手によってつくられていて、無定義で自然のままの場所など東京にはほとんど存在しない。

そんな人工的な空間設計に覆われた街のなかで、東京に住まう人々のほとんどは行儀良く暮らしている。これほどのメガロポリスが混沌状態に陥ることなく機能しているのは、ある面では東京の市民の行儀の良さのおかげでもあるだろう。

たとえば東京の市民はむやみに道路を横切らない。彼らは横断歩道や歩道橋を使って、定められたとおりに道路を横断する。車の往来が激しい場所はもちろん、車のほとんど通らない住宅地でさえ、横断歩道のない車道を斜めに走り抜けようとはしない。そして横断歩道でも、赤信号なら律儀に止まる。ゴチャゴチャとした繁華街近くの横断歩道はともかく、住宅地の横断歩道では自動車が通らなくても律儀に赤信号を守っている。そういう人が田舎よりもずっと多い。

これらは東京育ちの平成生まれには当たり前かもしれないが、田舎育ちの昭和生まれである私から見ると、その規律と習慣の徹底ぶりに感動すら覚える。田舎育ちの昭和生まれは、横断歩道のない車道を平気で横断するし、東京の人々ほど歩行者用の赤信号を守らない。

また東京の市民は立小便をしない。立小便は、田舎育ちの昭和生まれには珍しくなかったし、地方の町村部や発展途上国では現在でも頻繁に見られる。だが東京で立小便を見かけるのはほとんど不可能だ。

どうして東京の市民はこれほどルールどおりに行儀良く行動できるのだろう？　もちろんある部分は、東京で暮らす人のハビトゥスや文化資本が地方の人に比べて洗練されているせいもあるだろう。清潔をはじめとするブルジョワ的なライフスタイルは、上流から中流へ、中流から庶民へ、中央から地方へと広がっていったのだから、現代社会で望ましいとされるハビトゥスや文化資本を身に付けている人が、日本の首都でとりわけ多いのは想定しやすいことではある。とはいえ、東京には地方からもたえず人口流入があり、最近は外国人も多い。それでも東京は混沌状態に陥ることがない。

東京の秩序について思案しているうちに私は気が付いた――東京という街は、人々の行動を枠にはめ込み、そこで生活しているだけでおのずと習慣や規律をインストールしていくような空間設計にほとんど覆い尽くされている、と。

たとえばこの写真。交通量の多い場所はもちろん、交通量の比較的少ない場所でも、都内の道路は歩車分離のためのガードレールが設置され、歩車分離が物理的に徹底されてい

交通量の少ない場所に設置されたガードレール。東京都、2019年。

ることが多い。田舎者の私が横断歩道や歩道橋のない場所で車道を斜めに渡ろうとすると、ガードレールに遮られ、鬱陶《うっとう》しいと感じたりする。

だが、都内に住み続け、ガードレールによる歩車分離に慣れている東京の人々は、私ほどガードレールを鬱陶しがったりしないのではないだろうか。なぜなら、ガードレールや歩道橋や歩行者専用レーンといった空間設計に囲まれて暮らしていれば、意識するまでもなく、ごく自然に「歩行者は、何もないところで車道を横断してはいけない」という習慣が身に付くだろうからだ。

私は田舎で生まれ育ったから、「歩行者は、何もないところで車道を横断してはいけない」という習慣がきちんと身に付いていない。地方の道路にも歩車分離を示す白線は引かれているし、道路交通法は全国共通ではある。しかし歩行者に歩道を歩かせるための物理的なインフラは都内に比べれば貧弱で、歩行者はいつでも車道にはみ出せてしまう。

このため、田舎で「歩行者は、何もないところで車道を横断してはいけない」という習慣を身に付けるためには、かなり意識的な努力を積み重ねなければならない。しかしそもそも交通量の少ない田舎では、往来の盛んなバイパスなどを例外として、そのような習慣は意味をなさない。

他にも東京には、規律や習慣を守らせ、人々に好き勝手に行動させないような物理的インフラがたくさん存在している。決まりきった時刻にやって来る電車を、決まりきったホームの決まりきったレーンで待つこと。標識やガイダンスに従って、立体交差する通路を定められたとおりに歩くこと。自動改札を必ず通過すること、等々。

東京の人々は、ガードレールなどの物理的な空間設計によって行動や振る舞いを定められている部分もあれば、それに対応した標識や看板、法制度によって行動や振る舞いを定められている部分もある。どこまでが規律訓練型権力でどこからが環境管理型権力にあたるのかの区別はさておき、街のつくりによって人々の行動や振る舞いが影響を受けているのは確かだし、そうした空間設計どおりに行動するようたえず訓練させられているのも確かだ。空間設計に取り囲まれる度合いも、訓練される度合いも、地方の町村部などとは比較にならないほど濃密だ。

立小便についても、東京の人々が立小便をしない理由は、町村部の人々に比べて清

禁止標識を兼ねたガードレール。東京都、2019年。

潔やプライバシーの意識が勝っているだけでなく、立小便をしてはいけない場所で空間がほとんど覆い尽くされているからでもある。町村部には、誰の持ち物でどんな用途に用いられているのかが明示されていない場所が無尽蔵にあって、立小便に用いられるのは専らそういった場所だが、東京ではあらゆる空間が誰かの用地であることが明白で、空き地にすら立ち入り禁止のロープや柵がもうけられている。いわば、立小便できそうな空白地帯が東京にはほとんど存在せず、どこでも空間の持ち主や用途を思い出して、迷惑になる行為を思いとどまらなければならない。

東京というメガロポリスが秩序整然とした状態を維持できている背景には、東京の精巧な空間設計が交通をコントロールしているだけでなく、その空間設計が人々に習慣や規律をたえず内面化させ、訓練づけるような働きを兼ね備えている側面もあるのではないだろうか。

だからといって、東京のインフラを整備した人々が習慣や規律を内面化してやろうと企んでいたとは考えにくい。たとえば歩車分離のガードレールの設置目的について第一〇次東京都交通安全計画を確かめてみると、交通の混乱防止と歩行者・自動車双方の安全の確保が意図されているのであって、習慣や規律の内面化については、別途、交通安全教室などの啓発活動を行うとしている。[*5] 同様に、規則正しい運行によって東京の人々の行動や習慣を訓練づけている東京メトロや鉄道各社の交通網にしても、円滑な交通を維持するためのものであって、習慣や規律を内面化しようとする意図はおそらくないだろう。

しかし施策者に意図があろうがなかろうが、東京の空間設計とそれに基づいた交通秩序は、人を習慣づけ、人に規律を与え、決めごとのとおりに行動するのが当たり前の人間をつくりあげていく。交通のためにつくられた空間設計が、結果として習慣や規律にも影響を及ぼすことを批判する筋合いはないが、さしあたり、その影響は意識されるべきだろうし、見定められるべきだろう。

東京の空間設計が、そこに住む人々の行動を規定し、習慣や規律をたえずインストールし、たえず訓練し続けるシステムとして機能して（しまって）いると考えるようになってから、私は東京の街並みや人々の行動に強い関心を持つようになった。東京の空間設計によって人々の行動が定められ、習慣や規律までもがインストールされていくとしたら、ある意味東京は、巨大な精神科病棟のように機能している、と見ることもできる。文化資本やハビトゥスの世代間継承、学校教育、啓発活動によってだけでなく、東京という空間そのものが、行儀の良い、立小便をしない現代人を生産する巨大な社会装置であるように、田舎者からは見えてしまうのだ。

規律・習慣・思想の苗床としての「家庭」

人間の行動や習慣をつくりあげる空間は、もちろん街だけではない。家庭の空間もまた、そこで暮らす人々の行動を定め、習慣や規律をインストールし、思想の苗床となる。家庭は乳幼児期から過ごす場であり、親から子へハビトゥスや文化資本を継承する場でもあるから、住まいの空間設計がもたらす影響は無視できない。そういう意味では、宅建業者が「天井の高い家」を売り文句にするのも理解できることではある。

過去の住まいと比べた時、現代日本の住まいを特徴づけるのは、プライバシーへの徹底した配慮だ。隣家との境界ははっきり区切られていて、縁側のような、曖昧な空間設計によって外部と繋がっていることはない。屋内もしっかりと仕切られた壁や洋風のドアによって区切られ、子どもは早い段階から子ども部屋を持ち、プライベートな時間を過ごすようになる。

家族、さらには個人のプライバシーを保護する空間設計の家屋は戦後の新機軸で、昭和以前の日本家屋、とりわけ農家の家屋にはプライバシーが欠如していた。[*6] 座敷や客間は家族以外の者を招き入れる空間でもあり、寝室は家族共用だった。こうした家屋の空間設計は、戦後につくられた集合住宅にもその名残を見ることができる。[*7]

ところが二〇世紀後半にはそうした家屋は時代遅れとなり、リビング、寝室、子ども部屋の分離した、欧米風の住まいが主流になった。家屋は街から家庭を切り分けてプライバシーを守るインフラになると同時に、家庭内では個人のプライバシーを守るインフラとなった。後で触れるが、こうしたプライバシーを守る住まいはその後の日本人のライフスタイルや文化に大きな影響を与えていく。

欧米風の住まいの源流もまた、欧米の中〜上流階級に遡る。家族についての歴史研究によれば、家庭や個人のプライバシーを守れる家屋は、近世以降の、それもブルジョワ階級に由来する。[*8] 近世以前のヨーロッパでは、上流階級でも親子どころか使用人までもが同じ部屋の同じベッドに同衾することがよくあり、今日で言うプライバシーは存在しなかった。

一八世紀以降のブルジョワ階級は、家庭のメンバーそれぞれが部屋を持てる生活を実現させた。それはブルジョワ階級の通念や習慣が具現化したものであると同時に、家屋という空間設計によってますますブルジョワ的な通念や習慣を内面化させていく社会装置でもあった。後を追うように、プライベートに身繕いをするための設備——トイレ、化粧室、浴室など——が登場し、家庭のメンバーはますますプライバシーを持った個人へと変わっていく。プライバシーを自覚するようになった世代は、プライバシーを侵害されると恥ずかしがる自意識を持つようになり、プライベートな空間と時間を持つことが当たり前の個人、たとえば地域共同体と空間や時間をシェアしたがらない個人へと変わっていった。

欧米では、こうした個人のプライベート化が数世紀をかけてゆっくり進展したが、日本では高度経済成長の恩恵により、戦後からたかだか数十年で広範囲へ進展した。マンションやニュータウンで生まれ育った戦後世代は、プライバシーに敏感な、個人主義的な通念や習慣を内面化した個人として再生産され、新しい文化をつくっていく。

戦後個人主義者としての「オタク」と「新人類」

欧米風の家屋とライフスタイルが普及したことで、欧米風の新しいメンタリティが流入することにもなった。第二章で紹介した、リースマンの他人指向型人間やコフートの自己愛パーソナリティに相当するメンタリティは、二〇世紀のアメリカで典型的だったが、高度経済成長期以降、こうしたメンタリティが日本の都市部や郊外でも見られるようになっていった（第二章、七七頁参照）。

メンタリティの変化に伴って、文化も変わった。プライベートな個人生活のなかで育った戦後世代は、とりわけ一九八〇年代以降、今日に連なるユースカルチャーを創造していった。その新しい文化の担い手を当時の言葉で呼ぶなら「オタク」「新人類」となる。

趣味に没頭する者としての「オタク」という言葉は、今では肯定的な意味で用いられることもあるが、商業メディア上で初めて用いられた一九八三年以降は否定的な意味で用いられることが圧倒的に多かった。なぜなら当時のユースカルチャーの旗手であった「新人類」の側から、「オタクは気持ち悪くて理解のできない、蔑視に値する趣味生活者」というレッテルを貼られ、そのレッテルに基づいたイメージで語られ続けたからだ。[*9]

たとえば宮崎勤の連続幼女誘拐殺人事件をはじめ[*10]、理解しがたい人物を物語る切り口としてオタクのイメージはマスメディアにたびたび利用された。つまり、許しがたい犯人にオタク的側面が見つかるとマスメディアはそこを強調し、視聴者が犯人を切断操作しやすいよう便宜をはかったのである。

一方、一九八〇年代に言われた「新人類」とは、消費をとおして〝格好良さ〟や〝センスの良さ〟を自己演出したがる自意識を持った、当時の若者たちを指す。[11] 流行を追い、ブランド品を身に付け、他人からの評価を気にしてやまない自意識をいち早く身に付けた彼らは、リースマンが言う他人指向型人間の典型であり、ボードリヤールが語った他人との差別化・差異化を内面化した、消費個人主義の申し子でもあった。[12]

八〇年代にはこの新人類がセゾングループなどの大手資本と結びついてユースカルチャー全般を主導し、その余波は九〇年代以降も全国に広がっていった。[13] 第五章で紹介した〝デオドラント革命〟も含め、彼らが流行らせたアイテムや習慣はいずれも、消費という資本主義のロジック、社会契約《ゲゼルシャフト》に基づいたロジック、プライベートという個人主義のロジックに紐付けられていた。コンビニエンスストアやワンルームマンションは完全にプライベートでスタンドアロンな生活に、朝シャンや制汗スプレーは他人からの評価を常に気にする自意識に、それぞれ必要不可欠なものだった。

では、新人類とオタクは水と油ほどに異なる存在だったのか？ むしろ両者は共通点のほうが多い。どちらも地域共同体のプライベートな意識の乏しい若者たちとは一線を画したライフスタイルであり、記号論や消費論、ポストモダン論の格好の標的とされていた。[14] また両者は一九七〇〜八〇年代に共通のルーツから分化したものとみなされている。[15] その多くは都市や郊外の中流階級の子弟として早くからブルジョワ的な習慣や通念のもとで育てられ、消費個人主義に馴染みやすい環境を与えられていた。[16]

民俗学の記述[17]によれば、昔ながらの若者は地域共同体の年上や年下の人間と空間や時間を共有することを当たり前とみなしていて、プライバシーに敏感なライフスタイルを身に付けていなかった。先にも触れたように、旧来の日本家屋には個人のための空間がなく、プライベートな通念や習慣の育ちようがない。私が育った北陸地方でも昭和時代後半には子ども部屋が普及しはじめていたが、農家風の間取りの家屋もまだまだ多かった。そのうえ、田植え・稲刈り・地域の祭りには学校を休んで参加するなど、地域共同体のメンバーと空間や時間を共有する度合いが都市部の子どもよりも高かった。

ところがオタクはそうではない。子ども部屋という、親からも地域共同体からも干渉されない空間があって初めて、漫画やアニメやゲームで満たされた、個人主義的な趣味生活が成立可能になる。

今日では大容量の記憶メディアやクラウド、スマートフォンなどがあるため、オタクの趣味生活に子ども部屋は必須ではないと考える人もいるかもしれない。だがそれらが普及する以前は、オタクがオタクであるためには漫画やアニメやゲームなどを所蔵するためのプライベートな空間が必要不可欠だった。

私が暮らしていた集落にも、オタクの先駆けとも言える高校生が一人だけ住んでいて、彼は地元の行事に参加しない例外的存在だった。ある日、彼の部屋を見せてもらった時の衝撃を私はよく憶えている。というのも、彼の部屋は漫画やアニメやゲームで埋め尽くされていたからだ。大量のコンテンツに驚くと同時に、個人のプライベートな趣味生活に部屋全体が費やされ、誰とも共有されていないことが、地域共同体に慣れ親しんだ当時の私には非常識と映った。だが今日では、若者が自分の部屋をプライベートな趣味生活に費やすことを非常識と見る人はあまりいない。

新人類もその点では違わない。彼らが牽引したワンルームマンションでの生活、当時のトレンディドラマや小説『なんとなく、クリスタル』で描かれた生活は、時間的にも空間的にもプライベートの概念が徹底していた。新人類とそのフォロワーたちは、個人主義的な消費生活をとおしたヒエラルキー競争に夢中になっていて、そのさまはリースマンが言う他人指向型人間とも、ボードリヤールが語る消費社会のありようとも合致していた。

コンテンツ媒介型コミュニケーションの時代

暮らしの空間設計が変わり、メンタリティも趣味生活も変わったことによって、コミュニケーションも変わった。家屋と地域共同体の垣根が低く、個人のプライバシーが希薄だった頃のコミュニケーションは、密度が高く、選択の余地のないものだったが、地域共同体がなくなり、家庭内のそれぞれがプライベートな時間や空間を獲得するようになると、コミュニケーションの密度は下がり、選択可能なものへと変わった。

そうした選択可能なコミュニケーションの極致とも言うべきものとして、ここで典型的な趣味生活者のツイッタータイムラインを紹介してみよう。そこには彼の好きなコンテンツとそれに関連する話題がどこまでも並んでいる。フォロワーとのやりとりも、「いいね」やリツイートといったアクションも、専ら趣味生活にまつわるものだ。ツイッターでのコミュニケーション全体が、自分の関心事、自分の選んだ話題によって構成されている。

SNSが普及する前も基本的には変わらない。オタクや新人類は自分が関心を持っているコンテンツについて、つまり、関心を持っているコンテンツを媒介物として他人とコミュニケーションしていた。というより、自分の趣味にすべてを擲《なげう》っているオタクなどは、コンテンツを媒介物としてしかコミュニケーションできないし、前世紀の趣味生活者のありようとして、それはおかしなものでもなかった。

たとえば『新世紀エヴァンゲリオン』のファンが集うイベントに参加している時には、エヴァンゲリオンの話題がオタク同士を媒介してくれる。この場合、コミュニケーションに苦手意識のあるオタクでもエヴァンゲリオンの話題になら参加できる。参加者同士が知っている他のアニメやゲームの話題にしてもそうだ。コンテンツの話題が共通している限り、オタクは誰とでも繋がれた。

逆に言うと、話題が共通していなければ誰とも繋がれないし、「話題の切れ目が縁の切れ目」であるとも言えた。それこそエヴァンゲリオンのイベントが終わり、今度は『攻殻機動隊』のイベントに参加することになったら、攻殻機動隊の話題を共有していなければ話についていけなくなるだろう。なぜなら次のイベントでは攻殻機動隊が主な媒介物となるだろうからだ。

新人類のコミュニケーションも、実はこれとあまり変わらない。ブランド品やレジャーの消費をとおしてライバルたちとの差異化をはかること、それが新人類の自意識であり、コミュニケーションだった。グッチやプラダ、ドンペリニヨンやボジョレーヌーボー、苗場スキー場やディズニーランドといったものはお互いのヒエラルキーの座標を示す記号になると同時に、お互いの話題にもなる。話題になりそうなブランド品やレジャーのことを知らなければ話についていけなくなるから、新人類とそのフォロワーはブランド品やレジャーの流行に該博な知識を持っていなければならない。そういったニーズが高まるなかで、『POPEYE』や『non-no』のような流行を紹介する雑誌が重宝されるようにもなった。

それにしても、こうしたコンテンツを媒介物としたコミュニケーションは、本当の意味でコミュニケーションと言えるのだろうか？

さしあたりここでは、オタク的・新人類的なコミュニケーションは、それ以前の、地域共同体で生きていた人々のコミュニケーションと異質であることを確認しよう。オタク・新人類以降の世代は、自宅では個人のプライベートな時間と空間を過ごし、街でもSNSでもコミュニケーションしたい相手と、コミュニケーションしたい話題を交わす。

現代人にとって、こうした選択可能なコミュニケーションはあまりにも当たり前になっている。だが人類史のなかでは当たり前ではなく、日本でも数十年前までは当たり前ではなかった。地域共同体~家庭~個人の境目が曖昧だった頃の人々にはプライバシーが乏しく、時間や空間がシェアされていたため、特定の相手と特定の話題でだけコミュニケーションする生活は考えられなかった。

たとえば皆が銭湯で身繕いをする地域共同体ではプライバシーは保たれにくく、朝シャンを終えて無臭になった状態だけを他人にさらす、などといった芸当は不可能だ。昔の人々は、良くも悪くもお互いを知りすぎる状況でコミュニケーションをやってのけていた。話したくないことも話さなければならなかったし、見たくないものを見たり、見られたくないものを見られたりすることも日常茶飯事だった。ところが現代では、共有される時間・空間・媒介物を選択可能な状況のなかでコミュニケーションが行われ、選択していないコミュニケーションを強いられることがない。

コンテンツを媒介物としたコミュニケーションは、お互いについて余計な情報を交わさず媒介物についてだけ話せる。見たいものだけを見たり、見られたくないものを隠したりすることも可能だ。朝シャンや制汗スプレーのたぐいは、身繕いする時間と空間をプライベートの向こう側に隠蔽して初めて意味を持つ——朝シャンを終えて無臭になった状態で毎日コミュニケーションに臨めるようになり、清潔な自分だけを他人に提示できるようになる。

こうしたコミュニケーションの選択性はオタクや新人類に限った話ではなく、今となっては大半の日本人に当てはまるものだ。職場では仕事の話題、学習塾では勉強の話題、趣味の集まりではその趣味の話題といった具合に、場面や相手ごとに私たちは自由に話題を選び、見たいものだけを見て、見せたい自分だけを見せている。昭和時代の〝飲みにケーション〟や〝社員旅行〟のような、選択性の乏しいコミュニケーションは今日の慣習にそぐわない。

売買や商取引も同様である。地域共同体での買い物とは異なり、世間話をしなくても構わないし、義理のために買う必要も、付き合いのために値引く必要もない。資本主義と社会契約のロジックが徹底しているおかげもあって、私たちは金銭を媒介物として、効率的に売買をやってのける。

相互不信を避けるべく、私たちが支払っている代償

こんな具合に、現代人はお互いを必要最低限にしか知り合わないコミュニケーションに慣れきっているわけである。たとえばコンビニで買い物をする際、私たちは店員の趣味や悩みを知らないし、むしろ詮索するのは失礼だとみなしている。ご近所同士もまた然り。媒介物となる話題がない限り、ご近所同士はお互いについて何も知らず、知ろうともしない。

そうした〝知り合わない個人生活〟は、プライバシーを最大限に尊重しあう真新しい

ニュータウンやタワーマンションでこそ顕著だが、東京全体、ひいては日本全体でも概ねそうだと言える。私たちはお互いのことを知り合わないまま通勤電車で隣り合わせになり、金銭やコンテンツを媒介物としてコミュニケーションしている。お互いのことをほとんど知らないにもかかわらず、どうして私たちは平気な顔で過ごしていられているのか。

理由のひとつは法治が行き届き、世界有数のセキュリティのなかで私たちが暮らしているからだろう。あちこちに設置された監視カメラによって、法からの逸脱は追跡されやすくなった。そのうえ個人が所有する携帯デバイスによって、私たちはお互いを監視し記録できるようにもなった。実際には監視も記録もしていないとしても、いつでも監視し記録できることが重要だ——往年のパノプティコンよりもずっと裾野の広い規律訓練の場が日本じゅうを覆っているようなものである。無数のカメラと携帯デバイスによって私たちの安全や安心が確保されると同時に、私たちの行動や振る舞いがその影響を受け続ける。

もうひとつは、現代人らしい通念や習慣が浸透しているからでもあろう。お互いが礼儀作法や身だしなみに相応のコストを支払い、挙動不審と思われない言動に終始していれば、実態としての安全はともかく、お互いの安心は保たれる。お互いの個人生活を侵害しないためには、無臭であることも重要だ。「他人に迷惑をかけてはならない」というテーゼは「お互いのプライベートな個人生活を最大限に尊重するべき」という功利主義的なニーズと一致したもので、令和時代の日本人のほとんどは、このテーゼを当たり前のものとして内面化している。

とはいうものの、お互いを知り合わないままのスタンドアロンな生活では、他人に対する不安を完全に拭い去ることはできない。今日でも、マスメディアがセンセーショナルな事件を報道するたび、人々は報道に釘付けになる。先にも述べたとおり、実際には犯罪は減り続けており、監視カメラをはじめとする犯罪抑止力は日に日に高まっている。夜のコンビニも子どもの外遊びも、昭和時代よりずっと安全になったはずなのに、私たちが昭和時代に比べて安心するようになったわけではない。セコム株式会社の調査では、近年の私たちの治安に対する懸念はむしろ高まっているし[*18]、前掲のとおり、今日の保護者は地域に対して第一に安全を期待している[*19]。

個人のプライベートな生活を守りあいながら、安全・安心な生活を維持するために、私たちが支払っている代償は決して小さくない。清潔でいるため・挙動不審と思われないため・臭いや行動で他人に迷惑をかけないための通念や習慣にすっかり馴らされた私たちは、個人それぞれが自己主張する社会とは異なった、日本独特の功利主義的状況をお互いに強いている。このような通念や習慣がまだ定着していなかった二〇世紀の中頃には、日本でもヨーロッパ並みにデモンストレーションやストライキがあったが、今日ではデモンストレーションやストライキは少なくなり、それらを単なる迷惑や騒乱のたぐいと見ている人も少なくない。

どれほどハイレベルな秩序を実現したところで、個人のプライベート化を至上命令とし、実際そのように生きてきた私たちは孤独だ。ゆえに、その孤独についてまわる不安を完全に拭うことはこれからもできないだろう。それでも不安を拭うべく、私たちはますます行儀の良い通念や習慣をエスカレートさせ、監視カメラや携帯デバイスで自分たちを包囲し、自己主張を最小化した日本ならではの秩序を形づくってやまない。

資本主義化するコミュニケーション

そうした不安を抱えてはいても、東京での独り暮らしは概ね快適で安全だ。世界有数のセキュリティと行儀の良さのおかげで、コミュニケーションを妨げるものはほとんどない。売買も含め、各人が選択したいコミュニケーションを各人が選択したいとおりに行う自由がある。

では、コミュニケーションの自由が実現したことによって何が起こったか？

コミュニケーションと売買は、交通網の充実・人的流動性の拡大・オンラインコミュニケーションや電子商取引の拡大とともに、ますます効率化し、ますます自由化された。情報産業の領域では、コミュニケーションと売買はしばしば重なりあってもいる。インスタグラムやツイッターのインターネットで獲得し、数値化されたインフルエンサーたちは、インターネットで獲得し、数値化された影響力やバリューを経済的に有意な指標とみなし、みずからの投稿が産出するインプレッション数[20]の分析に余念がない。ウェブサイトやブログも、それらが広告収入に直結するようになって商業化が進んだ。

一九八〇年代の新人類たちはモノやレジャーの消費をとおして自分たちのヒエラルキーを競いあっていたが、令和時代の私たちはそれよりもずっと淡々と、ずっと当たり前のこととして、お互いを値踏みしあい、お互いを商品とみなしあい、コミュニケーションのような売買を、あるいは売買のようなコミュニケーションを行っている。就活や婚活のコミュニケーションはその典型だ。個人それぞれの長所や短所がカタログデータ化され、お互いがお互いを商品のように値踏みしあうことが当たり前になっている。

双方の合意に基づいた売買と同じく、双方の合意に基づいたコミュニケーションもまた、社会契約のロジックからはみ出さない限りにおいて、安全で安心だ。たとえば地域の権威が特権を振りかざすでもなく、大柄で粗暴な男性が暴力に訴えるのでもなく、お互いの関心事と市場価値に基づいて売買やコミュニケーションが進行していく現状は、かつてブルジョワたちが理想視した、国家の統治にも都合の良い功利主義が具現化したものだ。暴力や脅迫、地域共同体の権威などに脅かされずに売買やコミュニケーションが行われるおかげで、高い市場価値を持っているけれども暴力や脅迫に弱い立場の人々も安心して売買やコミュニケーションに集中できる。

こうした恩恵を最大限に受けているのはブルジョワ階級、なかでも実業家のような、経済力の高い個人だ。売買とコミュニケーションの双方で経済資本がモノを言い、それを妨げる暴力のたぐいが国家に束ねられ、安全・安心な秩序が浸透していれば、経済資本に恵まれた個人は無敵にも等しく、売買でもコミュニケーションでも優位を保つことができる。

彼らがますます資本を生み出すためにも、そのような秩序は是非とも必要なのだが、ともあれ、経済資本に恵まれた個人は無敵である。

女性が受ける恩恵もまた大きい。一人のブルジョワ的個人として、男性からの暴力や脅迫を懸念することなく女性が活躍できるのも、この秩序が社会に浸透していればこそだ。と同時に、女性はもう、地域共同体やイエによって自分自身の市場価値を勝手に取り引きされなくなった。日本では戦後から一貫して恋愛結婚が増え続けてきたが、恋愛結婚、ひいては恋愛とは、女性がみずからの市場価値を自分で見定め、みずから売買やコミュニケーションを取り仕切ることに他ならない。セクシャルハラスメントやストーカー、DVなどが禁じられることで、売買とコミュニケーションの主体としての女性の立場はますます実体を伴ったものになっている。

だが、このようなコミュニケーションの自由が実現した時、高い市場価値を持っていない人々、売買やコミュニケーションにおいて双方の合意の相手として選んでもらえない人々はいったいどうなってしまうのだろう?

一例として、女性と付き合いたいと願っている男性について考えてみて欲しい。そのような男性は自分とコミュニケーションしてくれそうな女性に出会わなければならない。男性が女性にとって魅力的な条件をいくつも備えているなら、コミュニケーションは容易になる。たとえば経済資本にも容姿にも優れ、会話の機知を持ち合わせている男性はコミュニケーションに際しての市場価値も高く、女性からの引く手あまただろう。反面、そうした条件を満たしていない男性は女性に敬遠されやすく、コミュニケーションしたくてもその機会はなかなか得られない。

第五章で私は、清潔であること、不審でないことが街を自由に歩くための条件と記したが、それは街で肩身の狭い思いをしないための、いわば透明人間にならずに済むための条件でしかない。それらを充たしてさえいればコミュニケーションを望む相手が増える——いわば〝モテる〟——わけではない。かといって、女性にコミュニケーションを強要すれば懲罰の対象となるから、コミュニケーションの市場原理を暴力や脅迫で覆すことなどできない。

所与のその世界の外に出ることはできるのか

個人主義、資本主義、社会契約が浸透し、交通網やインターネットが発達し、それらに馴染んだ習慣を身に付けたおかげで、令和時代の私たちは売買とコミュニケーションを、みずからの経済資本や市場価値の許す限り、自由に遂行することができる。控えめに言っても、暴力や脅迫や物理的距離による制約が有史以来最も少なくなっているのは間違いない。

そのかわり、私たちはこの売買とコミュニケーションの網の目と、それを成り立たせている社会のシステムからは逃れがたくなっている。売買やコミュニケーションの自由を担保する法制度と空間設計、それらにふさわしい通念や習慣が徹底されるほど、それらの外側に出ることも、それらの外側を想像することすらも難しくならざるを得ない。

それのどこが問題なのか？　と多くの人は首を傾げるかもしれない。この売買とコミュニケーションの網の目と、そこで得られる自由から便宜を得ている人、恩義を感じている人、そこで巧みに適応している人らにとって、そもそもこうした仕組みの外側を想定する必要など、どこにもあるまい。ここまでの論点に関して、そのような人々こそ現代社会のマジョリティである。

だがこうした仕組みから便宜を得ている以上に疎外されている人、お互いを値踏みしあい、お互いを商品とみなしあうコミュニケーションのなかで誰にも自分を売り出せず、自分自身の市場価値は低いと感じている人、この論点に関するマイノリティに相当する人にとって、満足できる状況ではないだろう。

美しい街には、一連のコミュニケーションの布置から逃れられそうな場所は見当たらない。街の空間設計は、私たちを効率性の内側へ、社会契約の内側へとたえず訓練し続ける。商業施設はもちろん、空き地までもが看板や標識に覆われ、資本主義と社会契約のロジックに覆われていて、それらの外部を呼吸できるような――それこそ立小便できるような――隙間がない。ホームレスが座り込みそうな場所にオブジェを設置する空間設計と、福祉による人間の再配置システムが噛み合うことによっても、美しい街の住人が社会契約の外側へ逃走することは阻まれている。

内面化された通念や習慣からの逃げ場も見つかりにくい。私たちは売買やコンテンツに媒介されるコミュニケーションに慣れきっていて、儀礼的無関心も含めた「お互いに迷惑にならない」ことを良しとする通念や習慣を共有しているから、見知らぬ誰かに唐突にコミュニケーションを試みることは難しい。媒介物を共有していないコミュニケーションは他人を戸惑わせると同時に、私たち自身をもためらわせる。それでもなお、コミュニケーションを強行しようとすれば、迷惑がられたり、最悪、不審な人物として通報されるおそれすらある。

私たちにはコンビニで好きな商品を値札どおりに買う自由も、スポーツバーで知り合った他の客とスポーツ談義をする自由も、婚活サイトで婚活する自由もあるけれども、まったく見知らぬ他人に唐突に話しかける自由、媒介物抜きのコミュニケーションを試みる自由は持ち合わせていない。

そのうえ、売買とコミュニケーションが重なったことによって、私たちはコミュニケーションまで効率性や生産性といった資本主義のロジックに基づいて考えたがるようになっている。時間もお金も限られている以上、価値のある情報やコミュニケーションを見極め、効率性を追求しなければならない必要性そのものは理解できるものではある。

そうした通念や習慣に身を委ねれば委ねるほど、コミュニケーションの効率性や生産性は向上する。そのかわり、コミュニケーションの範囲や対象は効率性の高いものに限定されてしまう。コミュニケーションの効率性を重視すればするほど、素性のわからない対象や非効率な対象は視野から外れることになる。リスクの想定される対象など、もってのほかだ。

これらの結果として、私たちの自由、ひいては私たちがコミュニケーションを介して知り得る情報の限界、ひいては世界観の限界は、他人と共有できる関心や媒介物の多寡によって、それと、提示可能な自分の市場価値の高低によっておおよそ定められることになる。

たとえば他人と共有できる興味関心の幅が乏しく、経済資本にも話術にも恵まれない男性が為しえるコミュニケーションは、その興味関心の狭さ、経済資本や話術の乏しさによって制約されざるを得ない。よほどのことがない限り、そのような制約は狭量な世界観をも育むだろう。もちろん売買は売買以上のコミュニケーションを生まないし、また生んではいけないから、コンビニやスーパーマーケットで世界観が広がるとは期待できない。

いわゆる恵まれている人も、それはそれで他人事ではない。東京のホワイトカラーの家庭に生まれ、一流大学を卒業し、一流企業で働くような男性は、ホワイトカラーの家庭で育つ同窓、ホワイトカラーの職場で働く同僚とコミュニケートするだろう。国外に出張すれば国外のさまざまな価値観にも出くわし、世界観を広げられるかもしれない。それでも、国外出張で出会う仕事の相手もまたホワイトカラーの家庭を出て大学を卒業している、同質性の高い人々だ。

だからこれは経済資本の乏しい人だけの問題ではない。経済資本に恵まれた人、ブルジョワ的なライフスタイルの典型を生きる人の問題でもある。これほど清潔で、同質性の高いニュータウンやタワーマンションに暮らし、そのうえ儀礼的無関心をはじめとする通念や習慣の徹底している街に暮らしながら、はたして自分たちの同類以外と接点を持ち、視野や世界観を広げられるものだろうか?

戦後間もない日本の、地域共同体が存在し、なおかつ諸資本の高低にかかわらず誰もが混在して暮らしていた一時代には、ブルーカラーとホワイトカラー、低学歴者と高学歴者がコミュニケーションする機会が無数にあった。地域共同体に束縛される点ではコミュニケーションや世界観が現代より狭くなりやすかった反面、階級や階層、ライフスタイルや価値観にかかわらず人と人とが接点を持ち得る点ではコミュニケーションや世界観が現代より広がる余地があった。

地域共同体のコミュニケーションには強制力がついてまわり、対する現代のコミュニケーションは当事者の自由選択に委ねられているから、後者のほうが自由である、という主張はもちろん成り立つ。しかし、それはコミュニケーションの強制性から見た話で、後者は後者で選択可能なコミュニケーションとその対象が絞られやすく、現代人が持ちうる視野や世界観を制約している点には注意が必要である。

プラットフォームに規定されるネットの情報伝達

一九九〇~二〇〇〇年代の、日本のインターネット利用者がまだ少人数だった一時代には、それでもインターネット越しに見知らぬ価値観やライフスタイルに出合えると期待できた。私自身、インターネットとそのオフ会[*21]をとおしてさまざまな年齢・職業・地域の人と出会い、医療関係者の内輪では知り得ないことや経験できないことに出合ってきたと自負している。本書は、そうやって獲得した経験や知識に基づいて記されていると言っても過言ではない。

だが二〇二〇年から振り返ってみれば、そうした幅広いコミュニケーションとて、「いち早くネットユーザーになった」という共通した背景を持ち、インターネットそのものが関心の対象たりえる集団のなかで起こったものだった。私が医療関係者の輪の外でコミュニケーションできていたのは事実だが、そこにも視野や世界観の制約があったことは自覚せざるを得ない。

本当の意味でありとあらゆる人がインターネットを用いるようになったのはSNSやスマートフォンが普及した二〇〇〇年代後半以降だが、この頃には、インターネットの不自由な面、コミュニケーションや世界観が広がるよりも狭まる可能性が見えはじめていた。

フェイスブックやツイッター、インスタグラムといったネットコミュニケーションのプラットフォームは、私たちをますますコンテンツ媒介型のコミュニケーションへと駆り立てる。と同時に、私たちが誰とコミュニケートするか、何をコミュニケートするのかをオフラインの世界以上に選択可能なものにした。

コミュニケーションに強制力が働かず、自由選択が許されるという意味では、SNSは自由でパーソナルな空間を提供している。そのかわりSNSでは、自分が選択したアカウントや話題しか見えない。たとえば、アニメとゲームにしか関心のないオタクには、あたかも自分の好きなアニメやゲームが日本じゅうで流行しているかのようなコミュニケーションや世界観をもたらし、右派の実業家には自分の思想信条が多数派で、それに反する意見が批判されて当然のようなコミュニケーションや世界観をもたらしてしまう。

　自分の選択にそぐわない意見が視界に飛び込んでくる時でさえ、それはタイムラインの選好によってフィルタリングされたかたちで映し出される。たとえば右派の実業家のタイムラインには左派の労働運動家は否定的なものとして、あるいは社会の敵として流れてくる。もちろん左派の労働運動家のタイムラインには、右派の実業家が同じく否定的なものとして、あるいは社会の敵として流れてくる。

　そのようなコミュニケーションが何年も積み重なった結果として、思想信条の似た者同士がますますお互いをフォローしあい、異なった意見や立場を持った者同士がますますお互いを敵視しあう――私たちがSNS上でこの一〇年以上続けてきた営みは、そのようなものである。

　グーグル検索の結果もアマゾンのおすすめ商品も、その他インターネットに現れる広告も、ユーザー自身のコミュニケーションや世界観を反映したものにパーソナライズされている。もともとインターネットは、自分でクリックしたテキストや画像だけが見えて、自分が選ばなかったものが目に入らないつくりになっていたが、現在のインターネットは自分で選択するまでもなく、自分の見たいものや自分が関心を持っているもの、自分に近い価値観や世界観のもので視界が埋め尽くされるようにつくられている。[*22]

今日のインターネットでコミュニケーションの自由や思想の自由について考える際には、ユーザーの自由選択が保証されているか否かを考えるだけでなく、そもそもSNSの空間設計がどのようなもので、タイムラインや検索結果や広告がどのように表示されるのかについても考えなければならない。

私も含め、まだ大半のネットユーザーがインターネットを自由なコミュニケーション空間だと思い込んでいた二〇〇〇年のうちに、法学者のローレンス・レッシグは、インターネット上のコミュニケーションやコミュニティ、ひいてはユーザーの自由は、とりわけ空間設計によって制約されると指摘した。[*23] コミュニケーション空間としてのインターネットは、ウェブサイトであれSNSであれ検索サイトであれ、プログラムによって、つまりコードによってつくられているから、ユーザーはコードに書かれた空間設計のとおりにしか行き来できないし、コミュニケーションすることもできない。

たとえばツイッターユーザーのコミュニケーションは、一四〇字という文字制限やフォロー／被フォローに基づくタイムラインの構造、リツイート（＝シェア）や「いいね」といった制約のもとで進行する。ツイッターユーザーの視界に入るのは、フォローしている他のユーザーの投稿やリツイートだけで、一四〇字以上の長文を読み書きすることも、フォローしていないユーザーの投稿やリツイートを見ることもない。ユーザーは、ツイッター社がコーディングした空間設計のとおりにしかコミュニケーションできないわけで、もちろんラインやインスタグラムも同様である。

レッシグは、コミュニケーション空間を制約し、ひいては個人の自由をも制約する要素として空間設計《アーキテクチャ》に加えて法・規範（本書で言う通念や習慣がこれにあたる）・市場の四つを想定したが、ネットコミュニケーションはまさにそのようなものとなっている。インターネットでコミュニケーションする者は誰でも、誰かがコードを書いたプラットフォームのもとでコミュニケーションする。と同時に法制度が認める範囲で言論の自由を守られ、と同時に通念や習慣に基づいてアカウントが炎上したり凍結されたりする。

市場からの影響も大きい。いまどきのブロガーやユーチューバーは、広告収入という狭義の市場原理に基づいてコンテンツを配信する。広告収入目当てでなくとも、お互いを値踏みしあう人間市場の市場原理に従って、または効率性を求めずにいられない資本主義的なコミュニケーションに沿ったかたちで、いわば市場の顔色を窺うようなコミュニケーションに終始している。なにより、個人のウェブサイトや企業の提供するプラットフォームは経済的基盤によって成り立っているから、それが失われれば消失してしまう。

空間設計を徹底した現在の中国

売買とコミュニケーションが不可分になった現代社会では、レッシグが指摘した四つの要素（空間設計・法・通念や習慣・市場）は、それぞれがお互いを補強しあっている。すなわち、資本主義（＝市場）と個人主義、それらをとりもつ社会契約のロジックに基づいて法が制定され、通念や習慣がかたちづくられ、それらに最適化された空間設計が市場淘汰を生き残っていく。そしてフェイスブックであれインスタグラムであれ、市場淘汰を生き残った空間設計のプラットフォームが私たちをますます売買とコミュニケーションへといざない、それが未来の法制度や通念や習慣をかたちづくっていく。

インターネットの空間設計は、本章のはじめで紹介した環境管理型権力と規律訓練型権力で言えば前者の側面が強調されがちだが、お互いを覗きあい、値踏みしあい、効率性を意識しあうコンテンツ媒介型コミュニケーションの繰り返しをとおして、私たちは私たち自身を監視しあい、訓練しあい、馴らしあい続けている。そういう意味では、後者の側面も併せ持っている。

私たちの暮らす街、私たちの住む家屋にしてもそうだ。よくできた精神科病院の空間設計が患者の行動や症状を変えるのと同じように、街や家屋の空間設計は私たちの行動を変え、通念や習慣をかたちづくり、個人主義的でプライベートに敏感な、資本主義にも社会契約にもよく馴染んだ個人を再生産していく。

とりわけ東京のような、あらゆる場所が人工的で、資本主義と社会契約のしるしに覆い尽くされた街では、街そのものが環境管理型権力として機能し、街そのものが規律訓練型権力としても機能している。すべてがコードで設計されたインターネットに比べれば隙間はあると言えるけれども、従来の町村部に比べれば隙間はずっと少ない。

そのような街で暮らす人々の人生とは、ますます清潔に、ますます行儀良く、ますます功利主義的な個人として訓練され続ける人生だ。職業選択の自由・売買の自由・コミュニケーションの自由が保証されているこの社会は、その前提条件となっている秩序への適応を私たちに迫り、資本主義や個人主義や社会契約のロジックにふさわしい個人であるよう求めてやまない。私たちはその大前提にたったうえではとても自由だし、機会の平等にも開かれているけれども、その自由や平等の与件となっている通念や習慣には強く束縛され、それらを補完する法制度や空間設計が日に日に強化されていく社会を生きている。このような社会の歩みのなかで暮らしている私たちは、ますます自由になっていると本当に言えたものだろうか。

空間設計が私たちの行動や通念や習慣に与える影響の大きさを推しはかる際には、最近の中国で起こっている変化が参考になる、と私は考えている。

中国は一九八〇年から二〇一五年の間にGDPが三六倍以上になるという、未曾有の経済成長を成し遂げた。[*24] それだけでなく、中国の人々は清潔で行儀の良い、現代的な習慣や通念――たとえば清潔で臭わない、安全と安心に適ったような行動や振る舞い――をたちまち身に付け、売買やコミュニケーションの自由な社会状況を実現させつつある。

『幸福な監視国家・中国』[*25] を読むと、そうした中国の人々の行動の変化が、AIや監視カメラ、ウィーチャットやアリババも含めた空間設計に支えられている様子が見て取れる。

中国の人々は、急速な空間設計の導入によって便利で効率的で安全・安心な生活を手に入れた。それは企業や国家による濃密な監視を生み出す一方で、欧米諸国が数百年かけて成立させ、日本も一〇〇年以上かけて成立させた功利主義的な社会状況をも一挙に作り出した。

清潔な習慣も安全・安心な秩序も、中国は欧米や日本に比べてずっと〃遅れていた〃はずなのに、欧米や日本をも凌駕する秩序を打ち立てられたのは、オンラインでもオフラインでも大胆な空間設計を中国が実践したからだろう。そうしたテクノロジーは新型コロナウイルス感染症との戦いに貢献したと同時に、新疆ウイグル自治区では少数民族に対する〃再教育〃政策にも役立てられ、威力を揮っている。

同書を読む限り、中国の功利主義的状況は、個と個がぶつかりあい、せめぎあうことを前提とした欧米社会よりも、そういったものの乏しい日本のそれに近いように見える。*26 もし、近代市民社会の伝統の長い欧米社会より、そうでない新興の社会のほうが空間設計の影響を色濃く受けるのだとしたら、私たちは中国で起こっている出来事を他山の石とすべきだろう。

本当にやってきたポストモダン

私たちは今、規律訓練型権力と環境管理型権力がかつてないほど力を持ち、生活やコミュニケーションの隅々まで覆い尽くした時代に生きている。それらによって売買とコミュニケーションは限りなく自由になった反面、オンラインでもオフラインでも空間設計によって行動をコントロールされるようになり、一連の功利主義的状況から逸脱することも難しくなった。行動経済学で言う「ナッジ」もまた、環境管理型権力に関する経済学からのアプローチだと理解できる。そうやって私たちは、まんまとショッピングモールで買い物し、オンラインゲームのアバターにお金をかけ、インスタグラムにはよく映える写真を投稿し、フェイスブックにはご立派なメンションを書こうとする。

おそらく、私たちにはまだ自由意志が残っている。それでも、空間設計に逆らって行動するのは、ガードレールの整備された東京の車道を横切るのと同じぐらい、あるいはツイッター上でブロックされているアカウントをわざわざ別のアカウントを再取得して読みに行くぐらい[*27]、骨の折れることだ。

大筋として私たちは空間設計によって行動をコントロールされ、そのことを普段はあまり自覚していない。そして日々の生活をとおして、習慣や通念をたえず内面化させられている。

欧米諸国が近代市民社会を成立させている与件として、個人の自由意志は避けて通ることのできない要素だった。近代市民社会とは、個人の自由意志を寄り集めて自分たちの社会をつくり、個人としての生活をそれぞれがみずから生きる、そんな社会であったと思う。

しかし少なくとも日本や中国では、近代市民社会がきちんと成立する暇もないうちに、強力な空間設計によって社会が覆われてしまった。中国ではあまりにも強力な空間設計によって、日本の場合は一九八〇年代から広まったユースカルチャーの介添えにもよって、個人が自由意志を働かせられる領域は売買とコミュニケーションの領域へと集約されていった。その売買やコミュニケーションの領域ですら、プラットフォーマーの思惑やＡＩによる解析に侵犯されているのだから、これは、欧米諸国の近代市民社会、少なくとも理念どおりの近代市民社会とは異なったどこかである。

私はここで、ポストモダンという言葉を思い出さずにはいられない。

ポストモダン、近代（モダン）の後（ポスト）という二語から成るこの言葉にはさまざまな意味づけがあり、冷戦終結に象徴されるイデオロギー闘争の終わりに主眼を置くもの、個人の自由意志の成立に疑問を差し挟むものなど、論者によってニュアンスは異なる。ここで私がポストモダンという言葉を思い出さずにいられないのは、個人がブルジョワ的主体として自由に意志決定できるというその前提が、現在では、それらを高度に成立させるべく発展してきた通念や習慣、法制度、空間設計によって制限付きの自由へと囲い込まれているように見えるからである。

二〇世紀の後半にポストモダンという言葉が内外で語られた時、それは資本主義や個人主義や社会契約のロジックにいち早く適応した人々、欧米社会のホワイトカラー層、日本では八〇年代の新人類やオタクにこそよく当てはまるものだった。いわば『なんとなく、クリスタル』のようなポストモダンが語られ、その思想自体がコンテンツ媒介型コミュニケーションに供されるコンテンツになっているように、学生時代の私には見えていた。
それに対して、ここで私が指摘したい現代のポストモダンとは、資本主義や個人主義や社会契約のロジックが地方にまで行きわたり、それらを支えるための通念や習慣、法制度、空間設計も隅々にまで浸透したようなポストモダンのことだ。田舎の高齢者もショッピングモールで買い物し、ＳＮＳでコミュニケーションし、ネットオークションサイトで売買する、そのようなポストモダンのことでもある。

二〇世紀のそれとは異なり、令和時代のポストモダンには逃げ場所がない。二〇世紀後半の地方には地域共同体がまだ残っていて、前―近代的な通念や習慣を身に付けた若者も少なくなかった。資本主義にも個人主義にも社会契約にも乗りきれていない彼らは、たとえば暴走族として地域共同体と繋がりあいながら独自のユースカルチャーを形づくってもいた。ポストモダンに対するオルタナティブとして、日本にはプレモダン（前―近代）が残存していた、と言ってもいいかもしれない。

ところが平成から令和に至る三〇年の間に、地域共同体とその通念や習慣は希薄になり、暴走族もプレモダン的な集団から個人主義的な集まりへと変貌した。[*28] 地域共同体《ゲマインシャフト》から社会契約《ゲゼルシャフト》への転向は、地方においては近代という中間段階を経ることなく、プレモダンからポストモダンへと跳躍した。

東京から地方まで、高学歴層から低学歴層まで広がったポストモダンは、ブルジョワ的な生活にふさわしい経済資本や文化資本を持った人々より、持たない人々に対して拘束的だ。というのも、経済資本や文化資本に恵まれた人々のほうが現代の秩序によく馴染み、売買やコミュニケーションの自由から多くの選択肢を勝ち得るからだ。逆に、そうした経済資本も文化資本も持たない人々は、現代の秩序に馴染むための習慣や通念を身に付けきっておらず、売買やコミュニケーションの自由からより少ない選択肢しか受け取ることができない。さりとて持たない人々もまた、地域共同体というオルタナティブを失ってしまっているから、資本主義、個人主義、社会契約の外側を選ぶわけにもいかない。

SNSをはじめとするインターネットの空間設計にしても、そこからより多くのチャンスを掴むのは多く持っている人々で、より搾取されるのは少なくしか持っていない人々だ。より多くのコントロールを受け、より簡単に動員され、より抵抗できないのも、少なくしか持っていない人々だろう。

二〇世紀後半に話題となったポストモダンは、ある意味、経済資本や文化資本を持ち合わせている人々のコンテンツとして消費されたに過ぎなかった。対して二一世紀の地に落ちた、もはやコンテンツとして消費するに値しないポストモダンは、経済資本や文化資本を持たない人々を巻き込んだ、個人の自由意志に対する切羽詰まった問題として立ち上がっていて、オルタナティブがない。

そうした状況のなかで、プラットフォーマーはますます私たちの行動に働きかけ、保守革新を問わずアジテーターたちが人々を扇動し、自家製のタイムラインに映る正義を疑わない人々同士のぶつかりあいが政治にまで影響するようになったわけだから、ポストモダンは〝ネタ〟から〝ベタ〟になったとも言える。

その〝ベタ〟になったポストモダンのなかで、私たちの行動や振る舞いがどこまで自由の所産と言えるのか、改めて私は問うてみたい。あなたはこの秩序のなかで、どこまで自由で、どこから不自由ですか、と。

第七章

資本主義、個人主義、社会契約

ますます便利で快適、安全・安心になっていく社会のなかで私たちに課せられている諸条件について、さまざまな角度から検討してきた。社会が進歩するにつれ、私たちに期待される行動や振る舞いが変わり、それに伴って、私たちがどう自由でどう不自由なのかも変わった。誰がマジョリティたりえて、誰がマイノリティたりえるのかも変わっただろう。東京の美しい街並みや令和時代の秩序は、そうした変化のうえに成り立っている。

第七章では、そうした社会変化の根底にある思想やイデオロギーについて、本書の主旨に沿ったかたちで考えてみる。

第二章〜第六章で紹介したトピックスには常に、資本主義や個人主義や社会契約からの影響が見え隠れしていた。メンタルヘルスの診断基準には資本主義的プラグマティズムが関わり、健康にはブルジョワ的な上昇志向の手段としての、または個人主義的な自己顕示の意味合いがあった。現在の健康は〝普遍的価値〟のひとつとみなされ、資本主義的プラグマティズムと結びつけて自己目的化している。

子育ての難しさもこれらと無関係ではないのは、第四章で述べたとおりである。清潔にまつわる習慣や通念、プライベートな個人生活とそのための空間設計についても、そのルーツは中〜上流階級に遡ることができる。

それぞれの章で紹介した進歩は、自然科学的なテクノロジーや社会科学的な制度によって支えられると同時に、思想上の正しさによっても支えられてきた。少なくとも欧米の知識階級とそのフォロワーたちは、テクノロジーや制度のアップデートに歩調を合わせるように思想上の正しさをもアップデートさせ、その正しさを世界じゅうに行きわたらせてきた。西洋文明が世界を席巻し、現在も席巻し続けていられるのは、テクノロジーや制度の進歩にあわせて正しさをもアップデートさせ続けてきた一面にもよる。

だがもし、そうしたアップデートの二人三脚が中～上流階級から庶民にまで行きわたっていくなかで、当初は予期していなかった副作用が表れてくるとしたら、そこにも目を向け、克服していくのが本当の意味での進歩ではないかと私は思う。たとえば高度経済成長期には公害問題が顕在化したが、日本社会はこれを克服していった。人類全体の発展に伴うグローバルな副作用としての地球温暖化についても、これを克服すべきという声が上がっている。

それと同じことが、第二章～第六章で取り上げた進歩の数々にも言えるのではないだろうか。

本書を締めくくるにあたり、なにかと見え隠れしていた思想やイデオロギーの問題に言及しないのは片手落ちもいいところだろう。こういった分野に関して、私は浅学きわまりない身ではあるけれども、社会の進歩や自由を考えるにあたって素通りするわけにもいかないため、現時点での所感を述べてみる。

自由の代償として私たちが背負わされているもの

私たちは大変自由度の高い、多様な社会に生きている。それは諸々の進歩のおかげなのだが、その進歩が何の留保もなく私たちに自由を提供しているわけではない。これまで記したように、私たちは進歩した社会にふさわしくいられるよう、つまり就労能力も、清潔さも、行動や振る舞いも、安全・安心な社会に見あったものであるよう、暗に期待されている。医療や福祉によるサポート、学校教育による規律の訓練、法制度といったさまざまなものが、社会から逸脱しそうになる人間を社会へと引き戻す。空間設計からの影響もその一部と考えて差し支えない。

そのことと引き換えに、私たちは資本主義、個人主義、社会契約、これらが三位一体となったイデオロギーに根ざした利便性や快適さを受け取っている。たとえば暴力やローカルな権力に抑圧されることなく、自由に売買やコミュニケーションを遂行できるのは、この社会にふさわしい通念や習慣を誰もが共有し、それにふさわしい行動をとっているからだ。

一九世紀の哲学者であるジョン・スチュアート・ミルは、お互いに迷惑や危害を加えないことで個々人の幸福追求の自由を守る、危害原理を含めた功利主義の思想を発展させた。[*1] 第五章や第六章で触れたように、個人それぞれが自己主張しあうことを前提とし、そうしたなかで市民運動が盛んに行われる欧米社会と、自己主張をお互いに控えあい、デモンストレーションやストライキや子連れの母親にまで迷惑そうな目を向ける日本社会では、ひとことに「功利主義の実現」と言っても同質とは言えない。

だがさしあたり、お互いに迷惑や危害をかけず幸福追求の自由を守りあう通念や習慣の浸透、そうした社会を支えるための空間設計の洗練という点では、ミルの存命中とは比較にならないほど日本では危害原理が実現している。

ところが功利主義的な通念や習慣が浸透し、法制度や空間設計がそれを強力にバックアップするようになった結果として、私たちが自由に生きるための功利主義は、事実上、個人の生き方をその自由の枠組みへ、つまり資本主義と個人主義と社会契約のイデオロギーやそれに最適化されたライフスタイルへとはめ込むものになっている。それらに基づいた習慣や通念、行動や振る舞いを実質的には強制されていると言っても過言ではない。

現代社会で「良い」とみなされているライフスタイルは、ほぼすべて、この三位一体のイデオロギーの内側の選択肢だ。私たちには、成金趣味の消費個人主義に走る自由も、スローライフな喫茶店の店員として生きる自由もあるし、子どもをもうけてももうけなくても構わない。だが、この三位一体のイデオロギーに対するオルタナティブと言えるような思想やライフスタイルを持ち合わせているわけではない。冷戦が終結する頃まで、大都市圏では社会主義がオルタナティブな思想やライフスタイルを象徴していたと同時に、地方では地域共同体に根ざした前―近代的な思想やライフスタイルが成立する余地があった。

が、現在はそうではないのである。

ミルが『自由論』に記した功利主義や危害原理が、現代の個人主義を考えるうえで避けて通れないものであることは論をまたない。しかしミルが展望していたのは、多様な人間と多様な議論が存在しても構わない社会で、マジョリティの思想やライフスタイルがマイノリティに押し付けられる社会や、ブルジョワに端を発した思想やライフスタイルがすべての個人を捉えて離さない社会ではなかったはずである。*2

売買やコミュニケーションの自由、出自や性別に関係なく進路を選択できる自由、結婚してもしなくても構わない自由に関しては、ミルの理想はおおよそ実現したと言える。ところがそれは資本主義、個人主義、社会契約の三位一体という、ブルジョワ階級に端を発した思想やライフスタイルから外れない範囲の実現であって、たとえば地域共同体的な思想やライフスタイルは選択肢としてありえなくなった。もちろん、社会主義もオルタナティブとしての存在感を失って久しい。

欧米社会では、イスラム過激派に入る若者やテロリズムに走る若者も見られるが、もっと穏健で現実的な選択肢として、私たちにも手が届くオルタナティブは、少なくとも私には見当たらない。

ずっと窮屈になった「他人に迷惑をかけない幸福追求」

ミルが語った危害原理は、「人間の行動を制限する力の行使が正当化されるのは、他人に害を及ぼしてしまう場合に限られる」といった内容だった。この内容に基づくなら、他人に危害や迷惑をかけない限り、人はそれぞれの幸福を自由に追求でき、そのライフスタイルや思想を制限されることもない——ということになる。

しかし、この危害原理で言う「他人に危害や迷惑をかけない限り」がまさに問題だ。現代社会において、どのような行動や振る舞いがそれに該当し、どのような行動や振る舞いがそれに該当しないのか。

ここまで述べてきたように、社会が進歩するにつれて、危害とみなされる行動、迷惑とみなされる行動は変わり続けてきた。たとえば令和時代ではタバコの煙は健康被害をもたらすものとみなされており、昨今の分煙化も危害原理に合致している。しかし一九八〇年の嫌煙権訴訟の判決が示しているように（一〇〇頁）、過去の日本ではタバコの煙が「他人に危害や迷惑をかけない限り」に抵触しているとみなす人は少なかった。

第五章で論じた問題にしてもそうだ。〝デオドラント革命〟が起こる前の、街のいたるところが不潔で、いやな臭いが充満していた時代には、他人の臭いを迷惑に感じる度合いも、自分の臭いに羞恥心や罪悪感を覚えなければならない度合いも少なかった。昭和時代の日本は現在ほど清潔ではなく、喧騒や怒号にみちていたが、そういったものに対して私たちはおおらかだった。

ミルが活躍していた頃のロンドンと比べても、令和時代の日本社会、とりわけ東京は、はるかに快適で健康的で、街を安心して歩きやすい。そうした社会が成立するのと引き換えに、私たちは昭和時代よりもずっと細かなことにも危害や迷惑を感じ取るようになり、他人に対しても自分自身に対しても、そうした行動や振る舞いを許せなくなってしまった。

ゆえに、ひとことで「他人に危害や迷惑をかけない限り」と言っても、ミルが生きていた頃のロンドンと令和時代の日本とでは、他人に危害や迷惑をかけることなく幸福を追求できる自由の範囲は異なっている。

より多くの行動や振る舞いが危害や迷惑とみなされる社会、より多くの行動や振る舞いが逸脱として医療や福祉によってマネジメントされなければならない社会では、理念はともかく、現実的に選択可能なライフスタイルはどうしても狭くなってしまう。結局私たちはこの社会のマジョリティの習慣や通念、つまり、ブルジョワ階級に由来するさまざまな習慣や通念に従うことで、危害原理からはみ出さないよう努めざるを得ない。この約束事を無視して幸福追求を目指せば目指すほど、どこかで他人に危害や迷惑をかける可能性が高まるだろう。

この構図が、自己主張をとおして個と個がせめぎあう欧米社会、たとえば現在のアメリカやフランスにどこまで当てはまるのかはここでは問わない。ともあれ、令和時代の東京で危害原理を忠実に守ろうとするなら、ミルが想定していたよりずっと窮屈な、いまどきの秩序に従った行動や振る舞いに終始せざるを得ないし、功利主義によって個人の自由が守られる側面だけでなく、功利主義によって個人の自由が脅かされる側面も浮き彫りになることを確認しておこう。『自由論』を思い出す限り、ミルがこのような社会を望んでいたとは考えにくいのだが。

ルソーは社会契約が徹底した未来を夢見ていたか

社会契約についても、かつての思想家の想定を超えた状況ができあがっていると、私には見える。

社会契約と言えばルソーの『社会契約論』[*3]が有名だが、これはフランス革命の少し前に出版され、評判を得ている。フランス革命直前のフランスは、ブルジョワ階級（当時の呼び方で言えば第三身分）がいよいよ社会に台頭し、旧体制の権威や権力に取って代わろうとしていた時代だった。資本主義のロジックが農民までをも巻き込んでいった時代でもある。[*4]

ルソーが生きていた頃は資本主義のロジックよりも旧体制のロジックが幅を利かせ、王や貴族や教会が権威や権力をふるっていた。社会契約のロジックも徹底しておらず、ブルジョワたちの望みどおりに売買やコミュニケーションができる社会状況とは言えなかった。

個人主義も徹底していたとは言えない。第六章でも触れたが、現代人のライフスタイルに不可欠なプライベートの保たれた家屋が普及したのは、比較的最近のことだ。先にも引用したフィリップ・アリエスによれば、家庭や個人がプライバシーのある生活を獲得するのは一八世紀以降であったという。[*5] しかもこれは都市部の中〜上流階級の話で、たとえばフランスの農民の世界ではそうした変化への抵抗が根強く、昔ながらの通念や習慣が長く尾を引いていた。[*6]

旧体制の権威と権力がのさばり、プライバシーも不徹底で、野蛮や暴力が残っている社会状況のなかで、ルソーは国民全員の共通した利害（一般意志）に基づいた、平等な法の支配を描き出した。それは、旧体制の権威や権力に我慢ならなかったブルジョワたちにとって望ましかっただけでなく、法のもとに皆が平等に守られる社会、ひいては現代社会にまで連なるアイデアだった。身分をかさに権威や権力をふるう人間、暴力によってコミュニケーションを解決する人間が宮廷にも農村にも存在している社会のままでは、現代のような快適で安全・安心な社会など望むべくもないだろう。

そうした社会状況のなかで、社会契約というオルタナティブを掲げてみせたルソーたちは、やはり傑出した人物である。現代社会の快適さの恩恵に与っている私たちは、ルソーや彼に前後する思想家たちに足を向けては寝られない。

だが思想家たちが活躍したのは彼らのディスカッションが夢想の域を出ない時期だったから、自分たちの思想が社会に徹底された時に何が起こるのか——たとえば男女の出会いやSNS上のコミュニケーションにまで資本主義や個人主義や社会契約のロジックが組み込まれるようになった未来、あるいは子どもが街で遊ぶリスクに誰もが神経質になった未来を想定してディスカッションを行っていたわけではない。

この数世紀の間に、資本主義や個人主義や社会契約のロジックが世界を席巻していった。戦後の日本ではとりわけ駆け足のスピードで浸透し、ブルジョワ的な通念や習慣とともに広がっていった。男女関係、子育て、家族といった、地域共同体に基づいていた営みも、振り返る暇もないスピードでそれらのロジックに呑み込まれていった。

経済資本にも文化資本にも恵まれ、それらのロジックに素早く適応したブルジョワとそのフォロワーたちには、この変化が「市民社会の迅速な実現」と映るかもしれない。だが、この変化に誰もが素早く適応できたわけではないし、ブルジョワ的なライフスタイルの成立を密かに支えていたのは、実のところ、それらのロジックに身を委ねるのが遅れた人々ではなかったか？　遅れた人々が提供する労働力や出生力を買い叩いたうえにブルジョワ的なライフスタイルが成立していたのであって、そこには階級の差異、宗主国と植民地の差異、先進国と途上国の差異といったものが常に潜在していたのではなかったか。誰もがブルジョワ的なライフスタイルを志向し、資本主義と個人主義と社会契約のロジックを内面化した時、それまでブルジョワに傅《かしず》き、労働や世代再生産を担ってきた人々の役割をいったい誰が担うのか、といった問題が露わになる。

この問題は、欧米社会ではある時期まで階級による差異や宗主国―植民地による差異によって埋められ、ある時期からは専業主婦という、ジェンダーの差異によって埋められた。その後、欧米社会は移民を解決の筋道としたけれども、日本はそうではない。

二〇世紀の後半、日本では「一億総中流社会」という言葉が流行したが、これは、日本人全員が正真正銘のブルジョワ階級になったという意味ではなく、健康・子育て・清潔に関する通念や習慣がブルジョワ的になったということでしかなかった。子育てや家事を誰かにアウトソースできる経済力を持たない、通念や習慣ばかりブルジョワ化したたくさんの人々には、子育てや家事とブルジョワ的な上昇志向を両立させるのはいかにも困難だった。

東京の現状を省みれば、ルソーたちのロジックが隅々にまで浸透すると、どういう問題が現れてくるのかが見て取れる――ブルジョワ的な思想やライフスタイルが当たり前になり、そのための通念や習慣が徹底した街では、個人としての成人男女は自由に快適に暮らしていけるし、子どもをもうけるまではキャリアアップや幸福追求に夢中になっていられる。そのかわり、親や子どもの肩身は狭く、子どもを育てるためのコストやリスクを負うのは非常に勇気の要ることとなっている。結果、結婚や出産が難しくなり、東京は周辺地方から若者の血を啜り続けることで、何とか街を成り立たせている。

周辺地方から若者の血を啜って東京が成り立っているということは、結局、階級の差異や宗主国―植民地に相当するなんらかの差異がいまだ必要とされている、ということでもある。資本主義、個人主義、社会契約が徹底した街では、庶民にとって世代再生産は簡単ではない。そもそも、これらのロジックは世代再生産を行うことを念頭に置いて議論されていなかったのではないか？

ルソーは『エミール』という子どもの教育についての書籍を残している。だが、当のルソーは父親として子育てに関わっておらず、『エミール』で強調されているのは母親や家庭教師の役割だった。ルソーに先立ってロックは『教育に関する考察』のなかで父親や家庭教師の役割を、ブルジョワの再生産にふさわしいかたちで論じていた*7が、どちらにせよ思想家たちが母親の視点に立って社会を論じていたようにはあまり見えない。

個人主義、資本主義、社会契約のディスカッションを主導したのは専ら男性で、のちに女性の権利獲得を謳った女性の多くも、男性同様の権利を女性が獲得するために運動した。ここまでの文脈に基づいて翻案すれば、女性の権利獲得のための運動もまた、庶民の通念や習慣が総ブルジョワ化していった大きな潮流の一部ということになろう——女性がキャリア志向になり、経済的主体として立ち回る自由を獲得できるようになれば、社会はますますブルジョワ的なものとなるからだ。だが不幸なことに、このブルジョワ化は妊娠も子育てもアウトソースするブルジョワ男性を摸したものだったから、それに最適化すればするほど妊娠や子育てが難しくなってしまう。

この問題は男性とも無関係ではない。たとえば子育てに熱心な父親が栄転を前提とした単身赴任をサジェストされた時、父親は、子育てとキャリアの板挟みになってしまう。そのような場合、収入を意識し、子育てに後ろ髪を引かれながらもキャリアを選ばざるを得ない父親が多いことだろう。

こうした点も含め、思想家たちが積み重ねてきたディスカッションや運動、進展させてきた功利主義的状況には、妊娠適齢期についての男女の生物学的制約や、それらのロジックの外側で営まれていた子育ての都合を考慮に入れていない部分が少なくないように、私には見受けられる。そもそも妊娠する女性たち、子育てに忙しい女性たちは、資本主義や個人主義や社会契約のディスカッションに十分に参加していなかった（というより参加できなかった）ことを思えば、無理もない話なのだが。

子どもも同じである。それらのロジックは子ども自身がディスカッションに参加することなく進展し、児童労働や体罰が盛んに行われていた頃にせよ、大切にされてはいるが行儀良く過ごさなければならない現代にせよ、子どもの境遇は大人たちのロジックにいつも隷属している。

そうしたロジックに基づいて社会が進歩すれば、男性ブルジョワのように働きたい女性が働くのに適した社会へと近づいていくだろうし、現に世界はそのようになっている。しかしそれは、子どもを産みたい女性や育てたい男女に最適化された社会ではない。進歩に伴って個人のブルジョワ化が徹底すると、子どもを産みにくく、育てにくい社会にならざるを得ないのではないだろうか。

欧米のようには解決できない東アジアの少子化問題

近年は欧米でも合計特殊出生率が低下の一途をたどっているが、[*8] こうした問題がとりわけ表面化しているのは、日本も含めた東アジアの国々である。子どもが教育投資の対象とみなされ、そうした意識が先鋭化している東アジアの国々は、軒並み少子化にあえいでいる。シンガポールなどは強権的な政府主導のもと、少子化問題に非常に熱心に取り組んでいるが、それでも合計特殊出生率は一・二（二〇一六年）である。[*9]

東アジア諸国では「子どもを育てるには高い教育費をかけるべき（そして次世代の経済生産性を向上させるべし）」というブルジョワ的な子育て観が庶民にまで行きわたっており、教育投資ができる見込みもないまま子どもをもうけようとする者は少ない。とりわけ東京のような、この思想が徹底的に内面化され、教育投資が当たり前になっている街ではそうである。

東アジアの庶民が子どもをもうけないのは、生物学的にはともかく、経済的にはブルジョワのロジックに適っている。資本主義的な効率性や生産性、合理性のロジックを内面化しているほど、個人主義に基づく消費主体としての意識が徹底しているほど、子育てのコストやリスクを案じずにはいられなくなる。

教育費が高騰し、すっかりハイリスクになってしまった子育てに投資するぐらいなら、もっとコストパフォーマンスの優れた、もっとリスクの少ない選択肢があるのではないか――いまどき、そういったコストパフォーマンスやリスクを考えずに子どもをもうけるのは、単に不経済であるだけでなく、不経済であるがゆえに社会からの逸脱にも等しい。

子どもは教育投資されると同時に、権利を守られなければならない。社会契約が徹底し、家庭にも虐待を防ぐ手だてが及ぶようになったのは良かったが、親にとっての子どもは今までよりもずっと慎重に対峙しなければならない存在となった。〝動物〟として生まれてくる子どもは、媒介物を介したコミュニケーションがそのまま通じる相手ではない。にもかかわらず、専ら媒介物を介したコミュニケーションに慣らされた現代人が子どもをもうけた時、唐突に子どもという〝動物〟に対峙させられ、しかもその〝動物〟を虐待やネグレクトに相当しないよう、巧みに育ててみせなければならないのである。

かつては地域共同体が子育てをシェアし、そのノウハウを継承していく場としても機能していたが、現在ではあてにならないため、親が子育てを丸抱えし、ノウハウもみずから獲得しなければならない。また、子どもがいても構わないのは社会契約や法制度によって定められた空間に限られているから、近所で勝手に遊ばせておくわけにもいかず、結局、子どもの二四時間を親自身がマネジメントしなければならない。これらに要する時間的・経済的・心理的コストを親自身が丸抱えしなければならないのだから、挙児や育児に尻込みするのはきわめて自然なことだ。

西洋の思想史を主導した国々は、こうした問題にある程度まで対応できている。たとえばルソーら大思想家が活躍し、フランス革命を経験したフランスは、東アジアの新興国よりもずっと高い合計特殊出生率を保っている。その理由の一端は、思想が開花していくのと並行して少子化が早くから進行し、少子化が議論され、少子化対策に長い時間と費用をかけるコンセンサスができていたことだろう。[*10] またフランスに限らず、少子化に対して長らく問題意識を持ち続け、なおかつ個人主義を高度に発展させた国々では、「子育ては家庭や夫婦でなされるべき」という古い家族観が解体されていて、女性が個人単位で子どもをもうけることが制度上も通念や習慣のうえでも肯定されている。[*11]

しかし日本はそうではない。資本主義は戦前から流れ込みはじめていたが、個人主義が本格的に広がったのは戦後のことでしかない。地域共同体による子育てが破壊された一方で、子どもを家庭や夫婦と結びつける習慣や通念が根強く残っている。[*12] イギリスの社会学者であるアンソニー・ギデンズは、ヨーロッパ諸国を念頭に、現代社会では旧来の家族システムに代わって個々人の親密さに基づいて子育てがなされている、と論じたが、[*13] それは長い時間をかけて個人主義や少子化を受け入れてきた国々に当てはまることであって、世代を重ねるより早く資本主義や個人主義や社会契約の濁流を飲み干した日本、あるいは東アジアの国々にそのまま当てはまるものではない。

清潔で安全な街並みや「かわいいは正義」が象徴しているように、功利主義的な秩序のある部分は、個人主義の進んだヨーロッパ諸国よりも日本でこそ先鋭化している。店に入って挨拶をしなければ売買が始まらず、客を見て店員が態度を変えるのはフランスではよくあることだが、現代日本の通念に基づいて考えるなら、これは社会契約のロジックの不徹底であり、SNSに暴露されれば炎上してもおかしくないものだろう。反面、功利主義的な秩序によって個人の自由や子育てが締め付けられる度合いは、日本よりフランスのほうが緩いのではないだろうか。もっとも、そのフランスとて無謬《むびゅう》というわけではなく、資本主義と個人主義と社会契約を守るために受け入れた移民にまつわる問題に、現在は直面しているのだが。

フランスの少子化対策には参考になる部分ももちろんあろう。だが、フランスの方法論はフランスによく似た歴史を歩んで近代市民社会へと至った国、思想の進展と少子化の進展するスピードがうまく釣り合い、通念や習慣がゆっくりと浸透した国にこそふさわしい。

日本の歴史をさらに早送りするような経緯をたどり、ブルジョワ的な子育ての意識を尖らせ、日本以上に激しい少子化を経験している東アジアの国々は、この問題を欧米と同じようには解決できまい。そして欧米の知識人のディスカッションが暗に示しているように、欧米社会が私たちの社会に最適な処方箋を投げてよこしてくれるとは期待しがたい。

ブレーキ無しで新自由主義的状況に曝される私たち

もちろん欧米のディスカッションのなかには、東アジアの私たちにも当てはまる問題、むしろ、私たちにこそ妥当しそうな問題を論じたものもある。アメリカの政治学者であるウェンディ・ブラウンは、その著書『いかにして民主主義は失われていくのか』のなかで、新自由主義の浸透に伴って民主主義が危機に直面している、と論じた。*14

ブラウンの言う新自由主義*15の浸透した社会では、政府も、学校も、個人の通念や習慣や価値観も、すべてが企業化・法人化し、資本主義のロジックに呑み込まれていくという。

すなわち、個人も組織も政府も資産価値や運用価値が高まる選択を良いものとみなすようになり、そのように行動するよう強いられる。資本主義のロジックが社会の隅々にまで浸透し、私たちの通念や習慣にもそれが内面化されるとするブラウンの見立ては[*16]、本書で述べてきた内容ともよく合致する。

ただし、留意しなければならない点もある。それは、日本も含めた東アジアの国々にブラウンが案じてやまない民主主義がどこまで浸透していたのか、という点だ。

ブラウンによれば、ソクラテスやアリストテレスから受け継がれてきた政治のロゴスは、人間の経済的な特徴（ホモ・エコノミクス）よりも政治的な特徴（ホモ・ポリティクス）を重視したものであったという。古代ギリシア人が語った民主主義とは、経済が政治に優越することを「不自然」で「邪悪」とみなすものだった。そうした政治のロゴスはルソーやミルの時代まで継承され、民主主義の成立基盤の一部をなしていた[*17]。人間や政府が資本主義的プラグマティズムに呑み込まれなかったのは、欧米社会の人々が資本主義する人間（＝ホモ・エコノミクス）であると同時に政治する人間（＝ホモ・ポリティクス）でもあったからであり、新自由主義はその大前提を覆すものである、とブラウンは述べる。アメリカやフランスなどは、実際そのような政治のロゴスが受け継がれることで経済発展と近代市民社会が両立していたのだろう。

ところが第六章でも触れたように、日本の場合、それらの国々に比べて近代市民社会が浸透した度合いは低く、プレモダンから一挙にポストモダンへと跳躍してしまったという事情がある。

日本でも、戦前には自由民権運動や大正デモクラシーが起こり、戦後も大都市圏の団地では市民運動が盛んに行われていた。[18]当時の共産党や社会党の勢力から言っても、近代市民社会の市民と呼べる人々のマスボリュームは無視できるものではなかっただろう。だが、市民としての意識や市民運動が日本全土に定着したとみなすのは言い過ぎである。市民運動の全盛期でさえ、地方では保守政党が支持され、その支持のありようはいささか権威主義的なものだった。[19]少なくとも私が物心ついた頃の北陸地方の自民党政治とは、そのような雰囲気のものだったと記憶している。団地での市民運動も一九七〇年代には醒めてゆき、市民運動よりもプライベートが、お互いに迷惑をかけない功利主義的な意識が勝っていったことまで踏まえると、[20]この国が近代市民社会たりえた期間と、その程度や範囲は限られていたと思わざるを得ない。他方、多分にプレモダン的な保守政党だった自民党は、従来の支持層のほうを向いた政党から、新自由主義的なロジックに基づいたブルジョワ的政党へと変貌し、これが若い世代に支持されるようになってきている。[21]

近代市民社会が根付く暇もないうちに、日本では資本主義、個人主義、社会契約のロジックが大都市圏から地方にまで浸透し、大都市圏の市民運動や地方のプレモダンな権威主義を呑み込んでしまった。市民運動よりもプライベートを優先する日本社会はどこまでも清潔で健康的で道徳的な、近代市民社会とは似て非なるダイバーシティ性を獲得し、個人それぞれが企業化、ブルジョワ主体化した生を営むようになった。

ブラウンの言う新自由主義が民主主義の危機だと言うなら、欧米諸国よりも日本のほうが危機的であり、もう少し一般化するなら、時間をかけて近代市民社会の歴史を歩めなかった新興国全般においてこそ深刻だろう。たとえば韓国人ジャーナリストの金敬哲によれば、現代の韓国社会は資本主義の行き過ぎが深刻で、自殺率の上昇や合計特殊出生率の低下が著しく、子どもから老人まで、息の詰まるような状況にあるという。[*22] 台湾、タイ、シンガポール、そして日本にとっても、韓国社会の苦悩は他人事ではあるまい。

資本主義、個人主義、社会契約が進展していくにあたり、近代市民社会の政治のロゴスが副作用を緩和し、ブラウンの言う新自由主義的状況が先鋭化しないようブレーキをかけていたとみなすなら、私たちはブレーキ無しでそれらを飲み干し、それらの徹底に伴う副作用をダイレクトに蒙っていることになる。この点でも、欧米諸国のコピーアンドペーストだけで事態を乗りきれるとは考えがたい。

それでも現代社会は正しいということになっている

もちろんこれらのロジックは現代社会では正しいものとみなされているから、間違っている、などと主張することはできないし、実際、それら抜きには人口密度と秩序を両立させた東京のようなメガロポリスは成立しないだろう。清潔で安全な街、お金さえ出せば誰でもサービスを受けられ、どこでも暮らせる街は、法律を制定しさえすれば実現するものではない。第六章で紹介したレッシグに倣って言えば、習慣や通念、市場、空間設計にも支えられる必要がある。

反面、この正しさによって成立した社会は女性をキャリアと挙児の板挟みに陥れ、子育てする父母と子どもをそのロジックの埒外へと位置付け、社会への適応の難しい、たとえば「かわいい」の対極に位置する人々を疎外する。誰からも選ばれず、自分自身の市場価値が低いと自覚させられ、清潔を維持することにも倦み疲れた孤独な人物は、疎外されてしまうだけでなく、疎外されても仕方がないとみなされてしまいがちだ。

しかし資本主義、個人主義、社会契約のロジックをここまで尖らせれば、そのような人物がたくさん現れるのは避けられない。高度に進歩した現代の秩序についていけない者のなかには、重度の精神病には該当しないとしても、二〇世紀後半以降に疾患とみなされるに至った人々、そのためにサポートを受け、社会のしかるべき場所へ再配置されなければならない人々も含まれている。発達障害をはじめとする精神疾患の広がりは、ある面では精神医療の発展の成果だが、別の面では秩序に適応するためのハードルが高くなったこと、その高いハードルを自力では乗り越えきれない個人がサポートされなければならないほど秩序の水準が高まっていることをも暗に示している。

それでも現代社会は依然として正しい。正しいということになっている。たとえば発達障害が診断されなければならない社会になったとしても、その正しさに照らしたかたちで社会は変化し続け、ますます正しくあり続けるからだ。

現代社会は、新たに発達障害と診断されるようになった人々を排除したりはしない。監禁が横行し、優生学に基づく断種が肯定されていた一九〜二〇世紀とは、そこが異なっている。現在の医療や福祉は、明確な精神病や発達障害だけでなく、定型発達との境目が曖昧な、いわゆるスペクトラムな領域の人々にもリソースを提供している。二〇〇五年に発達障害者支援法が制定され、二〇一六年に法改正が行われたように、社会はそこに適応しきれない人に医療的・福祉的サポートを行うよう法制度を刷新し続け、人々の通念や習慣にも働きかけ続けている。

かつての精神医療は、長らく患者を精神科病院や座敷牢へ閉じ込めてきた。それはそれで当時の社会からニーズがあったからなされたことだったが、資本主義、個人主義、社会契約の進展とともに正しくなくなったため、医療や福祉はアレンジメントを迫られた。

その結果、第二章でも述べたとおり、精神医療の対象者の大半が通院しながら一般就労を、あるいは障害者雇用として就労を、あるいは精神科デイケアなどでサポートを受けるようになった。今日の医療や福祉は、それぞれの患者や障害者を就労水準に見あった場所へと再配置することで、それぞれの経済的自立や生活を支えており、サポートの営みをとおしてみずからの正当性をたえず獲得し続けている。

こうした支援が行き届くことにより、医療は正しいことをやっているとみなされ、患者はそれぞれのニーズに即したサポートを受けて活躍の場を獲得し、社会は失業者を抱えるのでなくＧＤＰに貢献する労働者を得ることができる。今日の医療や福祉が提供している機能は誰も困らないし、誰から見ても正しく、そのうえ、資本主義や個人主義や社会契約を（あるいはブラウンの言う新自由主義をも？）後押ししている。

ただ、こうしたサポートの営みがまったく正しいからこそ、高度化する秩序によって新たに患者となる人々が医療や福祉のサポートを受けざるを得ない、そういう社会が加速していくこと自体に疑義を突きつけることはとても困難になっている。

これは医療や福祉に限ったことではない。現代の秩序が秩序と呼ぶにふさわしく、盤石なのは、社会が正しさを伴っていること、それも、時代の変化やテクノロジーの進展にあわせて正しさのアップデートを怠らず、関連する複数の領域で正しさに見あった役割をアップデートさせ続けているからでもある。

西洋のキリスト教とその周辺は、中世以来、テクノロジーの進展や世界観の進展に見あうかたちで自分たちの教義を改変し、自分たちの正しさをアップデートさせてきた。[*23] レコンキスタ以降のギリシア哲学の再発見、ルネサンス、大航海時代。コペルニクスやニュートンの登場、いずれもそうだが、西洋は世界観やテクノロジーを発明するだけでなく、それに見合うよう正しさを常にアップデートし続けてきた。キリスト教自身が力を失ってからもそのロゴスは脈々と受け継がれ、資本主義、個人主義、社会契約といった主要なイデオロギーもたえず正当性が問われ、正当性がアップデートされ続けている。ルソーの社会契約論やミルの功利主義などもそうした系譜の一部であり、アップデートは今日まで継承されている。

欧米社会が東洋やそのほかの社会に優越し、彼らの思想が進歩のグローバルスタンダードになったのは、欧米の人々が発明・発見の才能に恵まれていたという以上に、発明・発見に伴う世界観の変化にあわせ、自分たちの正しさをたゆまずアップデートさせてきたおかげではないかと、私は思う。中国は鄭和艦隊の時代まで西洋を凌駕するテクノロジー水準にあったけれども、正しさをアップデートするロゴスを欠いていた。今日の東洋社会もそうかもしれない。私たちの社会は欧米社会の発明発見をコピーするのは得意だが、正しさをアップデートするためのロゴスまで欧米社会からコピーできているのだろうか？

正しさがアップデートされるからこそ、その社会には筋が通り、その社会は秩序のうちに統治されることになる。資本主義、個人主義、社会契約がこれほど発展し、国や地域によってむらはあるにせよ、進歩のグローバルスタンダードになり得たのもそのおかげだろうが、逆に言うと、それらの正しさに適ってさえいれば、なにごとも筋が通ってしまう、少なくとも簡単には否定も修正もできなくなってしまう。

たとえば今日では､社会契約に基づいて身体的な暴力のやりとりが禁じられている一方、合法の範囲では情報弱者は搾取して構わないし、合法の範囲では労働者の搾取がまかり通っている。いや、合法の範囲で労働者を搾取することは、今日の正しさに照らして言えば搾取と呼んではならない。と同時に、正しさをアップデートさせる重要性を知っている欧米の知識人たちは、合法の範囲内に搾取らしきものを見つけるたび、ディスカッションを行い、そのひとつひとつを修正していく。

そうしたディスカッションを行うのは資本主義、個人主義、社会契約の三位一体をよく理解し内面化した、正しさの専門家たちだ。西洋社会を代表する叡智は、長い目で見ればどんな問題も正しさのアップデートによって掬いとってゆくのだろう。だがアメリカのトランプ大統領の当選、イギリスのEU離脱をめぐっての混乱、ヨーロッパ諸国で高まる排外主義などを見るに、彼らとて全能というわけではなく、現在は正しさのアップデートと統治の現状との板挟みになっているように、私には見える。

資本主義、社会契約、個人主義の枠から外れるリスク

どんなに正しくとも子どもが減り続ける社会は活力を失い、経済的にも政治的にも衰退を免れない。人間や政府の企業化やホモ・エコノミクス化が進行し、庶民の子育てまでもがブルジョワのロジックで推しはかられる国々では、経済的な見込みの立たない子育ては不経済で不道徳なものとして避けられ、人口減少が止まる目途は立たない。

そして第四章でも触れたように、子どもはこの社会においてリスクの権化のような存在だ。売買やコンテンツ媒介型コミュニケーションが常識になった社会のなかで、それができない〝動物〟として生まれてくる子どもは異質な存在だが、その異質な存在を、安全かつ正しく育て上げるのは難事業である。

親という立場自体もリスクの塊だ。子育てにまつわる健康リスク、子どもが他人に迷惑

をかけてしまうリスク、虐待やネグレクトとみなされるリスクを冒さなければならない。そのくせ子育てを決断できる時機は短く、不妊治療の現状が示すように、その決断どおりに子どもを授かれる保証はどこにもない。少産少死の現代社会では、「子どもが死んだらまた産めば良い」とか「子育ての過ちは次の子育てで取り返す」といった考えは通用しない。

子育てのリスクヘッジが効かない、という問題もある。しっかり教育投資を行い、安全に万全の注意を払ってさえ、子どもの身に何かが起こる可能性は否定できず、そうなった時のリスクヘッジは多少の保険金でどうにかなるものではない。もちろん、子どもが教育投資に見あった経済生産性を身に付けられる保証もない。

資本主義、社会契約、個人主義を突き詰めて考えるなら、子育てという選択はリスクの目立つナンセンスな、費用対効果の悪い投資で、今日の、誰もが資産価値や運用価値が高まる選択を求めなければならない社会のありかたに反していると言わざるを得ない。

こう書くと「子育てをとおして人間はもっと成長する」「子育てしてみなければわからない価値がある」といった反論をしたくなる人もいるだろう。だが、子育てをとおして金銭では贖えない変化を実感する親がいる反面、子どもをもうけたのに何も変わらず、何も得られなかったと感じる人々、子どもを持て余して虐待やネグレクトに至る人々もいる。統計的なエビデンスは、子育てに価値を感じる人々の存在も、虐待やネグレクトに至ってしまう人々の存在も告げてくれる。しかし、これから子どもをもうける当事者の一人ひとりがどちらに至るのかまで告げてくれるわけではない。

第四章でも触れたが、そもそも人生観や世界観の変化を資本主義的な価値に換算するのは難しいのだから、その値札のつけられないかけがえのなさを、資産価値や運用価値といった値札のつけられる指標で推しはかる人々にどう説明すればわかってもらえるだろう？ 人々の行動原理が資本主義、あるいはブラウンの言う新自由主義に基づけば基づくほど、「子育てをとおした成長」「子育てしてみなければわからない価値」といった言葉は空疎な響きにならざるを得ない。

子どもほどではないかもしれないが、恋愛もまたリスクだ。結婚には離婚が、交際には破局が、思慕には失恋がついてまわる。自己愛パーソナリティ化した現代人にとって、そうしたナルシシズムに傷がつく体験は是非とも避けたいものだ。男女はお互いに、見た目や肌ツヤといった視覚的にわかりやすい指標や年収や職業といった数値化しやすい指標に惹かれあうと同時に、自分自身が人間市場のなかでどれぐらいの値札がつき、どれぐらいのパートナーと釣り合うのかをよく考え、無用なリスクは避けようとする。

内閣府の少子化社会対策白書によれば、[*24]結婚を望んでいる大半の人々には出会いがなく、出会いを探してすらいないというが、これは、合理的な行動選択のように私には見える。アメリカのような、パートナー文化の社会的圧力の強い国ならいざ知らず、そうした文化が乏しく、社会的圧力も弱い国では、わざわざパートナーを求めなければならない理由は乏しい。そもそも異性に声をかける行為自体、大変にリスクが高い。かつてはオフィス・

ラブなどという言葉もあったが、今日、職場の同僚異性に声をかける際には、セクシャルハラスメントとみなされるリスクを冒さなければならない。

現代社会のやりとりは、社会契約のロジックに従うのが望ましい――コンビニでは売買についてやりとりすべきで、職場では仕事についてやりとりすべきで、男女の出会いのような、私生活を侵犯しかねないやりとりは夾雑物とみなされている。そうすればお互いの多様な生き方を尊重しあい、リスクを回避しあい、相手を傷つけるかもしれないやりとりを避ける危害原理を遵守しあえるからだ。

だからこれは恋愛に限った問題ではない。社会契約のロジックに従い、お互いに迷惑をかけず、ハラスメントを避けあう現代的な態度を洗練させれば、街でよその子どもに声をかけることはもちろん、大人同士のやりとりも安易にはできなくなる。売買や仕事はスムーズに行えるし、趣味の集まりでコンテンツを媒介物としたコミュニケーションに終始することはできよう。しかし、売買の外側、仕事の外側、コンテンツを媒介物としたコミュニケーションの外側で他人に接することは難しくなってしまう。

ディスコミュニケーションに最適化された個人

現代の模範的なコミュニケーションとは、双方の合意のうえで行われ、望ましい媒介物を介した、お互いに見せたいものだけを見せ、お互いに見たいものだけを見るようなコミュニケーションだ。媒介物の外側で他人に接することは単に難しいだけでなく、不躾とみなされ、それを望んでいる人はもう少ない。

ツイッターやインスタグラムなどは、そうした現代風のコミュニケーションをよく体現しているが、オフラインのコミュニケーションも本質的には変わらない。インターネット上のコミュニケーションが空間設計によってパーソナライズされているのと同じように、オフラインのコミュニケーションもそれぞれにとって都合の良いように、いわばパーソナライズされている。人間関係は、家庭・学校・店舗・スポーツクラブ・趣味の集まりといった具合に用途や場面ごとに切り分けられ、それぞれの場面でお互いの合意の範囲でのみ、媒介物に即したコミュニケーションが行われる。用途や場面、合意の範囲、媒介物にふさわしくないコミュニケーションは不作法やハラスメントとみなされる。

このようなコミュニケーションを専らとしている時、私たちがお互いに晒しあい、出会うのは、人格の多面性がそのまま現れた人間そのもの・私たちそのものではない。用途や場面や媒介物に最適化されたキャラクターや役割、いわばアバターを私たちは晒しあい、交換しあっているのであって、キャラクターや役割やアバターの向こう側に思いを馳せ、ましてやアプローチするのは困難になった。

昨今、コミュニケーションの「キャラ化[*25]」、ひいては人のありようの「分人化[*26]」を語る向きがあるのは、こうしたコミュニケーションの現状を踏まえたものとして理解はできる。また、売買をはじめとして、こうしたコミュニケーションには無駄がなく効率性が高い。

お互いのストレスや摩擦を避けやすい、という点でも都合が良いだろう。

　視点を変えて考えるなら、現代人は双方の合意に基づいて、お互いに都合の良いコミュニケーションをしていると同時に、用途や場面、媒介物にふさわしくない部分についてはコミュニケーションしないで済ませている、とも言える。私たちは双方に都合の良い、社会契約にも妥当するコミュニケーションに徹することによって、そうでないコミュニケーションを日常から排除し、キャラクターや役割やアバターには回収しきれない、お互いの多面性を知らないで済ませようとしている。

　これは、コミュニケーションであると同時に、一種のディスコミュニケーションでもあるのではないか？　第六章でも触れたが、今日のインターネットでは、視界が自分の見たいものや関心のあるものへ、自分に近い価値観や世界観のものへとパーソナライズされやすい。選好とパーソナライゼーションの行き届いたSNSのタイムライン越しに見る世界は、たとえばトランプ大統領の支持者には支持するのが当然の世界として、トランプ大統領を嫌悪する者には嫌悪するのが当然の世界として現れる。このため、似た者同士による共鳴や共感には適しているが、異なる価値観や思想信条の者同士で意見交換するにはまったく向いていない。

　実際、異なる思想信条の者同士がそれぞれセクトをつくり、非難を投げ合う風景はSNSではしばしば見かけるものだが、思想信条の異なる者同士が架け橋をつくる風景はなかなか見かけない。少なくとも二〇二〇年現在のSNSは、その空間設計自体も含めて、私の言うディスコミュニケーションに最適化されているように見える。

思うに、東京でのコミュニケーションもこれと大同小異ではないだろうか。というのも、東京に暮らす者は誰でも、双方の合意のもと、自分の見せたいものを見せ、自分が話したい相手と話したい話題でだけコミュニケートする営みを繰り返し、コミュニケーションの選好やパーソナライゼーションをごく自然に行っているからだ。

それこそ東京のホワイトカラーの家庭に生まれ、私立の中高一貫校を出て一流大学を卒業し、東証一部上場企業で働くような男性などは、そうでない学歴、そうでない職種、そうでない価値観の人とのコミュニケーションを選好しなくて構わないし、繋がっていなくても構わない。ブルーカラーの人々や非正規雇用の人々とコミュニケーションしなくて済むことをありがたがっている人さえいるだろう。

用途や場面ごとに、媒介物を介した、双方の合意を前提とする現代のコミュニケーションの通念や習慣のおかげで、そうやってコミュニケーション無しで済ませる日常は正当化されている。

二〇一〇年代からこのかた、マスメディアはたびたび「分断」を社会問題として取り上げてきた。思想信条やライフスタイルや世界観の近しい者同士がつるみあい、異なる者同士でいがみあうばかりでは、政治、とりわけ民主主義が機能不全に陥ってしまうという指摘はそのとおりだろう。

しかし個人のレベルに立ち返って考えるなら、「分断」は現代のコミュニケーション、いや、ディスコミュニケーションに最適化された個人のありようの、政治的な側面に過ぎない。政治に限らず、媒介物を介した都合の良いコミュニケーションと、できるだけお互いについて知らずに済ませるディスコミュニケーションのなかで私たちが暮らしているのだから、「分断」しないほうがむしろおかしいのである。

マスメディアが「分断」と呼ぶ現象については、私たちの生活がディスコミュニケーションによって成り立っていること、媒介物を介したコミュニケーションの利便性や効率性の良さのおかげで、知り合いたくないものと知り合わずに済ませられる社会が構築されていることを踏まえて、論じられるべきだろう。

本当に多様なありかたを守るためには

ではいったい、こんな世界で私たちに何ができるのだろう。

先ほど紹介したブラウンも含め、少なくない人が行き過ぎた資本主義の現状を懸念している。そうしたなかには、私よりも資本主義に対してシニックな見方の人、たとえばマーク・フィッシャーの意見[*27]や、この秩序が加速していった果てに資本主義の向こう側を見る意見[*28]もある。しかし私は資本主義、個人主義、社会契約から受け取っている恩恵の大きさや、医療や福祉によって救われている人々のことを知っているから、それらの意見に簡単には同意できない。この、清潔で健康的で道徳的な社会がハードランディングするとしたら、途方もない混乱と混沌が訪れ、社会や制度によって何とか暮らしている人々が真っ先に困窮すると思われるからだ。

それでも私たちは、通念や習慣の奴隷になってはいけないし、現代社会のありようを当たり前だと思いすぎてはいけないのだと思う。法制度の枠組みを遵守し、空間設計に覆われながら暮らすことと、それらに盲従し、何も考えなくなることはイコールではない。三平方の定理や原子配列といった自然科学領域のファクトと違って、ある社会、ある時代で常識とみなされている社会科学領域のファクトは永遠不変ではない。

通念や習慣に従いつつ、心のなかで舌を出していても本当は良いはずである。たとえば芥川龍之介は「最も賢い処世術は社会的因襲を軽蔑しながら、しかも社会的因襲と矛盾せぬ生活をすることである」と記している[*29]が、そのような態度は通念や習慣に呑み込まれないためにあって構わないものではないかと思う。現代の秩序に引っかかりどころのある人が、引っかかりどころのあるまま生き、心のなかで舌を出していても構わない社会であって欲しい。秩序への盲従を強いるような社会ではあって欲しくない。

私たちに許容されている多様性とはどんなもので、私たちに残されているコミュニケーションやディスカッションとはどんなものだろう？　そうした余地を僅かでも取り戻し、たまさかコミュニケーションやディスカッションができた者同士で交わされた言葉を残していくことが、現状に対するささやかな抵抗ではないかと私には思える。

「ペンは剣よりも強し」と人は言うが、コミュニケーションやディスカッションの当事者としての私たちは案外脆いし、ディスコミュニケーションの氾濫するメディアのなかでは目立ちにくいかもしれない。それでもメディアに記され、記録されたコミュニケーションやディスカッションの痕跡はテロや弾圧があってさえ残り続ける。王朝時代の中国はたびたび焚書を行ったと言うが、それでも過去の記録や痕跡は生き残った。歴史というスケールで見るならペンと剣の強さは逆転する。現代社会について思うところがあるなら、私たちはコミュニケーションし続けなければならないし、ディスカッションし続けなければならないし、記録し続けなければならない。

この、清潔で健康で道徳的な社会に慣れきってしまった私たちにとって、通念や習慣の外側、イデオロギーのオルタナティブを考えることは簡単ではなく、不道徳ですらあるかもしれない。というのも、本書で記したことはいずれも、通念や習慣としても、イデオロギーとしても、すっかり私たちに内面化され、私たちの超自我の一部をなしているものばかりだからだ。

誰もが現代社会とその秩序に自覚的である必要はないし、秩序から遮二無二はみ出せば良いというものでもなかろう。とはいえ、強固な超自我を内面化させてやまない社会とその通念や習慣のなすがまま、空間設計のなすがままというのも、それはそれで視野が狭く、社会や現代人を論じる際には片手落ちになってしまうだろう。どれほど清潔で健康で道徳的な社会になったとしても、コミュニケーションやディスカッションができなくなってしまえば秩序は私たちをますます不自由へと、束縛へと連れ去ってしまうだろう。

本当に多様なありかた、多様な考え方を守るためには、コミュニケーションやディスカッションの灯が守られ、継承されなければならないと私は思う。現代の秩序から逸脱しすぎることなく、それでいてコミュニケーションやディスカッションを進めていくためには、何が必要だろうか？

哲学者の東浩紀が提唱しているように、その機会はツーリズムのうちに見出せるのかもしれないし[*30]、建築家の山本理顕が提言するように、私生活に埋没しない空間設計を模索することで実現するものかもしれない[*31]。あるいは、かつての私が経済合理性など考えもしないまま飛び込んでいった無数のオフ会やインターネットでのディスカッション、それに類する体験も役立つのかもしれない。

いずれにせよ私たちにはまだ、見知らぬ人、見知らぬ意見、見知らぬライフスタイルに出合ったり、驚いたり、影響を与えあったりする余地が残されている。そうした余地を生かし、そうした余地を守り続けていくことは、この世界に対する貢献のひとつであると私は信じている。

私たちの時代ならではの自由と不自由の展望

本書は、複数の領域にまたがって進行した、個人の自由や社会秩序の移ろいについて記すとともに、そうした進歩に伴って何が不自由になったのか、何が困難となって許されなくなったのかについて記してきた。どの領域の進歩もブルジョワ的な通念や習慣の浸透、資本主義、個人主義、社会契約の思想の浸透と軌を一にしており、それらにふさわしいかたちで私たちは自由になり、と同時に不自由になった。

進歩によって私たちが過去より自由になったことに疑問の余地はない。だが、この自由の進展が良いことずくめではなかったことも、私には明白と映る。秩序のままに生きていける人々にとって、現代社会は融通無碍な社会と感じられるだろうが、秩序についていくのが精一杯の人々、秩序に今にも振り落とされそうになっている人々、秩序のなかで劣等感や罪悪感に苛まれている人々にとって、この社会は自由を満喫できる社会とは言えない。旧来の不自由が克服されるとともに新しい不自由が生まれ、私たち自身がみずからに課してやまない条件、つまり現代人として乗り越えなければならないハードルの高さはかつてないほど高くなってしまった。そのハードルの高さをクリアした私たちがたどり着いたのは、社会契約に基づく売買とコミュニケーションを自由かつ効率的にできる社会、その反面、実はディスコミュニケーションを望ましいとし、ディスコミュニケーションで成り立っている社会だった。お互いにとって都合の良いコミュニケーションを選好し、それを良いこととみなす社会のなかで、それでも私たちが民主主義にふさわしい合意を形づくり、国や世の中を変え、後世に社会を引き渡していけるか否かが問われている。少なくとも後世の人々は、そのような目で現在の私たちを振り返るだろう。

私たちがたどり着いた、この進歩や自由を捨て去れないのは言うまでもない。これらを捨ててしまえば、たとえば東京は現在のような快適で安全な街を保てなくなるだろう。進化生物学者のジャレド・ダイアモンドは、現代的な制度や習慣がまだ定着せず、地域共同体がずっと強い力を持っているパプアニューギニアの社会を著書『昨日までの世界』のなかで紹介しているが[*32]、そうした〝昨日までの世界〟とは、法より地域共同体のロジックが優越し、感情のもつれが命のやりとりに発展しかねず、重篤な状態の妊婦がそのまま死んでいかなければならない社会だった。

ダイアモンドは必ずしも社会の優劣を論じているわけではなく、パプアニューギニアの暮らしの優れている点も紹介している。とはいえ、そうした前―近代的な社会は現代人には受け入れがたく、人口密度と秩序の両立したメガロポリスを成立させられないものだろう。

医療や福祉によるサポートも、現代社会には不可欠のものだ。第二章などで触れたように、私は発達障害がブームになってしまう社会は、ある面では人間に厳しい、人間を疎外しやすい社会だと考えている。とはいえ、これほど社会が進歩してしまったがために発達障害がブームにならざるを得ない必然性と、診断や治療をとおしたサポートを多くの人が必要としている事実は理解しているつもりだ。むしろ医療や福祉は、進歩した社会にそのままでは適応しかねている個人の救済と秩序の下支えとして、よく機能している。

それでも私たちは、この進歩、これらのイデオロギーが極まった社会を、良いことずくめとみなして構わないのか、その正しさの背景も含めてときどき振り返らなければならないだろう。大筋としてこれまでの進歩を継承することに私は異存はないが、欧米社会の主導する正しさをコピーアンドペーストしただけでこの社会が上手くいくとも思っていない。

たとえば子育ての問題について、日本以上に個人主義が根付き、充実した子育て支援が行われている国から学べる部分は少なくない。とはいえフランスでさえ人口は減りつつあり、北欧諸国やアメリカやイギリス、それどころかイスラム圏ですら出生率が下がり続けていることを踏まえると、いわゆる進んだ国を手本にさえすれば問題が解決するとは考えにくい。近代化の後発組にして、近代市民社会が根付かないうちにポストモダン的な、あるいは新自由主義的な社会にたどり着いてしまった私たちは、みずからの処方箋をみずから見出していかなければならない。欧米社会の知を参照し続ける一方で、日韓中やそのほかの東アジア諸国の、ローカルな実情や歴史的経緯に詳しい専門家や運動家の活躍に期待したい。

人間は、資本主義や個人主義や社会契約でいう個人や主体である以前に、あるいはホモ・エコノミクスである以前に、ホモ・サピエンスという動物である。しかるべき環境、しかるべき条件が揃えば人間もまた、動物として子育てに心を傾けることだろうし、物質的な条件だけ見れば、清潔で健康、安全・安心な現代社会は人間の繁殖にうってつけの環境であるはずだ。ところが、現代のイデオロギーの鋳型にはめ込まれた個人として、あるいは企業化した主体として生きる限りにおいて、現代人はそう簡単に子育てできないし、子育てしたいとも思えなくなってしまった。

優生学の否定などをとおして、私たちは誰もが子どもをもうけられる、子孫を育める権利を擁護してきた。にもかかわらず、模範的な現代人はかなりの好条件が整わない限り子どもをもうけられず、子育てをすることもできない。だとすれば、動物としての現代人が繁殖できないこの状況は、大きな疎外を含んでいるはずである。

ところが資本主義や個人主義や社会契約をすっかり内面化している私たちは、疎外を疎外と自覚する前に、子育てのリスクやコストパフォーマンスを計算し、経済的にペイしないと判断するや子育てを諦める。無思慮のまま妊娠や出産が起こり、子殺しや児童遺棄が繰り返されていた時代に比べればずっと良いとはいえ、これほどまでに子育てが難しく、ときに、高嶺の花のように映ってしまう社会はどこかがおかしいはずである。もし、あなたがそのことをおかしいと感じていないなら、おかしいと感じていないこと自体がおかしいのではないだろうか。

それとも私たちは、この自由を実現させた社会を一〇〇年かそこらで食い尽くしてしまって、後に何も残さないつもりだろうか？　私にはまだ、この問いに答えられるほどのビジョンも度胸もない。だがもし、この自由を実現させた社会を愛し、それを後世へと繋いでいきたいと願うなら、おかしな点はおかしいと指摘し、西洋社会の先人たちが積み重ねてきたのと同じように、あらゆるものを地道にアップデートさせなければならないはずである。ミルは、「人間も政治や哲学の理論も、人気がない時は目立たなかった間違いや欠陥が、勢力が増すと表面化する」と述べた。*33 資本主義や個人主義や社会契約といった、現代社会で最も正しいとみなされ、最も幅広い影響力を持ったイデオロギーについてもそれは例外ではないと考えて良いのではないだろうか。

社会の通念や習慣、空間設計、法制度、市場のアップデートは、これまで主に正しさの側にいる人々、秩序を司る側にいる人々、知識や権力や経済資本に近しい人々によって主導されてきた。だから私は、そのような立場にいる人々にこそ問うてみたい。現代人が負うている不自由とはどのようなもので、いったいどこに由来しているのか？ 先人の努力の結晶である今日の秩序を尊重しつつ、秩序の進展とともに表面化してきた不自由を掬いとっていく道筋はあるものなのか？ と。

私は、本書をとおして私が見知っている社会のありようを率直に物語ったつもりである。在野の精神科医が提示できるビジョンにはおのずと偏りがあり、医療者や著述家としての至らなさを指摘されれば反論のしようもない。参照した資料にも偏りはあるだろう。できるだけ偏向のない問題提起を心がけたつもりではあるが、これは私のナラティブであり、学術論文のようなものではないから、その点はご寛恕いただきたい。

それでも私は物語らずにはいられなかった。現代ならではの生きづらさや不自由について大半の人がほとんど自覚していない社会状況はどこか奇妙で、それを本書のようなかたちで問う人が少ないと、私は思うからだ。

私の願いは、なるべく皆が自由で、不自由に苦しむことの少ない社会が後発世代へ引き継がれていくことである。本書はそのために書かれたものであって、いたずらに社会を否定するために書いたものではない。先人が切り拓いていった進歩やこれまでに獲得された自由を継承すると同時に、新たに浮かび上がってきた不自由を頭ごなしに否定しないような未来を私は望んでいる。本書がそのような未来を展望する一助として読まれることを、筆者としては希望する。

二〇二〇年代が、私たちの時代ならではの自由と不自由、生きやすさと生きづらさについて、真正面からディスカッションされる時代であることを、心から期待したい。

おわりに

医学部の学生時代から私は、たびたび「生物―心理―社会モデル」という言葉に出合ってきた。この言葉はジョージ・エンゲルという精神科医が一九七七年に提唱したもので、おおざっぱに言えば「疾患や臓器しか診ない医療ではなく、個人の心理的、社会的状況にも目配りした医療」を提言したものだ。大筋として、この言葉に反対する人はいないのではないだろうか。

だが大筋として正しい言葉は玉虫色にもなりうる。精神病理学者のナシア・ガミーは『現代精神医学原論』のなかで、この言葉がご都合主義的に用いられている現状を批判した。各方面の専門家が自説をプレゼンテーションする際、しばしば〝さしみのつま〟のようにこの言葉が添えられているのを私は見知っていたから、ガミーの批判は説得力のあるもののように映った。

虎の威を借る狐の気持ちになって私の考えを述べると、生物―心理―社会モデルという言葉のうち、社会のある側面に対して精神医療は鈍感になっている、と思う。

今日の精神医療も、家庭背景や地域のメンタルヘルスの状況、統計的な罹患率の変化といった社会的側面には関心を寄せている。その一方で、時代とともに社会や文化が変わっていくなかで精神医療に期待されるものがどう変わってきたのか、その精神医療をとおして社会や文化がどのような影響を受けていくのかにはそれほど関心を払っていない。医療者が適正に用いようとしている診断基準と、医療の外側の人々がその診断基準に期待しているものとの温度差にも関心が乏しいかもしれない。

関心が乏しくなった一因には、二〇世紀に起こった反精神医学運動の影響もあるかもしれない。統合失調症のような、生物学的側面をはっきり伴っている精神疾患まで「社会構築物」であるとみなし、精神医療を否定するその論調は混乱を招くものだった。精神医療に替わるオルタナティブを示せていたとも言えない。こうした運動に直面し、苦労を余儀なくされた世代の精神科医が、精神医療と社会のかかわりにポジティブな関心を抱かなくなっても不思議ではない。

それでも本書のADHDについての記述で示したように、診断と治療がブームになるか否かには社会の変化や社会からの要請が無視できない側面もある。アメリカ精神医学会の診断基準（DSM-5）がADHDを神経発達症群に含めているように、ADHDには生物学的側面が存在するけれども、そのADHDの生物学的側面が熱心に研究され、その症状がサポートの対象とならなければならなかったのは、社会から精神医療への要請があればこそだった。WHOの疾病分類（ICD-11）に新たに記載されたゲーム症にもそうした側面がある。そもそもコンピュータゲームの文化が生まれ、社会に浸透しなければ、ゲーム症の疾病分類も、ましてその生物学的側面も研究されることなどなかっただろう。

誤解を避けるために重ねて述べるが、私は、社会からの要請があって特定の行動や振る舞いが精神医療の対象となることを否定したいわけではない。ＡＤＨＤやゲーム症が適切に診断され、困っている人々のサポートになることを現に期待している。ある社会・ある時代のなかで生きづらい行動や振る舞いを研究し、サポートすることは医療の使命のひとつであり、科学の発展にも貢献するものだ。

ただ、もし本当に医療が生物―心理―社会モデルに寄り添うべきだとしたら、医療と社会の繋がりはもっと積極的に自覚されて良いのではないだろうか。そして社会からの要請を一方的に受け入れるだけでなく、時には社会に意見を差し戻し、患者個人が生きづらいというより社会そのものが生きづらいと思われる状況や問題について、違和感を表明できなければならないのではないだろうか。

私は一人の精神科医として、どこまでも清潔で健康で道徳的な社会にまつわる違和感を本書にまとめた。社会病理を物語るに際して、精神医療だけを見つめていては埒が明かないと前々から感じていたから、複数の分野の変化を見渡し、見比べながら一枚のラフスケッチとするよう心がけたつもりである。とはいえ、一人の精神科医が物語るラフスケッチには限界もあろうし、各方面の専門家から見て失笑を禁じ得ない箇所もあるだろう。

それでも私は、この違和感はひとまとまりの意見にしたほうが良いと思い、世に問うてみることにした。私よりも広い視野や深い知識を持った人々が、この違和感を受け継ぎ、もっと完成度の高い「社会の診断」を成し遂げてくれることを期待している。もちろん私も一層勉め、人間と社会について知見を広げていきたいと思っている。

精神医療というフィールドは、そうした知見を広げる際の足がかりのひとつではあっても、唯一の足がかりではない。こうした「社会の診断」にはさまざまな見地の人々が参加できようし、参加していただきたいと願う。

本書を書くにあたり、イースト・プレスの編集者、方便凌さんからたくさんのご助言とともに、ひとつの意見を社会に問いかける機会と勇気をいただきました。また、本書に関連した意見交換にお付き合いいただいた編集者の皆さま、ブロガーの皆さまにも御礼申し上げます。信州大学精神医学教室の皆さまには、あらかじめの陳謝と感謝を。私は私なりに教室の気風からたくさんのことを学んだつもりですが、もし本書が有害だとしたら私は鬼子ですね。本当にごめんなさい。ただ、もし本書に僅かでも社会的意義があるとしたら、それは皆さまからいただいたもののおかげだと思います。

社会は広大で、それでいて水物のように移ろいやすい。令和時代をとおしてこの社会はどのように変わっていくだろう？　興味は尽きない。これからも変化を見据えながら社会を、人間を私は物語っていきたい。

二〇二〇年五月

熊代亨

＊22　金敬哲『韓国 行き過ぎた資本主義――「無限競争社会」の苦悩』講談社現代新書、2019年。
＊23　こうした考えを私はリチャード・E・ルーベンスタイン『中世の覚醒――アリストテレス再発見から知の革命へ』小沢千重子訳、紀伊國屋書店、2008年に依っている。
＊24　内閣府「少子化社会対策白書」、2019年。
＊25　土井隆義『キャラ化する／される子どもたち――排除型社会における新たな人間像』岩波ブックレット、2009年。
＊26　平野啓一郎『私とは何か――「個人」から「分人」へ』講談社現代新書、2012年。
＊27　マーク・フィッシャー『資本主義リアリズム』セバスチャン・ブロイ、河南瑠莉訳、堀之内出版、2018年。
＊28　『現代思想 2019年6月号 特集＝加速主義――資本主義の疾走、未来への〈脱出〉』青土社、2019年。
＊29　芥川龍之介『侏儒の言葉・文芸的な、余りに文芸的な』岩波文庫、2003年。
＊30　東浩紀『ゲンロン0――観光客の哲学』ゲンロン、2017年。
＊31　山本理顕『権力の空間／空間の権力――個人と国家の〈あいだ〉を設計せよ』講談社選書メチエ、2015年。
＊32　ジャレド・ダイアモンド『昨日までの世界――文明の源流と人類の未来』上下巻、倉骨彰訳、日経ビジネス人文庫、2017年。
＊33　前掲書『自由論』より。
“人間の場合もそうだが、政治や経済の理論の場合も、人気がないときは目立たなかったまちがいや欠陥でも、勢力が増すと表面化する。”（17頁）

貨、国債の格付けを落とされ、よくても正統性を失い、極端な場合は破産したり消滅したりする。同じように、いかなる個人も方向転換して他のものを追求しようとすると、貧困に陥ったり、よくて威信や信用の喪失、極端な場合には生存までも脅かされたりする。”（14 〜 16 頁）

＊ 17　上掲書『いかにして民主主義は失われていくのか』96 〜 110 頁より。

＊ 18　原武史『団地の空間政治学』NHK ブックス、2012 年より。

＊ 19　米田幸弘「自民党支持層の趨勢的変化――その「保守」的性格の変質」、『2015 年 SSM 調査報告書 8 意識 I』2015 年 SSM 調査研究会、2018 年。同研究は、長年にわたって自民党が保守的な、権威主義的な価値観を有する人々を支持基盤としていたとする先行研究を踏まえたうえで、それが 20 世紀末〜 21 世紀にかけて変化してきたさまを詳らかにしている。

＊ 20　前掲書『団地の空間政治学』の筆者、原武史は、同書のなかで 1970 年代以降に団地のニュータウン化が進んだこと、モータリゼーション化が進んだことを変化の原因として挙げている。原は、市民運動が盛んだった高島平団地において政治運動が衰退し、プライバシーを優先させた功利主義的状況が先鋭化していくさまを以下のように述べている。

“ 団地の黄金時代は長続きしなかったのだ。高島平団地では、「上の部屋からの物音に対する苦情」が管理事務所に多く寄せられるようになり、「団地のマナー」と称して、「団地居住者としては " お互いの幸せを守るため " に、一人ひとりが今少し、共同生活への強い自覚と願わくば理解さえも持つ必要があるのではないだろうか」（団地新聞・高島平）と呼びかけなければならない事態にまでなっている。

こうして高島平団地では、コミュニティ意識が希薄化し、脱政治化、私化が進んだ。”（231 頁）

＊ 21　松谷満「若者はなぜ自民党を支持するのか――変わりゆく自民党支持の心情と論理」、吉川徹・狭間諒多朗編『分断社会と若者の今』大阪大学出版会、2019 年、92 〜 120 頁。この松谷による分析では、若者が自民党を支持する要因として物質主義、新自由主義、宿命主義を特定している。そのうえで松谷は、若者の政党支持構造の再編について以下のように締めくくっている。

“ 再編された支持構造とは、簡単に言ってしまえば、「持てる者」と「持たざる者」との分断である。「持てる者」は変わらず日本政治を取り仕切る自民党を支持し、「持たざる者」は政治への期待を失い、脱政治化する。これは考えようによっては、近代的な資本主義社会の基本に立ち戻ったということなのかもしれない。自民党は以前の日本社会を象徴するような前近代的な保守政党ではなくなり、めでたく近代的な「ブルジョア」政党になったのである。”（117 頁）

mokuji_pdf.html

＊10 縄田康光「少子化を克服したフランス――フランスの人口動態と家族政策」、『立法と調査』297号、参議院調査室、2009年。

＊11 落合恵美子編『親密圏と公共圏の再編成アジア――近代からの問い』京都大学学術出版会、2013年。個人主義を高度に発展された国々の家族観の変化については、序章「アジア近代における親密圏と公共圏の再編成――「圧縮された近代」と「家族主義」（落合恵美子）」が参考になる。

＊12 上掲書『親密圏と公共圏の再編成――アジア近代からの問い』より。脱家族化が進むヨーロッパ諸国と、家族主義が根強い東アジア諸国のコントラストについては、第二章「東アジアの低出生率と家族主義――半圧縮近代としての日本（落合恵美子）」が詳しい。

“現在の東アジアで起こっている人口学的変化は、ヨーロッパと北アメリカの第二の人口転換で出現した現象と、表面的には類似している。しかし、ヨーロッパでは制度としての婚姻が動揺して、個人主義が台頭してきたが、それとは対照的に、現象面では類似している東アジアでは、制度としての婚姻と家族主義が維持されている”（86頁）

＊13 アンソニー・ギデンズ『モダニティと自己アイデンティティ――後期近代における自己と社会』秋吉美都ほか訳、ハーベスト社、2005年。特に97頁～。

＊14 ウェンディ・ブラウン『いかにして民主主義は失われていくのか――新自由主義の見えざる攻撃』中井亜佐子訳、みすず書房、2017年。

＊15 新自由主義（Neoliberalism）という言葉は、それ自体、さまざまな意味合いで用いられるため、本書ではあくまでブラウンのいう新自由主義を前提としていることを付記しておく。

＊16 上掲書『いかにして民主主義は失われていくのか』より。

“新自由主義とは理性および主体の生産の独特の様式であるとともに、「行いの指導」であり、評価の仕組みである。

（中略）

本書が提案するのは、新自由主義的理性がその相同性を徹底的に回帰させたのだということである。人も国家も現代の企業をモデルとして解釈され、人も国家も自分たちの現在の資本的価値を最大化し、未来の価値を増大させるようにふるまう。そして人も国家も企業精神、自己投資および／あるいは投資の誘致といった実践をつうじて、そうしたことを行うのである。

（中略）

いかなる体制も別の道を追求しようとすれば財政危機に直面し、信用格付けや通

という対立軸が必要となる。不良グループの規模が縮小してきたということは、中学校内でそうした対立軸が成立しない状況を意味していると思われる。”

第七章

＊1　スチュアート・ミル『自由論』斉藤悦則訳、光文社古典新訳文庫、2012 年。

＊2　上掲書『自由論』より。
“社会は、社会自身がくだした命令をみずから執行できるし、じっさい執行している。そこで、もしもそれが正しい命令でなく、まちがっていたり、あるいは社会が干渉すべきでないものごとについての命令であったりすれば、社会による抑圧はたいていの政治的な圧迫よりもはるかに恐ろしいものになる。というのも、通常、それは政治的な圧迫のように極端な刑罰をちらつかせたりしないが、日常生活の細部により深く浸透し、人間の魂そのものを奴隷化して、そこから逃れる手立てをほとんどなくしてしまうからである。
したがって、役人の専制から身を守るだけでは十分ではない。多数派の思想や感情による抑圧にたいしても防御が必要だ。すなわち、多数派が、法律上の刑罰によらなくても、考え方や生き方が異なるひとびとに、自分たちの考え方や生き方を行動の規範として押し付けるような社会の傾向にたいして防御が必要である。社会の慣習と調和しない個性の発展を阻害し、できればそういう個性の形成そのものを妨げようとする傾向、あらゆるひとびとの性格をむりやり社会の模範的な型どおりにしたがる傾向、これにたいする防御が必要である。”（19 ～ 20 頁）

＊3　ジャン＝ジャック・ルソー『社会契約論』作田啓一訳、白水Uブックス、2010 年。

＊4　アルベール・ソブール『大革命前夜のフランス 新装版』山﨑耕一訳、法政大学出版局、2015 年。

＊5　前掲書『〈子供〉の誕生――アンシァン・レジーム期の子供と家族生活』、特に 374 頁～。

＊6　前掲書『近代人の誕生――フランス民衆社会と習俗の文明化』より。

＊7　ロック『教育に関する考察』服部知文訳、岩波文庫、1967 年。

＊8　内閣府「世界各国の出生率」。https://www8.cao.go.jp/shoushi/shoushika/data/sekai-shusshou.html

＊9　シンガポールの合計特殊出生率については、注＊8を参照。シンガポール政府が少子化にどう取り組んでいるのかに関しては、内閣府によるアジア地域（韓国、シンガポール、日本）における少子化社会対策の比較調査研究報告書（2008 年）に資料がある。https://www8.cao.go.jp/shoushi/shoushika/research/cyousa20/hikaku/

個と個がぶつかりあいながら合議にもとづいて功利主義的状況を作り出すような、「市民的公共性」の伝統については、中国ほどではないにせよ日本も新興国の部類であり、第五章でも触れたように、日本の功利主義的状況は欧米諸国とは異なっている。

＊27 ツイッターでは、読み続けたいアカウントの文章を自分のタイムラインに取り込む「フォロー」という機能に加え、読まれたくない相手に自分の発言を読ませないようにする「ブロック」という機能が実装されている。たとえば有名人のアカウントを頻繁に非難するアカウントがあった時、有名人側はそのアカウントをブロックすることで、読むことも言及することも防ぐことができる。ただし、ブロックされた側が新規のアカウントを再取得すれば読むことも言及することも可能となるため、これは完璧な遮断ではない。

＊28 暴走族が地域共同体に包摂されていた状況と、その変容については、『ヤンキー文化論序説』所収、大山昌彦「暴走族文化の継承　祭り・改造車・ロックンロール」を参照。198頁〜。

“これまでみてきたように暴走族「幕府」を中心とした中学生、現役メンバー、OBで構成されるA市の不良少年の世界における上下関係という社会構造は矛盾した機能を持っていた。この社会構造を通じて、「トッぽい」逸脱的な下位文化の伝承と実践が行われる一方で、そこからのスムーズな離脱を可能にする役割をも果たしているからである。「幕府」の現役のメンバーであれば、地元で定職に就き、家族を持ち大人として「それなりにやっている」OBの姿は、一定年齢にさしかかったメンバーのスムーズな引退を促し、引退後近い将来の自分の姿を見て取るのである。さらに「幕府」を中心として形成される社会構造は、祭りの文脈において、暴走族といういわば逸脱した若者を再び地域社会に包摂することを可能とした。

「幕府」は二〇〇〇年に消滅した。理由は後継者がいなかったためである。実際調査中に途中で「バックれる」、つまりチームから抜ける年少のメンバーも数多く見られただけでなく、新規の加入者も減少していた。その背景として、OBのI氏は「ドドバイ」（アメリカンスタイルのバイク）のチームが増えたことを挙げた。厳しい上下関係や警察に捕まるリスクなど負担の大きい暴走族よりも、こうした負担のない仲間内オートバイ愛好者のグループのほうが楽しいだろう、というのだ。オートバイに関係する若者下位文化が多様化し、選択肢の幅が広がった結果、あえてリスクの大きい暴走族に加入する若者が減ったのである。

もう一つの背景として、「幕府」への加入を促す中学校の不良グループの規模が縮小してきたことがある。中学校における反学校的な文化が醸成されるためには、OBのSが述べたように、「モヤっぽい」が「やつら」と「トッぽい」が「おれたち」

す。インプレッション数の多寡は、広告収入に反映される。

＊21 オフ会：オフラインミーティングの略称。インターネットのコミュニティで知り合った者同士が、オフラインで（つまり現実で）集まって親睦を深める集いのこと。私は90年代後半からオフ会に参加し続けていて、これまでに延べ300回ほど、さまざまなコミュニティに参加してきた。日本で最もオフ会に参加した精神科医はおそらく私だろう。

＊22 インターネットのコミュニケーションについては、イーライ・パリサー『閉じこもるインターネット――グーグル・パーソナライズ・民主主義』井口耕二訳、早川書房、2012年などを参照。

＊23 ローレンス・レッシグ『CODE ――インターネットの合法・違法・プライバシー』山形浩生、柏木亮二訳、翔泳社、2001年。著書のなかでレッシグは、個人の自由は、オンラインでもオフラインでも法・規範（本書でいう通念や習慣に相当する）・市場・アーキテクチャによって規制を受けると述べており、特にオンラインでは空間設計（アーキテクチャ）が重要であること、そうした重要性を踏まえた法的議論が望まれることを記している。同書429頁〜に、わかりやすいまとめがある。
後で触れるように、レッシグの考えは都市が空間設計に覆い尽くされた東京のような街における自由と規制について考える際にも参考になる。

＊24 関志雄「中国の台頭で激変する世界経済の勢力図―GDP規模の国際比較を中心に―」、独立行政法人経済産業研究所、2016年。https://www.rieti.go.jp/users/china-tr/jp/ssqs/160707ssqs.html

＊25 梶谷懐、高口康太『幸福な監視国家・中国』NHK出版新書、2019年。

＊26 上掲『幸福な監視国家・中国』では、中国の功利主義的な社会状況が空間設計やAIによって成り立っていて、たとえば欧米先進国では並置されてしかるべき（というより空間設計やAIが台頭する前はそちらこそが重要であったはずの）近代的な統治システムや市民社会、いわゆる「市民的公共性」による制御が脆弱であるという指摘がなされている。
“しかし、ここでいくつかの疑問が生じます。このようなメタ合理性を通じた市民的公共性とアルゴリズム的公共性との調和という理想は、AI技術の進歩と道徳の科学的解明により「功利主義に追い風が吹いている」状況の下で、どれだけ説得力を持つものなのでしょうか。

また、そもそも西欧社会で発展を遂げてきた「市民社会」「市民的公共性」の伝統を持たない新興国、端的には中国のような社会においては、なおさら図のようなメタ合理性を通じた道具的合理性（およびそれに支えられた新たな統治システム）を制御するという試みはおぼつかないのではないでしょうか。”（187頁）

＊12　ここでは、ボードリヤール『消費社会の神話と構造』などで述べられた、記号的なモノの消費をとおして他人に対して差異化・差別化する習慣や通念のことを念頭に置いている。当時の新人類的なライフスタイルや自意識を知るための参考資料としては、田中康夫『なんとなく、クリスタル』河出文庫、2013年がわかりやすい。

＊13　同時代に新人類が果たした役割とその当事者の感覚については、宮沢章夫『東京大学「80年代地下文化論」講義 決定版』河出書房新社、2015年が参考になる。

＊14　前掲書『増補　サブカルチャー神話解体』、『「おたく」の精神史』、あるいは東浩紀『動物化するポストモダン』講談社現代新書、2001年などを参照。

＊15　宮台は、漫画ジャンルにおいて新人類的表現とオタク的表現が分化したのは1970年代後半で、そのルーツとして（地方や偏差値によるズレは自覚しつつも）東京近辺の進学高校のSF同好会を挙げている。当初、コミックマーケットの参加者の多くが都会の、とりわけ東京近辺の子弟によって占められていたこと、新人類とそのカルチャーが経済資本や文化資本に恵まれた旗手によって牽引されていたこと、SF愛好家が都会の進学校に集まりやすく地方では孤立しやすかったことなどを踏まえると、宮台のディスカッションは概ね妥当と思われる。注＊9で紹介した1983年の「『おたく』の研究」の件も、分化後のオタクと新人類の文化ヘゲモニー争いの一端と位置づけられる。詳しくは前掲書『増補 サブカルチャー神話解体』326～353頁を参照。

＊16　子ども部屋は、家族や個人のプライバシーを守る家屋とともにブルジョワ階級を中心として普及していったものである。デザイン学者の神野由紀は、それだけでなく子どもに部屋を与えることには近代的な消費文化の影響、つまり、子ども用商品がマーケットとして確立され、子どもに玩具やゲームを与えるような習慣の成立と不可分な側面があると指摘する。

神野の指摘は、消費文化の標的としての子ども部屋を与えられ、そのような習慣に早くから慣れ親しんだ戦後の若者世代から「オタク」と「新人類」という、個人消費に根ざしたユースカルチャーのテンプレートが現れた一連の流れともよく符合する。神野由紀『子どもをめぐるデザインと近代』世界思想社、2011年。

＊17　吉川弘文館『日本の民俗』シリーズより。ここでは特に飯島吉晴ほか『日本の民俗8 成長と人生』2009年を参照。

＊18　第七回『日本人の不安に関する意識調査』セコム株式会社、2018年。

＊19　前掲「地域の教育力に関する実態調査」2005年。第四章の＊13の箇所の本文（148～149頁）も参照。

＊20　インプレッション数：ブログやSNSへの投稿をとおして広告が表示された数を表

tokyo.jp/INET/KEIKAKU/2016/04/DATA/70q47101.pdf
“（2）防護柵の整備
歩行者の横断歩道以外の場所での車道横断の抑止と、車両の路外等への逸脱防止を図ることにより、歩行者の安全を確保するとともに、乗員の傷害や車両の損傷を最小限にとどめるため、防護柵を整備します。”

＊6　古家信平ほか『日本の民俗 5 家の民俗文化誌』吉川弘文館、2008年。

＊7　現代の、個人単位のプライベートを前提とした住宅と、かつてのプライベートを前提としない住宅の違いについては、鈴木成文『「いえ」と「まち」――住居集合の論理』鹿島出版会、1984年が比較しやすい。

＊8　家族についての歴史研究を概説した書籍として、M.アンダーソン『家族の構造・機能・感情――家族史研究の新展開』北本正章訳、海鳴社、1988年をここでは推挙する。また、前掲書『〈子供〉の誕生――アンシァン・レジーム期の子供と家族生活』でも、中世から現代の家族への変遷の章であらましが述べられている（341頁〜）。

＊9　大塚英志『「おたく」の精神史――一九八〇年代論』講談社現代新書、2004年によれば、「オタク」（当時の表記では平仮名で「おたく」）という言葉が商業メディア上で用いられた初出は、『漫画ブリッコ』1983年6月号、中森明夫「『おたく』の研究」だった。当時、新人類の旗手と目されていた中森は、この寄稿記事のなかでオタクの容姿や行動、振る舞いを揶揄し、オタクという言葉が蔑称と位置づけられる先駆けとなった。

＊10　都市のフォークロアの会『幼女連続殺人事件を読む――全資料・宮崎勤はどう語られたか？』JICC出版局、1989年のなかで民俗学者の大月隆寛が、1988〜1989年にかけての東京・埼玉連続幼女誘拐殺人事件の犯人報道について、以下のように記している。
“まず、部屋について。あの部屋を写した写真にはヴァリエーションがある。新聞、雑誌に掲載された写真に写しとられたその「部屋」のたたずまいはまったく同じではない。たとえば、床に散らばった雑誌の配列がひと通りではない（資料編参照）。右手前、布団の陰に散乱している雑誌についてそのような加工が激しい。数多いショットから選ばれたものだろうから、これ以外にどのようなヴァリエーションがあったのかわからないが、しかし、カメラマンがある種の雑誌だけを強調させる形で配列に手を加えた可能性はきわめて高い。証拠保全という警察の論理はここではひとまず棚上げするとしても、これはやはり明らかな情報操作である。”（61頁）

＊11　前掲書、『増補 サブカルチャー神話解体』より。

きな競争圧のもとにだんだん細分化してきた。機能の細分化が進めば進むほど、それだけ機能の数は増大し、それと同時に個々の人間が、極めて単純な、日常的なことであれ、より複雑な、より稀なことであれ、あらゆる活動において絶えず依存している人間の数も増大してくる。ひとつひとつの行為が行動の網のなかでその社会的機能を果たそうと思えば、ますます多数の人間の行動がお互いの規制を受けることになるし、行動の網はますます厳密に、きちんと組織されなければならない。個々の人間は自分の行動をますます細かく、ますます均質的に、ますます安定性をもって規制することが余儀なくされる。その際この規制が決して意識的なものにとどまらないことはすでにはっきりしていることである。ほかならぬこのこと、すなわち行動のより細々とした、より安定した規制が幼少のときから個々の人間に自動的な行為として、意識のなかで思っていても抵抗できない自己抑制としてますます叩きこまれているということが、文明化の過程における心理的装置に特徴的なのである。”(337-338 頁)

第六章

＊1　ミシェル・フーコー『監獄の誕生――監視と処罰』田村俶訳、新潮社、1977 年。

＊2　同病院の病棟機能については、近藤廉治『精神科医のまなざし』中央公論事業出版、2010 年が参照しやすい。特に 110 頁〜。

＊3　とはいえ、精神科病院のパノプティコンは、監視をとおして規律を内面化させるという以上に、患者の状態を把握し、急変などにも素早く対処するためという側面が強いため、たとえば刑務所のパノプティコンとまったく同じではないことを断っておく。

＊4　環境管理型権力については、東浩紀「情報自由論第 3 回 規律訓練から環境管理へ」、『中央公論』2002 年 9 月号、中央公論新社を参照。哲学者の東浩紀はミシェル・フーコーが『監獄の誕生』で論じた規律訓練型権力とは別に、ジル・ドゥルーズが指摘した新時代の権力、環境管理をとおして人間を直接的にコントロールする権力が台頭している、と論じた。東は本章後半で紹介するレッシグが論じたアーキテクチャの権力についても、環境管理型権力の例としている。環境管理型権力という言葉は、この問題を論じる際に国内でしばしば用いられるものである。
なお、この議論に際して東はミシェル・フーコーが『知への意志』で論じた生権力の概念を引き合いにしてはいない。ために、規律訓練型権力と環境管理型権力の対比は『監獄の誕生』と『知への意志』の対比ときれいに一致するわけではない点に留意。

＊5　東京都交通安全対策会議「第 10 次東京都交通安全計画」より。http://www,metro.

道徳的なものに変わる。このときから、身繕いのための家具と付属品は寝室を離れ、化粧室へと移動する。化粧室は寝室の別室、壁で仕切られた寝室の延長となるが、一方、寝室からは入浴とプライベートな個所の手入れを連想させるものはすべて追放され、こうしたものを人目にさらすことは無作法なこととされるにいたる。たとえ自分しかみるものがいなくても同じことである。じつはこれが、身体衛生の基本的な要素なのである。汚水、体臭、汚れた下着、体を洗う道具と排便の道具など、要するに悪臭と耐え難く不潔な光景を人の目から隠し、追放すること、いいかえれば、臭くて耐え難い不潔な肉体の下賤さを思い起こさせるすべてを拒絶する。これが身体衛生の基本原理となるのである。”(238頁)

＊29　前掲書『江戸はスゴイ――世界一幸せな人びとの浮世ぐらし』によれば、これらに加えて、江戸では火災の原因となるため内風呂が禁止されていたという。江戸においても水と燃料の確保が困難だったことは言うまでもない。

＊30　朝シャンのブームと浸透については、「NHKスペシャル 戦後70年ニッポンの肖像」連動コンテンツ「ニッポンのポ」にわかりやすい概説がある。http://www.nhk.or.jp/po/zokugo/1504.html

＊31　このアンケート結果は、エクスペディアPR事務局によるweloveexpedia上の記事からの引用。https://welove.expedia.co.jp/press/584/

＊32　前掲書『文明化の過程 上巻――ヨーロッパ上流階層の風俗の変遷』より。
“中世では、こうせよとかこうするなと言われた。しかし大体において、多くのことがそのまま認められた。何世紀にもわたって、われわれから見れば基本的なほぼ同じような作法が繰り返されてきたが、それは明らかに、全く確固とした習慣を完成するには至らなかった。それが今や違ってくる。人間が互いに対して負わせる抑制がいっそう強くなり、「上品な振る舞い」がいっそう厳しく要求される。人間の振る舞いについての問題圏全体が重要性を持つようになる。”(184～185頁)
“新しい形式にのっとって互いに生活し合わなければならなかった人々は、他人の規制に対していっそう敏感になる。人間の振る舞いの通則は、急激にではなくとも徐々にいっそう厳しいものとなり、人が他人に期待する心遣いの程度はいっそう大きくなる。他人の心を傷つけず、感情を害しないために行動の面で守らなければならない事柄に対する感情はいっそう個別的となり、他人の心を傷つけないようにするという社会的なきまりは、新しい支配状態と関連して、前の時代の段階に比べていっそう拘束的なものとなる。”(185～186頁)

＊33　ノルベルト・エリアス著『文明化の過程 下巻――社会の変遷／文明化の理論のための見取図』波田節夫ら訳、法政大学出版局、1978年より。
“西欧の歴史においては、極めて初期の時代から現代に至るまで社会的機能は大

＊22　ノルベルト・エリアス『文明化の過程 上巻――ヨーロッパ上流階層の風俗の変遷』赤井慧爾・中村元保訳、法政大学出版局、1977年。

＊23　デジデリウス・エラスムス『エラスムス教育論』中城進訳、二瓶社、1994年。
“宮廷社会や騎士層や聖職者層で生じて発展して来た礼儀作法は、当初は、市民には異質なものではあった。ところが、市民たちが経済的な成功を収めて経済的な上流層を形成しはじめた頃から事情は変わった。経済的な上流層に移動した市民たちは、自らを偶然による単なる成り上がり者としてではなくて、自らを上流社会の真の一員として認知したいと欲するようになったのであった。つまり、彼等は自らを“上流市民”として認知するような自意識を求めるようになったのである。“上流市民”の自意識を持つために、彼等は、宮廷社会や騎士層や聖職者層の礼儀作法を身に着けて、まずは表面的な外観から“上流性”を装うことをはじめたのであった。経済的な上流層に移動した市民やその子弟たちが家庭や学校で親子何世代にもわたって礼儀作法の教育を受けているうちに、宮廷社会や騎士層や聖職者層の礼儀作法という形式が次第に常識化・日常化されて上流市民の家庭の中に違和感なく溶け込んで行くこととなって、上流市民の家庭が保有する文化資本となって来たのであった。”(242～243頁、訳者解説)

＊24　パスツールによる細菌の発見が衛生を大きく前進させる前から、衛生の概念、伝染病予防の考え方自体は知られていた。たとえば良くない環境が良くない空気を生み、それが病気を生み出すという考え方など。アラン・コルバンら『身体の歴史I』鷲見洋一監訳、藤原書店、2010年より、「身体、健康、病気」を参照。

＊25　アラン・コルバンら『身体の歴史II』小倉孝誠監訳、藤原書店、2010年より、「身体の衛生と外見を磨くこと」を参照。

＊26　フランスにおける民衆用の浴場の整備、学校での清潔教育、軍隊を清潔にするための努力については、特にジュリア・クセルゴン『自由・平等・清潔――入浴の社会史』、鹿島茂訳、河出書房新社、1992年に依っている。

＊27　上掲書『自由・平等・清潔――入浴の社会史』より。
“「怠惰、痴呆化、悪意、盗みなどの悪徳が好んで住みつくのは、不潔な村や農家である。清潔さの欠如は肉体の純潔にとって害があるばかりでなく、心の純潔さにとっても有害である」 こうした考えにしたがえば、不潔さは貧困階級の行動の上に直接悪影響を与えるということになる。かくして、十九世紀には、すべての衛生学者の意見として、垢のもたらす無秩序は肉体の純潔さを保つのに害を及ぼすばかりでなく、社会秩序にも有害なものと断定される。”(33頁)

＊28　上掲書『自由・平等・清潔――入浴の社会史』より。
“身体衛生の空間が孤立化し特殊化するにしたがって、堅気の女のする身繕いは

が詳述されている（98～111頁、391～392頁）。

宮台らによれば、「かわいい」という言葉がメディアに反復されるようになったのは、1963年5月に“母と娘の教育雑誌”として『週刊マーガレット』が創刊された頃であるという。戦前も女児が褒めそやされることはあったが、あくまでそれは“清く正しく美しい性成熟前の女児”を理想としたもので、大人と子どもの境界がはっきりしていた戦前の社会秩序に対応した「少女」というコンセプトだった。一方、「かわいい」は“皆に愛される子ども”という戦後民主主義的な理想に対応したコンセプトで、“物分かりの良い親によって育てられる誰からも愛される子ども”というイメージに合致していた。

「かわいい」と褒めそやされて育った少女たちがハイティーンとなった1960年代後半からは、「かわいい」は「子どものままで性的になること」を、さらに「大人だけど〈大人〉じゃない〈若者〉であること」を表示するシンボルとなり、いわば大人と若者の対立コードとして機能するようになった。ところが大人と若者の対立コードとしての機能は1970年代には陳腐化し、それ以降、「かわいい」は成熟した性的身体に適用可能でありつつ全方位的で文脈自由な、皆に好かれるコンセプトへ進化を遂げた、とされている。

まとめると、戦後民主主義にもとづいた母娘の理想として出発した「かわいい」というコンセプトは、当該世代の成長とともに大人文化（メインカルチャー）に対する若者文化（ユースカルチャー）として位置付けられた時代を経て、性成熟のいかんにかかわらず、さまざまな文脈で使用可能な、皆に好かれるコンセプトへと変貌した、ということになる。

本書で述べている「かわいい」は、この「性成熟のいかんにかかわらず、さまざまな文脈で使用可能な、皆に好かれるコンセプト」を念頭に置いたものであり、1990年代以降の「イケメン」や「ゆるキャラ」の台頭も、こうしたコンテキストの延長線上にあると私は理解している。

＊18 日本の地方自治体が「かわいい」ゆるキャラを利用している状況については、ゆるキャラグランプリのウェブサイトが参考になる。すべてのゆるキャラが記載されているわけではないが、地方自治体で多数のゆるキャラが採用されている状況の一端をみることができる。https://www.yurugp.jp/jp/

＊19 東京都下水道局「第9章 東京下水道の歴史」。https://www.gesui.metro.tokyo.lg.jp/about/pdf/chapter09.pdf

＊20 日本石鹸洗剤工業会「石けん洗剤知識 石けん洗剤の歴史」。https://jsda.org/w/03_shiki/2kurashi_22.htm

＊21 前掲書『近代人の誕生——フランス民衆社会と習俗の文明化』より。

語が威力をふるうようになった点に注目。

＊14 ハビトゥス：日常生活のなかで意識するまでもなく自分のものとなっていて、身体化されているさまざまな慣習行動を指す言葉。社会学の領域ではピエール・ブルデュー以降に特に用いられるようになった。たとえば言葉遣いや用いる語彙のバリエーション、身振りや身だしなみ、趣味趣向やライフスタイル、倫理判断や趣味判断などは、ハビトゥスとみなすことができる。本書の内容で言うと、毎日の入浴習慣、健康に根ざした趣味や習慣、効率性や合理性に根ざした生活態度、それらを子ども時代から当たり前のように身に付けていて意識するまでもないとしたら、それらは典型的なハビトゥスである。

＊15 文化資本：フランスの社会学者、ピエール・ブルデューによって体系化され、発展した概念。

ブルデューの解説書である石井洋二郎『差異と欲望——ブルデュー『ディスタンクシオン』を読む』藤原書店、1993年には、以下のように記されている。

“「文化資本」とはひと口に言えば、経済資本のように数字的に定量化することはできないが、金銭・財力と同じように、社会生活において、一種の資本として機能することができる種々の文化的要素のことである。たとえば、学校などの教育機関によって教え込まれたさまざまな知識。あるいはもっと広く、書物やテレビその他、多様なメディアを通して獲得された全般的な教養。また、育った家庭環境や周囲の人間関係を通して涵養され形成された趣味とか、芸術との接触や種々の人生経験によってつちかわれた感性なども、やはり文化資本の一種と考えることができる。”（25頁）

文化資本は直接的に経済資本を増大させないが、人や組織へのアクセスを左右したり、社会的地位や信用を獲得する一助となることで、間接的に経済資本の増大に貢献する。また、同じような文化資本を持つ者同士の人間関係を結びつけるという意味では社会関係資本（第一章注＊19参照）とも関連する。

ブルデューは文化資本を①身体化された状態②客体化された状態③制度化された状態に分類しており、このうち①は、いわばハビトゥス化した文化資本である。

＊16 欧米と日本との文化の違い、人々の振る舞いの違いについては、両方の国をよく知っている人の述懐からしばしば感じ取られるものでもある。たとえば、ウィーンへ留学した哲学者、中島義道が記した『〈対話〉のない社会』PHP新書、1997年には、人と人がぶつかりあうことを前提としたヨーロッパ社会と、そうではない日本社会の違いがわかりやすく綴られている。

＊17 宮台真司ほか著『増補 サブカルチャー神話解体』ちくま文庫、2007年には、「かわいい」が日本のユースカルチャーに登場し、全方位性を獲得していくプロセス

なり曖昧であり、乞食がひとつの職業として成立してもいた。明治から昭和戦前にかけての日本の住宅水準やそれに関連した政策はきわめて貧しく、スラムと言って良い地域が都内のあちこちに存在していた。紀田順一郎『東京の下層社会——明治から終戦まで』新潮社、1990年より。

＊10　笠井和明「ホームレスを訪ねて歩く」(『世界』1998年12月号、230～238頁)では、ホームレスの悲哀や辛さとともに、たくましさや知恵や矜持が記され、定住と住所不定の間のたたずまいとしてのホームレス像が示されている。一節を引用する。

“多摩川で知り合ったじいさんの話しは印象的であった。七十過ぎのこのじいさんは、昔は鳶の職人、自信あふれる仕事を全うしたのか寸分もすきのない顔立ちだ。釣り好きのじいさんはある日千葉のアパートに帰ったらコソドロに入られたらしく、金目のものがほとんど盗まれていた。こりゃ仕方がないと、じいさん、何を考えたか自転車に日用品だけを積みこみ、以前釣りに出かけた多摩川に出奔、以来三年近く、多摩川の人目につかぬ竹藪の中での仮小屋暮らしを続けている。生計は古物回収、銅などを集め業者に卸す。その小屋はまるで田舎の山奥によくあるような小屋で、実に立派、すべて手作りだという。なんと入り口には風避けの垣根まである。薪を燃やして自炊をする。何か望みはないかと聞けば、「発電機が欲しいんだけどもなあ、役所が来て駄目だって言うんだ」老人ホームをとやかく言う気はないが、このじいさんに福祉をすすめる気にはとうていなれなかった。立派な自立した老人である。”(232頁)

なお、このルポルタージュは、ホームレスを巡る状況が深刻になりゆく現状を懸念する結語で締めくくられている。

＊11　稲葉剛「新宿ダンボール村の歴史」、『新宿ダンボール村：迫川尚子写真集 1996—1998』所収、2013年。

＊12　不清潔でカジュアルな暴力が横行していた時代の男性の振る舞いについては、以下を参照。

ロベール・ミュシャンブレッド『近代人の誕生——フランス民衆社会と習俗の文明化』石井洋二郎訳、筑摩書房、1992年。

＊13　今日では「キモい」や「臭い」といった言葉が人間の尊厳を傷つけかねない言葉とみなされているが、誰もが不清潔で体臭が当たり前の社会では、そうした言葉に刃物のような威力は宿りようがない。俗語「キモい」が使用されはじめた時期については、ウェブサイト「日本語俗語辞書」の記述に依れば90年代後半であるという[http://zokugo-dict.com/07ki/kimoi.htm]。この記述は私の記憶とも合致する。デオドラント革命が一巡し、清潔な身なりが一般化した後に「キモい」という俗

“二〇〇六年八月、内閣府が「子どもの防犯に関する特別世論調査」結果を発表した。これは子どもの防犯を対象とした初めての意識調査である。

(中略)

だが、この調査で興味深いのは、「不安になる理由」についてだ。「近所で子どもが巻き込まれた事件が発生したから」がわずか一二.一パーセントであったのに対して、「テレビや新聞で、子どもが巻き込まれる事件がよく取り上げられるから」が八五・九パーセント、そして「地域のつながりが弱く、近所の住民の顔をほとんど知らないから」が三三・二パーセントであった。

ここから明らかなように、結局のところ子どもの安全への危機感を醸成しているのはメディアであり、それとともに地域コミュニティの空洞化といった不安なのだ。”(177 ～ 178 頁)

＊3　堀口茉純『江戸はスゴイ——世界一幸せな人びとの浮世ぐらし』PHP 新書、2016 年。

＊4　小野芳朗『〈清潔〉の近代——「衛生唱歌」から「抗菌グッズ」へ』講談社選書メチエ、1997 年。

＊5　環境省「光化学大気汚染の概要」、2018 年。

＊6　『別冊宝島 80 年代の正体！』宝島社、1990 年。
“これと密接な関係があるのが、化粧品・薬品業界を中心に言われている「デオドラント文化現象」「清潔商品ブーム」である。生活のなかから生活臭を抹消する生活習慣の拡大と定着。この傾向が八〇年代の半ばから著しくなった。もちろん、これまでにも、口臭や腋臭を気にする人はいたし、それを防ぐための化粧品・薬品は売られていた。しかし、それはあくまでもヒソカナ悩みであり、売られ方も芸能雑誌に通信販売広告を出すたぐいのものであった。大手の化粧品会社・製薬会社が大々的に宣伝して売り出すようなものではなかった。”(27 頁)

＊7　儀礼的無関心：社会学者のゴッフマンが指摘した、アメリカの中流階級によくみられるとされる、知らない者同士の間での一般的な礼儀作法。相手をちらっと見ることは見るが、その時の表情は相手の存在を認識したことをあらわす程度にとどめ、次の瞬間にはすぐに視線をそらし、特別の好奇心や関心がないことを示す。こうした儀礼的無関心は、現代の都市化された国内の多くの地域、とりわけ東京では一般的にみられる。E. ゴッフマン『集まりの構造——新しい日常行動論を求めて』丸木恵祐、本名信行訳、誠信書房、1980 年。

＊8　東京都福祉保健局「都区共同事業によるホームレス対策の現状について」、2018 年。http://www.fukushihoken.metro.tokyo.jp/seikatsu/rojo/homelesstaisaku.files/homeless201803.pdf

＊9　特に戦前において、貧民街に定住している状態と定住できない状態との境目はか

ことになる。

フェルディナント・テンニース『ゲマインシャフトとゲゼルシャフト――純粋社会学の基本概念』上下巻、杉之原寿一訳、岩波文庫、1957年を参照。

＊22 家庭内分業によって、核家族という単位がブルジョワに近い子育ての機能を維持する状態は、アメリカでは第二次世界大戦が終わって間もない1950～60年代のマイホーム時代に、日本ではそれより遅れて団塊世代が子育てを始めた1970～80年代にとりわけ目立った。こうした家庭内分業はピークアウトしているが、欧米に比べて日本のそれは遅れている。こうした家族のありかたの変化については落合恵美子『21世紀家族へ――家族の戦後体制の見かた・超えかた 第3版』有斐閣、2004年を参照。

＊23 内閣府「平成30年版 少子化社会対策白書 全体版（PDF版）」。

＊24 厚生労働省がメディア向けに定期的に発表している「待機児童数の状況について」を追うと、昭和時代から保育園や幼稚園がカバーしてきた3歳以上の子どもが待機児童になっているのでなく、2歳以下の低年齢の子どもで待機児童の大半が占められ続けていることがみてとれる。

＊25 都道府県別の教育費の比較については、ウェブサイト「都道府県別統計とランキングで見る県民性」（https://todo-ran.com/)』内のページ「教育費＊2016年第一位埼玉県」（https://todo-ran.com/t/kiji/11609）を参照・比較している。

＊26 Augustine Kong et al. "Rate of de novo mutations and the importance of father's age to disease risk." Nature, 2012 Aug 23;488(7412): 471–475.

＊27 20世紀のアメリカ人のライフコースとアイデンティティについて論じた心理学者のE.エリクソンになぞらえて考えるなら、このような流動性の高い、アイデンティティの定まりにくい社会では、思春期モラトリアムに近いメンタリティが長期化しやすく、その次の段階である伴侶との親密な関係づくりに適したメンタリティ、ひいては子どもを世話するのに適したメンタリティへの移行が遅れやすい（または移行しづらい）ものと想定される。エリクソンが著書『幼児期と社会』で記したようなライフコースのモデルで考えるなら、なかなか結婚せず、なかなか子育てを始めない現代日本、ひいては先進国化した国々の少子化傾向は、流動性が高くアイデンティティが固定化しにくい社会状況と符合していると捉えられる。

第五章

＊1 浜井浩一、芹沢一也『犯罪不安社会――誰もが「不審者」？』光文社新書、2006年。特に172頁～。

＊2 前掲書『犯罪不安社会――誰もが「不審者」？』より。

大人ばかりか少年からも区別するあの特殊性が意識されたことと符合するのである。中世の社会にはこの意識が存在していなかった。”(122頁)

＊17 たとえばヒュー・カニンガム『概説 子ども観の社会史——ヨーロッパとアメリカにみる教育・福祉・国家』北本正章訳、新曜社、2013年所収の議論など。

＊18 柴田純『日本幼児史——子どもへのまなざし』吉川弘文館、2012年。

＊19 前掲書『概説 子ども観の社会史——ヨーロッパとアメリカにみる教育・福祉・国家』127頁。

＊20 ピーター・コンラート、ジョセフ・シュナイダー『逸脱と医療化——悪から病いへ』進藤雄三監訳、近藤正英・杉田聡訳、ミネルヴァ書房、2003年。

“……子供が重視され、「可愛らしい」ものとして扱われるようになったのはここ数世紀のことである。遺棄や虐待の程度は社会によって異なるが、ほぼすべての社会において今日われわれが児童虐待と呼ぶであろう行為がなされていたことを窺わせる一定の証拠がある。子供に対する身体的虐待は、二つの一般的な類型に区分される。嬰児殺・子捨てと躾・懲罰である”(300頁)

“……したがって、19世紀を通じて嬰児殺と遺棄は広く見られるものであり、厳しい懲罰は子供のしつけに際してのあるべき規範であったということができる。しかし、こうした事柄は概して子供の生活の一部として自明視されていた。「児童保護」が理由として現れた時でさえ、その関心の大半は遺棄された子供に向けられたのであり、身体的虐待を受けた子供に向けられたのではない。”(301頁)

なお、前掲書『概説 子ども観の社会史——ヨーロッパとアメリカにみる教育・福祉・国家』では、18～19世紀においても大人による児童虐待が共同体による制裁や訴訟の対象となり得たとあるが(198頁～)、初期の児童保護がフォーカスを絞っていた対象が浮浪児や捨て子だったという論旨自体はコンラートのそれに近い(191頁～)。

＊21 ゲマインシャフトとゲゼルシャフト：ドイツの社会学者、テンニースが分類した共同体や社会のあり方。ゲマインシャフトは、血縁や地縁にもとづいた近代以前から存在する共同体や社会。時間、意思、作業、財産などがメンバーによってシェアされ、資本主義、個人主義、社会契約のロジックは明瞭ではない。本書で記している昭和以前の地域共同体はゲマインシャフト的な性格の強い共同体、または社会ということになる。

一方ゲゼルシャフトは、時間、意思、作業、財産などを個人がそれぞれ独自に持っており、資本主義、個人主義、社会契約のロジックがはっきりと適用される共同体、または社会である。本書で述べている現代の日本、ひいては東京は、昭和以前の地域共同体と比較してゲゼルシャフト的な性格の強い共同体、または社会という

＊9　根ヶ山光一・柏木惠子編『ヒトの子育ての進化と文化――アロマザリングの役割を考える』有斐閣、2010年。とりわけ45頁～が参照しやすい。

＊10　飯島吉晴ら『日本の民俗〈8〉成長と人生』吉川弘文館、2009年。

“子ども、とくに障害を持つ子どもに対しては、現代とは異なった対応がなされ、一見残酷なようであるが捨子や嬰児殺しの形で処理したり、他方では見世物やイタコなどに弟子入りさせ、子どもの自立や自活ができるような手だてを講じようとしていたところもあった。嬰児殺しの形で口減らしする間引きは、カエスとかモドスという言葉で表現されたが、これはもと来た世界に戻してやることであり、子どもは生まれやすく死にやすい存在、あるいは死と再生を繰り返す存在とみられていたのである。”(64～65頁)

“母親が自分の子どもに対してたっぷりと愛情を注ぎながら育てるようになるのは、夫婦と少数の子どもからなる近代家族が出現してからであり、それまでは「親はなくとも子は育つ」という諺があるように、ムラの年齢集団や兄姉などの両親以外のさまざまな子育てのルートがあったのである。親子心中のような事件が頻繁に発生するようになるのはむしろ昭和時代に入ってからであり……直接血のつながった親子だけを親子とするという心性や態度が広まって以降のことなのであり、これと反比例して捨子の数は激減していったのである（岩本 一九八八）”(65頁)

＊11　国勢調査、総務省統計局、2010年。

＊12　カミナリさん：『ドラえもん』に登場する中年男性の脇役。のび太やジャイアンが草野球をする空き地の近隣に住んでいる。草野球の場外ボールによって窓ガラスや盆栽をたびたび壊され、のび太たちを叱るが、親や学校に苦情を言ったり法的に訴え出たりすることはない。このようなカミナリさんの振る舞いは、昭和時代の地域共同体でイメージされる子どもから見た大人像と矛盾しない。

＊13　文部科学省「地域の教育力に関する実態調査」、2005年。

＊14　文部科学省「中央教育審議会 配付資料5-2 子どもの体力向上のための総合的な方策について（答申案）1子どもの体力の現状と将来への影響」、2002年。

＊15　厚生労働省「福祉行政報告例」、2017年。

＊16　フィリップ・アリエス『〈子供〉の誕生――アンシァン・レジーム期の子供と家族生活』杉山光信、杉山恵美子訳、みすず書房、1980年。

“私たちが出発点として取りあげている中世の社会では、子供期という観念は存在していなかった。このことは、子供たちが無視され、見捨てられ、もしくは軽蔑されていたことを意味するのではない。子供期という観念は、子供に対する愛情と混同されてはならない。それは子供に固有な性格、すなわち本質的に子供を

＊24　内閣府「平成30年版高齢社会白書」。https://www8.cao.go.jp/kourei/whitepaper/w-2018/html/zenbun/index.html
＊25　フィリップ・アリエス『死を前にした人間』成瀬駒男訳、みすず書房、1990年。
＊26　厚生労働省医政局指導課在宅医療推進室「在宅医療の最近の動向」[https://www.mhlw.go.jp/seisakunitsuite/bunya/kenkou_iryou/iryou/zaitaku/dl/h24_0711_01.pdf]。より細かく、より新しいデータについては以下を参照した。厚生労働省「人口動態調査 平成30年」。https://www.mhlw.go.jp/toukei/list/81-1a.html
＊27　全日本葬祭業協同組合連合会「葬儀業界の現状」2017年。　https://www.cao.go.jp/consumer/history/04/kabusoshiki/other/meeting5/doc/170428_shiryou5_1.pdf
＊28　『ハーモニー』作中では、政府という組織にかわって「生府」による「生命主義」として描かれている。

第四章
＊1　厚生労働省「平成25年版厚生労働白書：第3節出産・子育てに関する意識」。https://www.mhlw.go.jp/wp/hakusyo/kousei/13/dl/1-02-3.pdf
＊2　厚生労働省「平成23年人口動態統計月報年計（概数）の概況：結果の概要」https://www.mhlw.go.jp/toukei/saikin/hw/jinkou/geppo/nengai11/kekka02.html
＊3　ベネッセ教育総合研究所「第5回 幼児の生活アンケート」、2016年。https://berd.benesse.jp/jisedai/research/detail1.php?id=4949
＊4　こうした、「現代に生まれ落ちた赤ちゃんにとっての現代社会」についてのビジョンは、主にサラ・ブラファー・ハーディー著、『マザー・ネイチャー』上下巻、塩原通緒訳、早川書房、2005年に依っている。
＊5　法務省「犯罪白書」、2017年。
＊6　Tracie O. Afifi, Janique Fortier, Jitender Sareen et al. "Associations of Harsh Physical Punishment and Child Maltreatment in Childhood With Antisocial Behaviors in Adulthood." JAMA Netw Open, 2019;2(1): e187374.
＊7　文部科学省「いじめの定義の変遷――児童生徒の問題行動等生徒指導上の諸問題に関する調査における定義」、2019年。https://www.mext.go.jp/component/a_menu/education/detail/__icsFiles/afieldfile/2019/06/26/1400030_003.pdf
＊8　文部科学省「平成29年度児童生徒の問題行動・不登校等生徒指導上の諸課題に関する調査結果について」、2018年。なお、いじめの認知件数ではなく認知率、1000人当たりの認知件数については同資料25頁、〈参考2〉のグラフと表を参照のこと。
https://www.mext.go.jp/a_menu/shotou/seitoshidou/1302902.htm

21世紀の医療者が、医療という枠組みの外側も含めた社会改革を、19世紀の医療者と同じように企図しているとは私にはどうしてもみえない。しかし、医療が正しさを担保されながらますます実力をつけていくなかで、通念や習慣、ひいては文化や制度にも影響を及ぼしているという点では、19世紀と現在には共通性があると私は想定している。

＊15 前掲書『逸脱と医療化』より。

“医療業務は、新しい医療的規範の創出へと通じており、その侵害は逸脱、あるいはわれわれが示した事例では、新しい病いのカテゴリーとなる。このことによって、医療あるいは一部門の管轄権が拡大され、病いという逸脱の医療的治療が正統化される。19世紀における狂気の定義に際しての医療的関与の社会学的分析(Schull, 1975）と、最近の多動症（Conrad, 1975）と児童虐待（Pfohl, 1977）に対する医療的定義の事例は、特定の逸脱定義に対して医療職が唱道者となった主要な例である。

(中略)

ある行動や活動もしくは状態を逸脱として定義する決定は、逸脱カテゴリーを付与し、その付与行為をその後正統化する政治的な過程から出現する。そして多くの場合、医療的認定の結果も、特に人間の行動に関する場合は、同様に政治的である。”(45頁)

＊16 微細脳損傷については、第二章注＊11を参照。

＊17 ジェフリー・A・リーバーマン『シュリンクス——誰も語らなかった精神医学の真実』宮本聖也監訳、柳沢圭子訳、金剛出版、2018年。

＊18 上掲書130頁より。

“新たな診断基準に影響を与えた、明らかに非科学的な要因が一つあった。保険会社に確実に治療費を支払わせることである。反精神医学運動の結果、保険会社がすでに精神科医療の給付金を削減していることを、スピッツァーは知っていた。”

＊19 アレン・フランセス『〈正常〉を救え——精神医学を混乱させるDSM-5への警告』大野裕監修、青木創訳、講談社、2013年。

＊20 前掲書『「健康」の日本史』より。150頁〜。

＊21 金融庁金融審議会市場「ワーキング・グループ」報告書 「高齢社会における資産形成・管理」2019年。https://www.fsa.go.jp/singi/singi_kinyu/tosin/20190603/01.pdf

＊22 「老後2000万円問題「100年安心」の大ウソ 国民憤然！年金制度の断末魔」『サンデー毎日』2019年6月30日号、16〜19頁。

＊23 厚生労働省「医療施設動態調査 平成30年」。https://www.mhlw.go.jp/toukei/saikin/hw/iryosd/m18/dl/is1802_01.pdf

ざなえる視線——二十世紀の身体」から多くを引用している。
“かくして二十世紀の肌は、汚れを落とすことで丈夫になり、丈夫さで老化に抗し、老化を知らずに美しくあろうとする。美と若さと健康と清潔が密接に連動して、皮膚を、裸体を、身体を整える。”（125頁）
“ピアスがもはや女性だけのものではなくなり、タトゥーが船乗りといった特殊な階層だけのものではなくなったと考えるなら、皮膚は民主主義的平等を反映する場である。だが一方で、日焼けについて言えば、有給休暇をたっぷりと使って太陽を追うことのできるのは経済的強者ばかりで、屋内、工場内に籠もって人工の光しか浴びない労働者たちは青白いままでいるほかないとしたら、皮膚は資本主義的産業社会における不平等と格差の指標である。”（127頁）

＊13 前掲書『消費社会の神話と構造』より。
“これまで分析してきた心理的な意味での機能性は、この段階でついに経済的にもイデオロギー的にも深い意味をもつのである。肉体、美しさ、エロティシズム、それらには売り上げを増やす力がある”（195頁）
“われわれは「解放された」肉体なるものの物質的明証に欺かれてならない（すでに見たように、解放されたといっても、モノ＝記号として解放されただけであり、エロティシズムやスポーツや健康法の形で欲望としての破壊的本質を検閲でカットされているだけなのだから）。肉体のこうした物質的明証は、時代遅れになった霊魂のイデオロギー（発達した生産市場主義のシステムにそぐわず、もはや社会のイデオロギー的統合を保証しえないイデオロギー）に、もっと機能的なイデオロギー（本質的には個人主義の価値体系とそれに結びついた社会構造を守るイデオロギー）が取ってかわったことを表現しているに過ぎない。それは個人主義の価値体系と社会構造を強化しそれらの揺るぎない基盤となる。（中略）かつて霊魂がそうであったように、肉体は自己の対象化（すべてをモノにする働き）の特権的担い手、すなわち消費の倫理を導く神話となった。肉体が（経済的）担い手として、個人の社会への管理された（心理的）統合の原則として、社会統制の（政治的）戦略として、生産の目的にどれほど密接に結びついているかは明らかである。”（199～200頁）

＊14 『身体の歴史』では、19世紀以降、医療が本格的に実力を備えていくにつれ、社会的影響力を拡大して文化や習慣にも影響を与えていくと同時に、医療者自身も積極的に社会の変革を企図していくさまが描かれている。21世紀の医療の正しさは、リスク管理や統計的手法にもとづいたエビデンスによって担保されているが、19世紀の医療の正しさは19世紀の思想的トレンドであるところの実証主義によって担保されていた。

そして社会的にも、すべてが満たされた状態にあることをいいます」と訳している。

＊2 ボードリヤール『消費社会の神話と構造』今村仁司・塚原史訳、紀伊國屋書店、1995年より。ボードリヤールは、資本主義社会には構造的に不平等が埋め込まれている、つまり富める者と貧しい者の差異が必然的に発生するようになっていると指摘した。それは時代が進んでも変わることはないし、いかにもわかりやすい成金趣味な見せびらかしに限ったものでもない。現代でいえば、たとえばスローライフや田舎暮らしなども、「貧しい連中とは差のある私」を顕示するために選択され得る。後でアラン・コルバンを引用して詳述するが、健康は19世紀頃から中〜上流階級が「貧しい連中とは差のある私」を顕示するための一手段として開拓されていった側面があり、その後継者である現代社会のブルジョワ的個人もまた、健康をとおして豊かさと貧しさの差異の再生産に貢献し、資本主義社会におけるGDPを引き上げる一翼としても貢献している。

＊3 厚生労働省の調査によれば、中学生男子の喫煙経験率は1996年に34.6％だったものが2014年には6.6％までに低下、高校生男子の喫煙経験率も51.9％から11.9％にまで低下している。女子の喫煙経験率もこれに準じた低下を示している。厚生労働省「最新たばこ情報」より。http://www.health-net.or.jp/tobacco/product/pd110000.html

＊4 一般社団法人タバコ問題情報センター「日本の禁煙問題30年史」。http://www.tbcopic.org/tbc_info/jpn_problem.htm

＊5 "W.H.O. Urges Tax on Sugary Drinks to Fight Obesity", The New York Times, Oct 11, 2016. https://www.nytimes.com/2016/10/12/health/sugar-drink-tax-world-health-organization.html

＊6 北澤一利『「健康」の日本史』平凡社新書、2000年、特に14頁〜。

＊7 アラン・コルバンら『身体の歴史 III』岑村傑監訳、藤原書店、2010年、214頁〜。

＊8 ジョルジュ・カンギレム著『正常と病理』滝沢武久訳、法政大学出版局、新装版は2017年。

＊9 美馬達哉『リスク化される身体——現代医学と統治のテクノロジー』青土社、2012年、特に44頁〜。

＊10 厚生労働省「人口動態統計年報 死亡第七表」より。

＊11 このあたりに関する論述は、全3巻からなる『身体の歴史』シリーズのさまざまな箇所にちりばめられているが、特に『身体の歴史 II』第九章「鍛えられた身体」と『身体の歴史 III』第五章「トレーニングする」に本書はおもに依っている。

＊12 この段落は、『身体の歴史』の解説書であるアラン・コルバンら『身体はどう変わってきたか——16世紀から現代まで』藤原書店、2014年所収の岑村傑「第三巻 あ

れる。そういう治療法は、そういう価値観の人間を生み出すから、そういう時代に生きることを支えるのだ。”（244 ～ 245 頁）

＊ 26 自己啓発書やビジネス書、効率的な生活のための手帳術などのセラピー的効能については、牧野智和『日常に侵入する自己啓発——生き方・手帳術・片づけ』勁草書房、2015 年を参照。

＊ 27 正統な精神医学が資本主義・個人主義・社会契約の秩序からの疎外を、それらと同一の文法で、特に資本主義の文法にもとづいて治療している点については、第三章、DSM と資本主義との関係について（110 頁）も参照のこと。

＊ 28 ライシャワー事件：1964 年、アメリカ駐日大使ライシャワーが精神科治療歴のある青年に刺されて重傷を負った事件。翌年に精神衛生法は改定され、日本の精神医療史における一つのターニングポイントとなった。

＊ 29 国立精神・神経医療研究センター 精神保健研究所 精神保健計画研究部 保健所長会「精神医療の動向」2016 年。https://slidesplayer.net/slide/12514494/

＊ 30 （図 3）で記した刑務所処遇における認知行動療法の導入などについては、平井秀幸『刑務所処遇の社会学——認知行動療法・新自由主義的規律・統治性』世織書房、2015 年を参照した。同書で記されている刑務所処遇領域での変化と、それについての統治や新自由主義と照らし合わせた問題意識は刺激的で、本書もその影響を受けている。

＊ 31 前掲書『逸脱と医療化』、特に第二章「悪から病いへ——逸脱認定の変化と社会統制」にまとまった記述がある。

＊ 32 現代の精神科病院は、患者を「収容」したりはしない。ごく少数の重症かつ難治の患者や、昭和時代の収容的入院の影響で退院が困難になってしまった患者は長期入院しているが、それらはあくまで例外である。できる限り早く患者を退院させ、社会へ戻すよう現場の医療者は努力をしているし、厚労省も診療報酬制度をとおしてそれを支持している。現在の日本の診療報酬制度では、平均在院日数が 3 ヶ月以内という、従来よりも早いペースで患者の入退院が進行している精神科病棟（精神科救急入院料病棟、精神科急性期治療病棟）には高い診療報酬が支払われる。病院経営者にとってこの診療報酬は無視しがたいもので、近年は多くの精神科病院が、このような入退院の早い病棟を運営するようになっている。

第三章

＊ 1 “Health is a state of complete physical, mental and social well-being and not merely the absence of disease or infirmity.” 公益社団法人日本 WHO 協会は、これを「健康とは、病気でないとか、弱っていないということではなく、肉体的にも、精神的にも、

症モデルを持論に統合しようとしており、『自己の修復』『自己の治癒』ではこの考え方のとおりではない点には留意。

＊22 2017年5月に発表された内閣府「低年齢層の子供のインターネット利用環境実態調査」によれば、7歳の子どもの49.7%、12歳の子どもの72.6%がなんらかのかたちでインターネットを利用しているという。https://www8.cao.go.jp/youth/youth-harm/chousa/h28/net-jittai_child/pdf/gaiyo.pdf

＊23 毒親：アメリカ人のセラピスト、スーザン・フォワードの著書『毒になる親――一生苦しむ子供』を起点として生まれ、広がった言葉。子どもに対するネガティブな行動が執拗に継続し、それが子どもの人生を支配し、子どもにトラウマを植え付け、子どもの心身を蝕むような親のことを指す。2010年代にはこの言葉がちょっとしたブームとなり「毒親本」が数多く出版された。他方、精神科医の斎藤学は毒親という言葉の宿命論的な性格とその限界を指摘している。

毒親に関しては、スーザン・フォワード『毒になる親――一生苦しむ子供』玉置悟訳、講談社＋α文庫、2001年および斎藤学『「毒親」の子どもたちへ』メタモル出版、2015年を参照した。

＊24 ここでいうブルジョワ的な考え方の徹底は、政治学者のウェンディ・ブラウンがミシェル・フーコーを引用しつつ解説した新自由主義下での人間のありかた、「交換によって欲求を満たすホモ・エコノミクスから、企業として考え行動するホモ・エコノミクスへの人間の変化」とおおよそ合致している。第六章や第七章で述べるが、現代人はこうしたブルジョワ的な考え方をごく当たり前のように内面化していて、それが狭義の経済活動だけでなく、コミュニケーションの領域にも色濃く反映されている。ウェンディ・ブラウン『いかにして民主主義は失われていくのか――新自由主義の見えざる攻撃』中井亜佐子訳、みすず書房、2017年を参照。

＊25 東畑開人『野の医者は笑う――心の治療とは何か？』誠信書房、2015年より。

“マインドブロックバスターに至っては、起業してお金を稼ぐことこそが癒しだと考えている。だからスクールを受けると、次のような考えを抱くようになる。

お金の話をするのは恥ずかしいことではない。深いことを言ってても、食べられなくてはどうしようもない。軽薄だっていい。マーケティングに成功することが何より大事。マインドブロックバスターにはそういう哲学が深く染み込んでいる。

(中略)

資本主義による傷つきは、資本主義的な治療によって癒される。

これが面白い。傷つけるものは癒すものであると、ギリシアの神様が言ったではないか。

早い、安い、効果がある。そういう時代に傷ついた人が、そういう治療法に癒さ

1992年。

＊19 コフートが著書で紹介している自験例では、治療当初は母親が母親の役割をうまく果たせなかったせいで起こっていたとおぼしき「こころ」のこじれ（鏡映自己対象転移）が、実は父親が父親の役割をうまく果たせなかったことによる「こころ」のこじれ（理想化自己対象転移）だったと判明する患者、「悪い母親」が家庭でのさばっている以上に父親の対応が乏しかったことが問題であったと判明する患者がしばしば登場する。

晩年の未完作『自己の治癒』には祖父母家族などの役割についての記述もあり、母親だけで子どもの「こころ」の成長を引き受けることの難しさや、父親をはじめとする母親以外の年長者の重要性について、コフートが目配りしていたことがうかがわれる。

コフートの自著では、フロイトの神経症と自己愛パーソナリティの違いについては水野信義・笠原嘉監訳『自己の分析』みすず書房、1994年が特に参考になる。母親以外の自己対象機能が過小になりがちな点については、本城秀次・笠原嘉監訳『自己の修復』みすず書房、1995年および本城秀次・笠原嘉監訳『自己の治癒』みすず書房、1995年を参照。

＊20 おそらく日本にコフートのモデルを紹介した第一人者は、前掲書『コフート理論とその周辺――自己心理学をめぐって』を著した丸田俊彦だが、一般に広く紹介したのは和田秀樹と思われる。2冊からなる和田秀樹の著書『「自己愛」と「依存」の精神分析――コフート心理学入門』『壊れた心をどう治すか――コフート心理学入門Ⅱ』PHP新書、2002年はそうした活動の集大成ともいうべき、理解しやすい入門書となっている。

＊21 精神分析の領域には「精神病理の重さ（病態水準）はこじれのあった時期が早ければ早いほど重くなる」という考え方があり、これによれば、フロイトの神経症に比べてコフートの自己愛パーソナリティはより重症度が高く、こじれが生じる時期も早いとみなされる。

具体的には、フロイトの神経症はエディプス期（おおよそ3歳〜就学前までの時期）における、両親やほかの年長者を介した超自我のインストールのこじれであるのに対し、自己愛パーソナリティはそれより早い時期の、主として母子関係のこじれであると考えられ、神経症よりもワンランク重い病態水準に該当する。余談だが、最も重い病態水準は精神病水準とみなされ、これは自己愛パーソナリティよりもさらに早い時期のこじれとみなされていた。

なお、コフートは、自己愛パーソナリティを提唱した『自己の分析』の段階ではおおよそこの考え方にもとづいて持論を展開していたが、晩年はフロイトの神経

いとする研究報告が相次ぎ、そうしたコンテキストのもと、アメリカ精神医学会の診断基準第2版（DSM-II）は小児期の多動性反応（hyperkinetic reaction of childhood）という診断名を採用し、器質的な脳損傷を除外した。ただし「道徳の統制欠如」という問題意識の名残は多動性反応にも残っていて、多動性反応は「児童および青少年期の行動障害」という一括りのカテゴリーのうちに、非行や反社会的行動とともにまとめられている。これ以降、DSMは医学的原因に焦点をあわせるのでなく行動面の評価に焦点をあててADHD概念を深化させていき、DSM-III-RにおいてついにADHDという病名が登場する。2013年にアップデートされたDSM-5では、ADHDの診断カテゴリーが神経発達症／神経発達障害へと変わり、生来性の疾患として位置づけられている。

この概説は、DSM-IIに関しては、坪内宏介「DSM-IIにおける児童、青年期の行動障害分類」『青少年問題研究』第17巻、56～68頁、1970年を参照し、それ以外の経緯については、注＊8の田中および注＊11の太田、Klausを参照している。

＊12　齊藤万比古編『注意欠如・多動症―ADHD―の診断・治療ガイドライン 第4版』じほう、2016年所収、原田謙「併存症　1.行動障害群（反抗挑発症、素行症）」149～157頁。

＊13　ここでいう最重症のASDとはたとえばカナー型自閉症を、軽症のASDとはたとえばICD-10でいうアスペルガー障害を、それぞれ想定している。

＊14　カサンドラ症候群（Cassandra Affective Disorder）：カサンドラ情動剥奪障害（Cassandra Affective Deprivation Disorder）とも。ASDのパートナーと情緒的な相互関係が築けないためにパートナーに生じる精神的症状や身体的症状、二次障害。なお、カサンドラ症候群はあくまで状態を指した用語である点に注意。

上記注は、宮尾益知、滝口のぞみ『夫がアスペルガーと思ったとき妻が読む本』河出書房新社、2016年を参照した。

＊15　フロイトが生まれ育ち、精神分析を編み出していった文化的背景についての本書の記述は、後で紹介するハインツ・コフートが創始した自己心理学に関連した書籍に依っている。アーネスト・S・ウルフ著『自己心理学入門――コフート理論の実践』安村直己、角田豊訳、金剛出版、2001年および、中西信男著『コフートの心理療法――自己心理学的精神分析の理論と技法』ナカニシヤ出版、1991年を参照。

＊16　デイビッド・リースマン著『孤独な群衆』加藤秀俊訳、みすず書房、1964年。

＊17　三浦展『「家族と郊外」の社会学――「第四山の手」型ライフスタイルの研究』PHP研究所、1995年。

＊18　丸田俊彦『コフート理論とその周辺――自己心理学をめぐって』岩崎学術出版社、

＊6　鈴木昌樹「小児の微細脳損傷症候群（minimal brain damage or minimal cerebral dysfunction）について」、『治療』第50巻4号、751～760頁、1969年。

＊7　ピーター・コンラート、ジョセフ・シュナイダー著、『逸脱と医療化』進藤雄三監訳、近藤正英、杉田聡訳、ミネルヴァ書房、2003年。

＊8　田中康雄「ADHD概念の変遷と今後の展望」、『精神科治療学』第25巻6号、709～717頁、2010年。

＊9　市橋秀夫「注意欠如障害者の生きにくさの源泉─社会・文化的枠組みからの考察─」、『精神科治療学』第25巻7号、845～851頁、2010年。

＊10　渡部京太「「神経発達症群/神経発達障害群」の鑑別診断と併存障害」、精神科治療学増刊『発達障害ベストプラクティス─子どもから大人まで─』第29巻2014年10月号、14～19頁。

＊11　ここでいう1902年の論文とは、George Frederic Still “The Goulstonian Lectures on some abnormal psychical conditions in children.” lecture I. Lancet1, 1902:1008-1012. および Still “The Goulstonian Lectures on some abnormal psychial conditions in children.” lecture Ⅱ. Lancet1, 1902:1077-1082. および Still “The Goulstonian Lectures on some abnormal psychical conditions in children” lecture III. Lancet1, 1902:1163-1168. といった、StillがLancetに投稿したこれらの論文を指す。国内外の論文では、このStillの研究がADHD研究の嚆矢のひとつとして記されている。英語ではKlaus W. Lange et al. “The history of attention deficit hyperactivity disorder.” Atten Defic Hyperact Disord., 2010 Dec;2(4): 241–255. などを、日本語では太田豊作「注意欠如・多動症（ADHD）概念の変遷」、『臨床精神医学』第46巻10号、1193～1197頁、2017年などを参照した。

本文に記すと煩雑となるため、その後のADHD概念の変遷についても、ここで概説を行っておく。Still以後、北米の医師は、1917年～1928年におよそ20万人が罹患したとみられる脳炎の流行と、その後遺症としての落ち着きのなさ・不眠・易刺激性・注意転導・情緒障害を示す子どもの研究をとおして、脳炎後行動障害（postencephalitic behavior disorder）という概念に辿り着いた。1959年にはPasamanickとKnoblochが周産期の脳損傷にもとづく行動異常や学習障害をminimal cerebral damage、さらに微細脳損傷（minimal brain damage：MBD）として疾患概念化したが、当時の技術では脳の器質的損傷が確認できないにもかかわらずbrain damageという言葉を使うのは不適切とする見方が広まり、1962年の国際小児神経学会議からは（minimal brain dysfunction：MBD）という用語へと置き換えられた。

1960年代に入ると、後天的な脳損傷の結果として多動性が生じているわけではな新書、2019年より。

“「ナッジ」は「軽く肘でつつく」という意味の英語である。ノーベル経済学賞受賞者のリチャード・セイラーは、ナッジを「選択を禁じることも、経済的なインセンティブを大きく変えることもなく、人々の行動を予測可能な形で変える選択アーキテクチャのあらゆる要素を意味する」と定義した。”（44頁）

第二章

＊1　斎藤環『心理学化する社会——なぜ、トラウマと癒しが求められるのか』PHP研究所、2003年。

＊2　ここでいう現代の診断基準とは、アメリカ精神医学会によるDSM-5や国際的な疾患分類であるICD-11を指す。精神疾患の診断と治療をエビデンスに基づいて実践するためには、まず、これらの疾患分類のとおりに精神疾患を診断しなければならないため、今日の精神医療ではこれらの診断基準を精確に用いることができるか否かが、きわめて重要になる。

＊3　抑うつ神経症という病名に含まれる神経症（neurosis）という言葉は、精神分析に由来する言葉だったから、抑うつ神経症という診断にもとづいて患者を治療する際には、精神科医は「こころ」を意識しないわけにはいかなかった。この抑うつ神経症の例に限らず、かつての日本の精神医療の現場では精神分析、または精神分析的な考え方がメインストリームの一翼を担っていた。

＊4　現在でも、少なからぬ精神科医が「こころの専門家」という看板を掲げているし、特にベテランの精神科医たちは行動や振る舞いだけでなく、「こころ」の問題にも意識を向けてはいる。発達障害に関しても、精神分析の技法でこれにアプローチしている専門家が存在している。
また、日本精神神経学会が制定した精神科専門医を養成するための専門研修プログラム基準（2017年）にも、認知行動療法と並んで、一応、力動的精神療法（＝精神分析的な考え方に基づいたカウンセリングの療法）を学ぶよう記述がある[https://www.jspn.or.jp/uploads/uploads/files/specialist/seibi_kijyun_201712.pdf]。

それでも私が研修医だった頃に比べれば、治療法も診断基準も精神分析的な考え方からは遠ざかっていて、実際に精神科専門医になろうと思った医師は、まず、現代の診断基準にもとづいて行動や振る舞いを診るカリキュラムに時間を割かなければならない。

＊5　厚生労働省「患者調査」より厚生労働省障害保健福祉部作成の資料。https://www.mhlw.go.jp/file/05-Shingikai-12201000-Shakaiengokyokushougaihokenfukushibu-Kikakuka/0000108755_12.pdf

の保育所等の待機児童数の状況について』を参照。https://www.mhlw.go.jp/content/11922000/000500999.pdf

＊11 東京では2017年に発表された「港区子ども家庭総合支援センター」に対し、大阪では「北部こども相談センター」の開設計画に対し、それぞれ反対の声があがり後者は計画中止にまで追いやられている。

＊12 公益財団法人日本生産性本部『労働生産性の国際比較2017年版』。

＊13 経団連『2018年度 新卒採用に関するアンケート調査結果』。

＊14 2006年10月13日衆議院本会議より。そのときの様子は以下で閲覧可能。https://www.nicovideo.jp/watch/sm12795249

＊15 境界知能の定義は文献や資料によって若干のばらつきはあるが、概ねIQ70〜71を下限とし80〜84を上限としている。内閣府『ユースアドバイザープログラム(平成19年度)』所収の知的障害に関する論述では「いうまでもなく境界知能は障害とは見なされない」と断ったうえで、「おおむねIQ71以上85未満のものであるが，境界知能の知的水準の若者はストレスへの脆弱性が強いことで知られており，軽度知的障害の若者に対する場合と共通の配慮が求められる場合が多い」と記されている。

＊16 成人の標準的な知能検査として用いられるWAIS-3では、理論上、IQ85のパーセンタイル順位は16で、IQ70のパーセンタイル順位は2である。このため受検者のおよそ14％がIQ70〜85の範囲内と考えられる。実際にサンプルを採ったところではIQ70〜79に5.9％が、IQ80〜89に16.8％が属していたとされる。これらについては、David Wechsler著『日本版WAIS-III理論マニュアル』日本版WAIS-III刊行委員会訳、日本文化科学社、2006年を参照。

＊17 厚生労働省『平成30年簡易生命表の概況』。https://www.mhlw.go.jp/toukei/saikin/hw/life/life18/dl/life18-15.pdf

＊18 NHK『中学生・高校生の生活と意識調査・2012』。

＊19 社会関係資本：ソーシャルキャピタルともいわれる。コネや人脈といった、進学や就職などに有利になるような人間関係をリソースとみなした概念。現代アメリカにおける社会関係資本の問題を取り扱った、ロバート・D・パットナム『孤独なボウリング――米国コミュニティの崩壊と再生』柴内康文訳、柏書房、2006年によれば、この概念はウェストバージニア州の農村学校の指導主事であったL.J.ハニファンによって1916年に用いられたとされている。20世紀の中頃以降、経済学者や社会学者によって同様の概念が繰り返し指摘されており、現在の社会学領域ではよく知られたものとなっている。

＊20 ナッジ：行動経済学の用語。下記引用は、大竹文雄『行動経済学の使い方』岩波

注釈

第一章

＊1　英・エコノミスト誌の調査機関ジ・エコノミスト・インテリジェンス・ユニット（EIU）が評価した世界60都市の安全性指数ランキング。https://jpn.nec.com/highlights/safecities/index.html

＊2　動画ではたとえばhttps://www.youtube.com/watch?v=Od6EeCWytZoを、ロンリープラネットについてはhttps://www.lonelyplanet.com/japan/tokyo/attractions/shibuya-crossing/a/poi-sig/396831/356817を参照。

＊3　法務省『平成29年版犯罪白書』。

＊4　東京都福祉保健局『都区共同事業によるホームレス対策の現状について』2018年5月。

＊5　法務省『平成30年版犯罪白書』。

＊6　警察庁生活安全局少年課『平成29年中における少年の補導及び保護の概況』。

＊7　文部科学省『いじめの定義の変遷 いじめの問題に対する施策』。http://www.mext.go.jp/a_menu/shotou/seitoshidou/1302904.htm

＊8　平成16年（2004年）の児童虐待防止法の法改正によって、虐待の定義や通告義務の範囲などが拡大している。こうした点も含めた児童虐待に対する取り組みの進展については、岩下美代子ら「日本における「子ども虐待」の変遷（第1報）」、『鹿児島純心女子短期大学研究紀要』第38号、31～55頁、2008年を参照している。

＊9　厚生労働省の代表的な統計である「患者調査」を見ても、今日発達障害と呼ばれている疾患の患者数を直接的にはカウントできないが、「文部科学省　平成29年度通級による指導実施状況調査結果について」では教育現場で発達障害と診断されている児童数が増大しているさまを確認できる。また国際的な趨勢としても、たとえばADHDは先進国では増加しており、このことは精神科臨床における肌感覚とも一致している。たとえばGuifeng Xu, Lane Strathearn, Buyun Liu et al. “Twenty-Year Trends in Diagnosed Attention-Deficit/Hyperactivity Disorder Among US Children and Adolescents, 1997-2016.” JAMA Netw Open, 2018;1(4): e181471. やL.-J. Wang et al. “Prevalence rates of youths diagnosed with and medicated for ADHD in a nationwide survey in Taiwan from 2000 to 2011.” Epidemiology and Psychiatric Sciences, 2017;26(1): 624-634. を参照。なお、虐待、いじめについては第四章に詳述している。そちらを参照のこと。

＊10　東京も含めた待機児童問題の現状については、厚生労働省『平成30年10月時点

熊代 亨 くましろ・とおる

一九七五年生まれ。信州大学医学部卒業。精神科医。ブログ『シロクマの屑籠』にて現代人の社会適応やサブカルチャーについて発信し続けている。著書に『ロスジェネ心理学』『融解するオタク・サブカル・ヤンキー』（ともに花伝社）、『「若作りうつ」社会』（講談社現代新書）、『認められたい』（ヴィレッジブックス）、『「若者」をやめて、「大人」を始める』（イースト・プレス）がある。

健康的《けんこうてき》で清潔《せいけつ》で、道徳的《どうとくてき》な秩序《ちつじょ》ある社会《しゃかい》の不自由《ふじゆう》さについて

二〇二〇年　六 月二〇日　第一刷発行
二〇二〇年一〇月　八 日　第三刷発行

著者　熊代《くましろ》　亨《とおる》
ブックデザイン　鈴木成一デザイン室
DTP　小林寛子
編集　方便　凌
発行人　北畠夏影
発行所　株式会社イースト・プレス
〒一〇一-〇〇五一
東京都千代田区神田神保町二-四-七　久月神田ビル
電話〇三-五二一三-四七〇〇
ファクス〇三-五二一三-四七〇一
https://www.eastpress.co.jp
印刷所　中央精版印刷株式会社

ISBN978-4-7816-1888-3 C0095